Ursula Bruns

Das richtige Pferd

Ursula Bruns

Das richtige Pferd

Handbuch für den Freizeitreiter

mit 162 Abbildungen

Georg Bitter Verlag

Die Deutsche Bibliothek - CIP-Einheitsaufnahme

Bruns, Ursula:
Das richtige Pferd : Handbuch für den Freizeitreiter / Ursula
Bruns. - Recklinghausen : Bitter, 1991
  ISBN 3-7903-0442-5

ISBN 3-7903-0442-5

Inhalt

Vorwort

Reiten macht Spaß. Reiten ist ein geselliger, fröhlicher, beglückender Sport, den man in nahezu jedem Lebensalter erlernen und betreiben kann.

Wenn diese Ansicht sich hierzulande bisher nicht so recht durchzusetzen vermochte, so liegt es am falschen Bild vom Reiten und am falschen Bild vom Pferd, das sich in der Vergangenheit, bis hinein in unsere Tage, entwickelt hat.

Um zum unbelasteten, klischeefreien, *natürlichen Reiten* zurückzufinden, dürfen wir künftig Begriffe wie "Turnierreiten", "Dressurreiten", "Wettkampfsport" oder "Springreiten" nicht mehr wichtig nehmen; und sollten uns auch wirklich nicht mehr beeindrucken lassen, wenn man hier und da noch versucht, sie uns als alleingültigen Maßstab hinzustellen. Sie haben mit dem Reiten um des Reitens willen nichts zu tun. Sie umschreiben Spezialisierungen, die nur Möglichkeiten unter anderen sind. Niemand denkt beim Schwimmen unverzüglich an Schwimmwettbewerbe - man schwimmt, weil es einem Spaß macht, allenfalls noch, um sich zu erfrischen oder fit zu halten. Niemand geht aufs Konservatorium, wenn er mit der Familie beim Wandern ein Volkslied singen will. Wie viele Skihänge wären leer, wenn jeder Skiläufer nur an Medaillengewinn dächte!

Weshalb soll es nur beim Reiten anders sein? Wir können erstklassige Reiter sein oder werden, ohne ein einziges Turnierhindernis zu springen, ohne an einer einzigen Dressurprüfung teilzunehmen, ohne uns bis ins letzte um jede Regel oder gar um Spitzfindigkeiten von Auch-Experten der Fachhippologie zu kümmern. Daß wir hierzulande so viel um Ehrgeiz, Wettbewerb und Äußerlichkeit bemüht sind, um lauter Dinge und Vorschriften, die vom Kern her unnötig sind, hat uns die Unschuld im Sattel gekostet, die schöne Selbstverständlichkeit im Verhältnis zwischen Mensch und Pferd.

Denn auch unser Bild vom Pferd ist falsch. Weil man zu den erwähnten sportlichen Spezialisierungen immer größere Pferde mit immer mehr Blut, Knochen und Temperament braucht, hat sich die Ansicht durchgesetzt, nur große Pferde seien "richtige" Pferde; andere taugten nicht zum "richtigen" Reiten. Wer dächte wohl, wenn er sich ein Schwimmbad in den Garten bauen will, an ein 40-Meter-Becken mit 5 Wettkampfbahnen? Niemand nätürlich; und es käme auch kein anderer Schwimmer auf den Gedanken, den glücklichen Besitzer eines Garten-Schwimmbeckens nicht für einen "richtigen" Schwimmer zu halten. Und wer etwa behauptete, man könne mit einer Flöte nicht richtig musizieren, sondern bedürfe dazu einer Orgel, setzt sich höchstens der Lächerlichkeit aus. In der Reiterei aber nehmen viel zu viele solche Vorurteile in bezug auf mögliche Pferdegrößen und Pferderassen noch ernst.

Welches Pferd einer besitzt, reitet oder fährt, ist unwichtig. Wichtig ist nur, daß in jeglicher Partnerschaft zwischen Mensch und Pferd dem hilfloseren Teil kein Unrecht geschieht: daß der Mensch das Pferd art- und wesensmäßig richtig und gesund hält; es nicht der eigenen Bequemlichkeit halber vernachlässigt, ihm - sowie auch sich selbst - dadurch entscheidend hilft, daß er es sinnvoll und schonend benutzt; und daß er nicht aus Eitelkeit oder Unwissenheit das falsche Pferd wählt.

Gerade im Hinblick auf diesen letzten Punkt wird hier manch liebgewordenes Vorurteil unter die Lupe genommen werden - unter die scharfe Lupe. Denn "Eitelkeit" und "Unwissenheit" können sich nur allzu leicht als wahre Fallgruben für den Freizeitreiter erweisen. Vor ihnen soll er bewahrt werden.

Reiten ist kein Prominentensport mehr. Reiten ist erschwinglich; es ist praktisch jedem heute möglich, auf die eine oder andere Art zu reiten. Bald wird man nicht mehr darauf ausgehen können, sich über das Reiten besondere gesellschaftliche Geltung zu verschaffen. Und das ist gut so.

Daß möglichst viele Menschen möglichst viel Freude an Haltung und Gebrauch eines Pferdes haben, dafür habe ich mich stets stark gemacht. Es ist auch das Ziel dieses Buches, in dem ich - nach einem langen Leben mit Pferden in aller Welt - von nichts anderem schreiben werde als vom richtigen, und das soll heißen: vom geeigneten Pferd für den neuen Typ des Reiters, den Freizeitreiter.

Viele Sünden, die wir als Reiter und Pferdebesitzer begehen, sind eine Folge der Unwissenheit und der Unvernunft. Wissen versucht dieses Buch zu vermitteln - gesichertes Wissen, und gibt deshalb zu

Feststellungen und Ratschlägen stets auch die Begründung. Durch gesichertes Wissen zu vernünftigem Handeln - dann wird es sich bewahrheiten: Reiten macht Spaß!

Zur Beachtung

In diesem Buch
- werden alle Equiden, ungeachtet ihrer Art und Größe, *Pferde* genannt und zwar aus reiner Zweckmäßigkeit. Werden andere Bezeichnungen gebraucht (Pony usw.), so geht der Grund deutlich aus dem Text hervor;
- sind alle genannten Größenmaße *Stockmaße;*
muß leider eine Reihe von Aspekten gelegentlich wiederholt werden,
- da sie unter den verschiedensten Umständen wichtig sind;
- wird strikte versucht, Fach-Chinesisch zu vermeiden. Nicht von selbst verständliche *Fachausdrücke* werden erklärt. Der Leser findet die entsprechenden Seiten im Register am Schluß des Buches mit *kursiven* Zahlen angegeben.

Das robuste Freizeitpferd

1. Seine Geschichte

Was sich in den letzten Jahrzehnten in den Ländern Westeuropas und in den USA auf hippologischem Gebiet revolutionierend ereignete, war einmal die Wiederentdeckung des kleineren Pferdes auch für den erwachsenen Reiter und zum anderen die des Familien- und Freizeitpferdes schlechthin. Beides bedeutet, zumal in Europa, einen Bruch mit ehrwürdigen Traditionen: der Tradition des möglichst großen, stattlichen Reitpferdes (Abb. 1) und der des Pferdes allein in der Hand und im Besitz des Fachmannes, also des Landwirts, des Soldaten, des Kutschers/Reitlehrers und des Herrenreiters.

Nun, alles, was je zu Tradition wurde, war einmal brandneu und mußte sich gegen bereits bestehende Traditionen durchsetzen. Da blieb und bleibt oft dem einzelnen nichts anderes übrig, als für sich zu entscheiden, welche Traditionen er als sinnvoll ansieht und beibehalten, welche er, da für ihn sinnentleert, nicht übernehmen möchte. Damit wir uns darüber klarwerden können, scheint es mir nützlich, einmal zu überlegen, wie es zu den bei uns weithin traditionell gewordenen Sitten und Gebräuchen im Umgang mit dem Pferd überhaupt gekommen ist. Ich sage "bei uns", weil anderswo unsere für vorbildlich und unbedingt richtig angesehenen Traditionen gar nicht bekannt sind, dafür aber andere "unbedingt richtige" Traditionen hochgehalten werden.

Blicken wir also kurz zurück auf die letzten zwei Jahrhunderte, in denen das Aufkommen von Straße und Wagen beinahe ebensolche

1 *Gardeoffizier auf sehr großem Pferd*

Umwälzungen bewirkte wie in unserer Zeit die totale Mechanisierung und Technisierung von Landwirtschaft, Transport und Armee. Vor dieser Epoche von Straße und Wagen war das Pferd überwiegend auch klein und der Familie zugeordnet: Es war Reit-, Pack- und Zug"mittel" und für reich und arm gleich lebensnotwendig (Abb. 2). Es lebte weiterhin hinter dem Haus, im Schuppen, im Unterstand, in der Scheune, auf der Obstwiese, in den Brüchen und Wildweiden wenig besiedelter Landstriche, auf Allmenden vor den Toren der Ortschaften. Es lebte ganz natürlich und war ganz selbstverständlich. Wagen und Straße aber brachten die entscheidende Umstellung - das Pferd wurde nicht mehr von jedermann *gebraucht*. Personen, die nicht reiten mochten - und das waren damals ebenso viele wie heute, setzten sich von nun an in den Wagen und hatten keinen persönlichen Kontakt mehr mit dem Pferd; der Kutscher wurde Mittelsmann. Lasten, einst von *vielen* Packtieren getragen, wurden nun auf *einen*

Wagen geladen: weniger Menschen hatten weniger Pferde. Gebraucht wurde das Pferd nur noch vom Bauern, vom Fuhrmann, vom Soldaten und von bessergestellten Kreisen als Reitpferd. Immer mehr Menschen bedienten sich zur Fortbewegung der immer stärker aufkommenden Massentransportmittel. In diesen Jahrhunderten der beginnenden *Spezialisierung* des Pferdes entwickelten sich bestimmte Umgangsformen zwischen Mensch und Pferd, die einer veränderten Situation angepaßt, nicht aber aus der Natur des Tieres notwendig waren:

Der Soldat brauchte sein Pferd zu allerpünktlichstem Dienst; in seinen Kasernen waren große Mengen von Pferden auf engem Raum versammelt - aus rein praktischen Erwägungen heraus hätte man sie nicht frei weiden lassen können; zwangsläufig wurde der Stall ihre Heimat. Fuhrunternehmer und Kutscher in den rapide wachsenden Dörfern und Städten mußten ihre Pferde gleichfalls in dichtbei gelegenen Stallungen zur Hand haben. Nicht anders war es in großen Gestüten, die Hunderte von Pferden geordnet nur in Stallungen erfassen konnten; immerhin ließen sie während des Sommers die Stuten, die jungen Jahrgänge ganzjährig auf die Weide (was Soldaten- und Transportpferd kaum noch erlebten). Am natürlichsten hielt der Bauer sein Pferd; schon um Arbeit zu sparen, ließ er es so oft wie möglich auf die Weide hinaus.

2 Eine ganze Familie zu Pferd - wie einst, heute noch in Island anzutreffen

Zur veränderten Notwendigkeit kam dann mit wachsendem Reichtum ein schnell anschwellendes *Prestigedenken:* Soldatenpferd, Offizierspferd, Kutschpferd, Wagenpferd, selbst das Bauernpferd repräsentierten den Wohlstand ihrer Besitzer und kündeten vom Fachwissen ihrer Pfleger. So, wie heute das Statussymbol Auto gepflegt, gewaschen, mit überflüssigen Extras geschmückt wird, war es in jenen Jahrhunderten, die viele unserer Traditionen schufen, das Statussymbol Pferd, dem diese Aufmerksamkeit galt.

Inzwischen sind Soldaten- und Transportpferd verschwunden, das Bauernpferd stirbt langsam weg: Geblieben ist, für viele Traditionalisten völlig überraschend, das Reitpferd - und geblieben sind Vorstellungen über seine Art und seine Haltung, die sich in der Vergangenheit und für diese Vergangenheit bildeten.

Aber das Reitpferd von heute hat sich mit der Zeit gewandelt. Es ist nicht mehr das Offiziers- und Kavaliersreitpferd der letzten Jahrhunderte: *Es hat sich in erstaunlichem Maß zurückgewandelt zum Pferd für alle, zum Pferd hinter dem Haus.* Vieles von dem, was früher als unbedingt notwendig für ein Pferd angesehen wurde, ist damit überflüssig geworden.

Teile der Tradition bewähren sich dort noch, wo auch die Formen des Gebrauchs "wie früher" sind. Sportpferde sowie die Lehr- und Vermietpferde der Reitställe leben heute nicht viel anders als ihre Vorfahren vor hundert Jahren. Für das *Familienpferd* jedoch haben sich die Zeiten geändert: Es ist dem Daueraufenthalt im Stall glücklich wieder entronnen, ist mit Offenstall und Weide zufrieden und lebt wieder so *robust,* wie es seiner ganzen Natur am besten entspricht. Das müssen wir uns mit dem Verstand klarmachen und einen neuen Anfang setzen. Wir müssen das Pferd, seine Natur, seine Verwendung und seine Haltung mit gesundem Menschenverstand aus unserer eigenen modernen Situation heraus neu zu betrachten lernen.

2. Seine Verwendung

Das moderne Freizeitpferd entstand in einer genau zu beschreibenden Lage: Das soziale Gefüge der Gesellschaft zerbrach nach dem Kriege, neue Reichtümer entstanden, neue Stellungen wurden gewonnen, der Wohlstand aller stieg, mehr freie Zeit gestattete es dem Menschen, sich auch zeitraubendere Liebhabereien zuzulegen. Sicherlich brauchen einige, noch nicht ganz in ihre neue Lebensform hineingewachsene Menschen das Prestige der alten Reiterei, um das eigene damit zu stützen. Doch ein viel größerer Teil entdeckte den Besitz eines Pferdes als etwas in sich Wundervolles und Beglückendes. Daß es möglich wurde, sich Jugendträume von einem lebendigen, großen Tier zu erfüllen, daß man sich mit ihm vertraut machen, sich auf seinen Rücken schwingen und es reiten konnte, das gab dem immer hektischeren Leben der Nachkriegszeit einfach neue Dimensionen. *Wie* reiten? Das war zunächst egal. *Wohin* reiten? Einfach irgendwohin ... Wichtiger war, daß sich auch weitere Familienmitglieder anstecken ließen vom Rausch dieses Anfangs, daß aus einem Pferd zwei und drei wurden: daß das ganze private Leben durch sie ungeheuer bereichert wurde.

Aus der Erfahrung vieler Jahre haben sich inzwischen gewisse Vorbilder für die unterschiedliche Verwendung von Freizeitpferden herausgebildet. Ich möchte drei Arten von Freizeitreitern nennen:

1. Reiter mit eigenem Pferd am Haus, auf der Bauernweide, in eigener Pflege.
2. Reiter mit eigenem Pferd im Reitstall.
3. Reiter auf Leihpferden daheim oder im Urlaub.

Alle drei Möglichkeiten können volle Befriedigung geben; sie beeinflussen aber die Verwendung der Pferde:

1. Der Reiter mit dem eigenen Pferd am Haus ist meist der am wenigsten konventionelle, am wenigsten in den Vorstellungen von Traditionen befangene. Er nutzt sein Pferd nach eigenem Gusto und einzig zur Erholung neben dem ausgefüllten Alltag.
2. Der Reiter, der sein Pferd im Reitstall untergestellt hat, ist meist stärker traditionsverhaftet. Indem er sich am Leben des Vereins beteiligt, kommt er zwangsläufig dazu, so zu reiten, wie es der Reitlehrer richtig findet und wie alle anderen Vereinskollegen auch reiten, selbst wenn seine Wünsche zaghaft in andere Richtungen gehen.
3. Der Reiter auf dem Leihpferd hat meist gar keine Wahl: Er reitet, wie es der Verleiher bestimmt - also meist konventionell, in der Halle, auf dem Reitplatz, in der Wandergruppe des Ferienhotels.

Und wiederum können alle drei Möglichkeiten durchaus befriedigen; sie beeinflussen aber die Entwicklung des Reiters:

1. Der Reiter mit dem Pferd am Haus findet nur wenig Möglichkeit zu gründlicher Ausbildung. Er liest begierig, probiert herum und einigt sich schließlich mit seinem Pferd, das ihm vom täglichen Umgang her ja sehr vertraut ist. Sein Ideal ist der erholsame abendliche Reit-Bummel durch die Natur, der lange Wochenend- und Ferienritt, am liebsten in Gesellschaft der ganzen Familie- weshalb er

den Besitz mehrerer und unkomplizierter Pferde anstrebt - oder im Kreis ähnlich denkender Freunde. Er ist am Wechsel der Umgebung, an anderer Landschaft interessiert, schafft nach einiger Zeit einen Transport-Anhänger an, reitet bei Wind und Wetter, tendiert zu geselligen Treffen oder mildem Sport - etwa in Form gemäßigten Strecken- oder Wanderreitens - und interessiert sich für neue, bequeme und pferdeschonende Weisen des Reitens.

2. Der Reiter im Reitstall wird vom Reitlehrer mehr oder weniger gut ausgebildet. Sein Ideal ist die dichteste Anpassung an die Gebräuche des Vereins und an den Wettkampfsport, auch wenn er ihn selbst nicht ausübt. Er orientiert sich am Geschehen örtlicher Turniere und ahmt deren Formen - häufig nicht erfolgreicher als der Reiter unter 1 - nach. Heimlich sehnt er sich nach leichter sportlicher Betätigung ohne zu große Anstrengung oder zuviel Anforderungen an das reiterliche Können (oder er lebt seinen Ehrgeiz in den Erfolgen der Kinder aus, die sein Pferd sonntags über den Parcours reiten). Seine große Zeit ist der Herbst mit ein, zwei Jagden.

3. Der Reiter auf dem Leihpferd träumt sich entweder auf den Turnierplatz oder hinaus in die Natur. Den Turnierplatz sieht er als Teilnehmer so gut wie nie, die Natur erlebt er, wenn überhaupt, nur im Urlaub bei Ausritten von der Reiterpension aus. Die Teilnahme an Jagden ist nur unter günstigen Umständen gelegentlich möglich. In dieser Gruppe wird ebenfalls das eigene Pferd ersehnt; ist es da, bleibt man entweder weiterhin den Vorstellungen des Vereins verbunden oder bricht aus und gesellt sich zu den ungebundeneren Freizeitreitern mit selbst versorgtem Pferd.

Einen Unterschied nach Geld und Stand gibt es zwischen diesen drei Gruppen von *Freizeitreitern* kaum noch. Es sind die Interessenrichtungen, die sie scheiden, die vorhandenen Möglichkeiten der Haltung und Unterstellung von Pferden - sehr selten nur die Einkünfte. Bei der Frage nach der Verwendung von Freizeitpferden müssen wir also immer zuerst nach den *Interessen* der jeweiligen Reiter fragen.

Was wollen wir von unserem Freizeitpferd? Wozu brauchen wir es? Was erwarten wir von ihm? Was muß es können - und was interessiert uns weniger? Von der ganz ehrlichen Antwort auf diese Fragen hängen Glück und Zufriedenheit von Pferd und Reiter ab. Wir werden ihnen noch oft in diesem Buch begegnen.

Die weitaus meisten der neuen Pferdefreunde und -besitzer möchten sich auf irgendeine Weise im Sattel oder auf dem Kutschbock betätigen. Doch hört die Verwendung des Freizeitpferdes hier beileibe nicht auf: Sehr viele Menschen kaufen es einfach, damit sie es um sich haben können. Stets stärker eingeengt von den technischen Abläufen unseres Alltagslebens, bedrängt von der Forderung nach größtmöglicher Perfektion der Leistung, möchten viele von uns zurück zum Handwerklichen, zum Selbstgemachten, zur Idylle, möchten wieder einschwingen in den Rhythmus der Jahreszeiten, ein ganzes Tierleben mit seinen natürlichen Vorgängen um Geburt und Tod, Hunger, Durst, Bewegungsdrang dem unseren zugesellen. Und so bedeutet es für viele Freizeitreiter ein intensiv empfundenes Glück, sich um Pferde zu kümmern, Zäune zu ziehen, Ställe zu bauen, Fohlen zu züchten, Krankheiten zu verhüten, mit ihrem Pferd ein bißchen zu schmusen, es zu verwöhnen, zu putzen und zu frisieren, zu füttern - eben, es um sich zu haben, seine vielfältigen und eigenwilligen Regungen zu beobachten, mit den Kindern darüber zu sprechen. Im Idealfall gehört das Freizeitpferd in Kreis und Umkreis des Hauses. Nicht nur erfreut das Reiten auf ihm den Reiter - sein Dasein erfreut die ganze Familie.

Auf einen vernünftigen Nenner gebracht - also verstiegene Wunschvorstellungen abgestrichen - erwarten die meisten Freizeitreiter von ihrem Pferd wohl dies:

Sie möchten ihre freie Zeit nicht allzu anstrengend mit ihm verbringen, möchten es ordentlich reiten oder fahren, vielleicht noch 80 cm hoch springen, es geschickt und gut versorgen, sich mit seiner Psyche, seinen Eigenarten vertraut machen und dabei - das ist wichtig - zu einer Selbstverständlichkeit kommen, die Freizeitreiten und Pferdehaltung zu einem befriedigenden Vergnügen macht: wie gekonntes Skatspielen, Skilaufen, Schwimmen, Reisen, Campen, Bergsteigen. Nicht das Ziel eines wie auch immer gearteten Wettkampfes gibt dem Freizeitreiten seinen Sinn, sondern die unaufhörliche, lebendige Freude an der Partnerschaft zwischen Mensch und Tier. Zu diesem Ende führen andere Wege als zur Spezialausbildung von Sportpferden; aber täuschen wir uns nicht: Das Freizeitpferd und wir, seine Reiter, bedürfen einer eigenen, wohlüberlegten Ausbildung. *Zuallererst aber bedürfen wir des geeigneten Pferdes: Geeignet - das ist es, was das Wort "richtig" im Titel dieses Buches bedeutet.*

3. Seine Art, sein Charakter

Wie sollte nun im idealen Falle das Pferd beschaffen sein, das dem Laien oder Halblaien, dem Ängstlichen oder von der Alltagsarbeit

Erschöpften oder dem, der reitend volle Entspannung sucht, die geschilderte reine Freude vermitteln kann?

Beginnen wir beim Wichtigsten: Es muß einen *goldenen Charakter* haben, muß ausgeglichen und gutmütig, ruhig und gehorsam und von Natur aus freundlich sein; wie anders käme der Freizeitreiter mit ihm zurecht? Dabei sollte es keineswegs faul veranlagt sein, denn wie sollte der Laie es vorwärtsbringen? Wir wünschen es uns umgänglich und nicht schreckhaft, kerngesund und *robust aufgewachsen,* leichtfuttrig und leichtfüßig; schließlich sollen Großmutter und Enkel gleichermaßen mit ihm umgehen können; es darf nicht bei jeder Bewegung Unheil stiften, nicht bei der geringsten Unachtsamkeit erkranken.

Da Freizeitpferde nur in den seltensten Fällen allein gehalten werden, wünschen wir, daß sie *verträglich gegen andere Pferde* sind und möglichst in der Gemeinschaft einer Herde groß wurden. Da wir sie als echte Familienmitglieder auch zum Wochenende und in den Urlaub mitnehmen wollen, möchten wir, daß sie fremde Gegend, fremdes Futter, fremdes Wasser akzeptieren, sich leicht verladen lassen und an den Straßenverkehr gewöhnt sind. Sie sollen weich im Maul sein und weich in der Bewegung, mit Geländeschwierigkeiten besonnen fertig werden und *nie,* unter gar keinen Umständen, *durchgehen!* Auch in Gesellschaft anderer, charakterlich unstabilerer und reiterlich weniger geförderter Pferde müßten sie sich im Galopp auf leichte Hilfe durchparieren lassen. Nur so wären sie - und sind es anderswo bereits - Freizeitpferde der oberen Klassen: Vorbild für eine neue Art von Pferd.

Für den Freizeitreiter ist ein Pferd nicht mit Gold aufzuwiegen, das wirklich gute Manieren, ein freundliches, anhängliches Wesen, viel gesunde Intelligenz und aus Veranlagung und Erziehung Spaß daran hat, die unkonventionellen Anforderungen künftigen Erholungs- und Entspannungsreitens mitzumachen. Geht es überdies noch bequem, scheut es nicht und "klebt" es nicht an Stall, Weide oder Kameraden, das heißt, geht es willig von ihnen weg und bleibt es beim Aufsitzen gelassen stehen, so können ihm Schönheitsfehler gern nachgesehen werden: Das Familienpferd wird nicht nach dem Äußeren gekauft! Es kann jeder oder gar keiner bestimmten Rasse angehören, kann klein oder groß sein und braucht, so es nur auf den Beinen frisch und wach von Geist ist, nicht einmal mehr jung zu sein.

Es sollte einen leichten, freien, schnellen Schritt haben - weder halb im Schlaf durch die Gegend trödeln noch seinen Reiter durch kurze, harte Schritte ermüden. Es sollte einen bequemen langsamen Trab oder Tölt gehen sowie einen freien, weiten Mitteltrab oder schnellen Tölt. Im ruhigen Handgalopp sollte es leicht am Zügel stehen oder sich ganz ohne Anlehnung tragen; es sollte willig als Handpferd gehen, ohne sich ziehen oder treiben zu lassen oder durch stetes Drängen das Reitpferd zum Rennen herauszufordern. Selbstverständlich sollte es schmiedefromm sein und alle vier Hufe willig hergeben. Besondere Leistungen auf sportlichem Gebiet werden von ihm nicht verlangt. Dennoch ist die Liste der Forderungen alles andere als anspruchslos; sie zeigt klar, was uns Freizeitreitern auf lange Sicht vorschwebt. Das Freizeitpferd steht nicht hinter dem bislang so einseitig geforderten und geförderten Sportpferd zurück, sondern stellt in der Breite des Geforderten eher höhere Ansprüche.

Daraus geht ebenfalls klar hervor, *daß dieses Familienpferd kein Abfallprodukt heimischer Zuchten sein kann,* nicht jenes charakterlich, gesundheitlich oder leistungsmäßig mindere Pferd, für das der Sport keine Verwendung hat! Es ist ein fundamentaler Irrtum vieler Züchter und Zuchtverbände, zu glauben, was für den großen Sport nicht geeignet erscheint, dürfe einem unerfahrenen Freizeitreiter ohne Skrupel verkauft werden. Für den Freizeitreiter, der von der Verbesserung des Pferdes durch systematische Arbeit unter dem Sattel noch weniger versteht als der Sport- und Berufsreiter, ist das von diesem abgelehnte Pferd erst recht nicht zu gebrauchen.

Zuchten, die Wert auf ihn als Kunden legen, müßten Pferden im geeigneten Typ eigens züchten. Denn das Reiten wird um so einfacher, je mehr die Zucht es versteht, dem Reiter handliche, ruhige, in sich gefestigte, gesunde Pferde mit guten Nerven zu liefern. Bedauerlicherweise sind hierzulande Züchter und Reiter verschiedene Leute: Die Züchter reiten ihre Produkte kaum selber und wissen gar nicht, was der *Freizeitmarkt* braucht.

Den Beweis dafür, daß es nicht so sein muß, fand ich in der ganzen Welt: bei den Gebrauchsreitern Nord- und Südamerikas, Australiens und Afrikas, wo Züchter seit Jahrhunderten mit viel Überlegung, Können und Geschick mittelgroße Pferde produzieren, die unter schwierigen Klima- und Geländebedingungen und oft mit unausgebildeten Reitern täglich viele Stunden arbeiten, dabei gesund bleiben und alt werden.(Ich komme darauf im Kapitel "Rasse" noch ausführlich zurück.) In Deutschland und der Schweiz hat es "von Natur" aus kaum je für den Freizeitreiter geeignete Rassen gegeben. Sie waren - von Geschichte und Geographie geprägt - Soldaten- oder Wirtschaftspferde für schweren Boden, im Nachbarland auch Packpferde für den Saumpfad im Gebirge. Die vielleicht einzige

Ausnahme, den leichten Ostpreußen, gibt es nicht mehr; er ist im hochblütigen modernen Trakehner aufgegangen.

Züchtet man uns die gewünschten Pferde aber daheim nicht, so müssen wir sie uns weiterhin dort holen, wo es sie gibt. Jedenfalls ist es heute, wo uns praktisch die Pferde der ganzen Welt zur Verfügung stehen, überholt, uns das Bild des Reitpferdes einzig vom Ein-Meter-Siebzig-Koloß heimischer Zuchten prägen zu lassen. Und auch den Forderungen nach robuster Freiland-Aufzucht, vernünftiger Haltung in Herdenverbänden, handlichen Maßen und soliden Nerven werden Pferde aus den Ostländern oder aus Amerika eher gerecht als die in Stall-Einzelhaft großgezogenen teuren heimischen Pferde.

Doch nicht nur, weil sich die Züchter ihrer Produktion nicht zuwandten, gibt es das vielseitige, angenehme *Superpferd der Bequemlichkeit* hierzulande nicht; es ist auch deshalb nicht zu finden, weil seiner Ausbildung keine Beachtung geschenkt wurde. Denn eine *gründliche Ausbildung auf den gewünschten Zweck hin* ist bei ihm mindestens so wichtig wie beim Sportpferd: ist doch der Freizeitreiter nach dem Kauf meist sich selbst überlassen und kaum je von einem verständnisvollen Lehrer und Ausbilder beraten - einfach deshalb, weil es für diesen Zweig der Reiterei noch gar keine Lehrer gibt.

Daß es durchaus nicht so sein muß, zeigt das Beispiel von England, wo der Ausbildung des *Hack,* und der USA, wo der des *Pleasure Horse* größte Aufmerksamkeit gewidmet wird. Beide Ausdrücke aber bezeichnen das, was ich im Vorangehenden als "Freizeitpferd" schilderte.

4. Sein Reiter und Besitzer

Der Freizeitreiter - männlichen oder weiblichen Geschlechts, jung oder alt, arm oder reich - befindet sich, das sei vorab festgestellt, in einer mißlichen Lage. Ganz gleich, für welche Reitart oder Pferderasse er sich entscheidet: es kümmert sich niemand so recht um ihn. Die Lehrbücher haben seine Existenz noch nicht wahrgenommen, sie lehren unentwegt den Pfad nach Olympia (den kaum einer je zu Ende geht). Die Gremien der offiziellen Reiterei versuchen zwar zaghaft zu helfen, sind aber Gefangene ihrer eigenen Tradition: Sie können ihn gar nicht verstehen. Die Reitlehrer sind mit dem Schulbetrieb und der Ausbildung von Sportpferden und -reitern beschäftigt; sie kennen seine Probleme nicht und interessieren sich auch nicht dafür. So soll er möglichst

- sein Pferd selber aussuchen und kaufen,
- es selbst versorgen und pflegen,
- sich selbst das Reiten beibringen,
- und sein Pferd selber einreiten.

Damit ist er absolut überfordert.

Was kann er in solcher Lage tun? Was muß er wissen und können, um mit seinem Pferd auf bescheidene Art glücklich zu werden und es glücklich zu machen? Diese Erwägungen sind für den Freizeitreiter, dem das Tier ja kein Sportgerät zur Befriedigung seines Ehrgeizes, sondern geliebter Partner ist, eminent wichtig. Tief verwurzelt ist doch gottlob das Bewußtsein von der heilen Welt, die wir unseren Tieren schulden. In unserem hektischen und nervösen Leben befriedigt und am Ende nur die Zuneigung unseres Pferdes, sein williges Mittun. Wir alle sehnen uns danach, wenigstens die freie Zeit mit jener Wärme zu füllen, die uns der Alltag so oft versagt. Sie ist mit Geld nicht zu kaufen, wohl aber mit eigener Mühe zu erwerben: Und da nun ist es von Vorteil, uns genau über das zu unterrichten, was uns als Pferdebesitzer alles erwartet. Niemand sollte sich ein Pferd kaufen, ehe er sich - auch durch Umsehen und Umhören bei anderen Pferdebesitzern verschiedenster Richtungen, durch Gespräche mit anderen Freizeitreitern - ausgiebig unterrichtet hat über Art und Lebensbedingungen verschiedener Rassen, über das, was sie mindesten brauchen, um nicht nur körperlich gesund, sondern auch seelisch zufrieden zu sein, über die Weise, wie man mit ihnen umgeht: sie anfaßt, anspricht, ausrüstet, versorgt und benutzt.

Es ist viel, was bedacht werden muß. Das liegt an der Vielfalt der Rassen, der Reitweisen, der Verwendungszwecke, der Haltungsmöglichkeiten, an der so differenzierten Art des Lebewesens Pferd. Manches in den folgenden Kapiteln wird für den einzelnen Pferdehalter nur zum Teil zutreffen. Aber für viele unterschiedliche Pferdehalter muß eben viel Unterschiedliches erklärt werden. Trösten wir uns damit, daß - wie etwa auch im Beruf - am Ende selbstverständliches Wissen wird, was man zuerst mühsam erlernte.

Nur: Wer von Anfang an richtig lernt, erwirbt die bessere Kennerschaft.

Wie sieht ein Pferd aus?

1. Wie heißen seine Körperteile?

Die weitaus meisten Freizeitreiter kaufen sich im ganzen Leben ein oder zwei Pferde; bei einer sehr pferdepassionierten Familie wird's auch schon mal ein halbes Dutzend. Doch um das Richtige zu finden, muß man weder Pferdezüchter von Beruf sein, noch Tierbeurteilungslehre studiert haben: Ist man vernünftig, nimmt man zur entscheidenden letzten Wahl seinen Tierarzt mit. Ist das Pferd, das man haben möchte, gesund, so hängt alles andere beim Freizeitreiter ohnehin mehr vom Geschmack ab als von der Korrektheit des Gebäudes. Weshalb also hier die hundertste "Pferdekunde" wiederholen?

Andererseits interessieren wir uns für Bücher über Pferde, studieren Artikel über Pferde, sprechen mit anderen Pferdeliebhabern, diskutieren mit dem Reitlehrer, erbitten vom Tierarzt Hilfe bei Erkrankungen, möchten von unseren eigenen Pferden erzählen, möchten beim Reitenlernen wissen, weshalb und an welcher Stelle des Pferdekörpers Hilfen gegeben werden können: Kurzum, ganz ohne rudimentäre Fachkenntnis geht es nicht. Wenigstens die gebräuchlichsten Ausdrücke rund ums Pferd sollten uns geläufig sein, und wir sollten die Teile seines Körpers - Knochen, Gelenke, Muskeln usw. - benennen können. Schließlich ist es arg wenig, die Frage: "Wie sieht ein Pferd aus?" nur mit: "Unten hat es vier Beine, vorn einen Kopf und hinten einen Schwanz" zu beantworten ...

Bezeichnung der äußeren Teile

Wir beginnen mit dem Exterieur (dem Äußeren) und prägen uns seine Bezeichnungen gleich am Abbild eines Pferdes ein (Abb. 3). Das

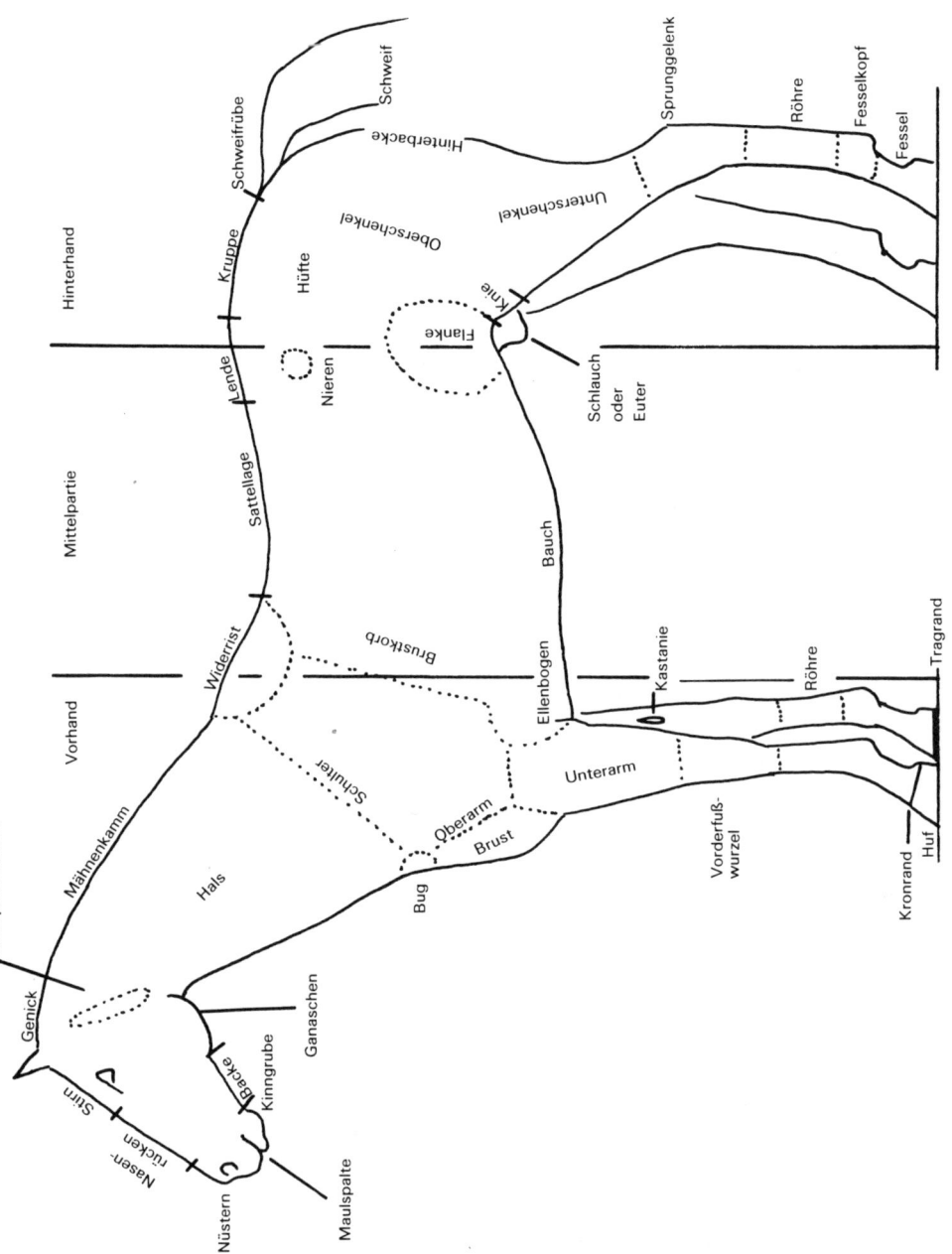

3 Das Exterieur des Pferdes

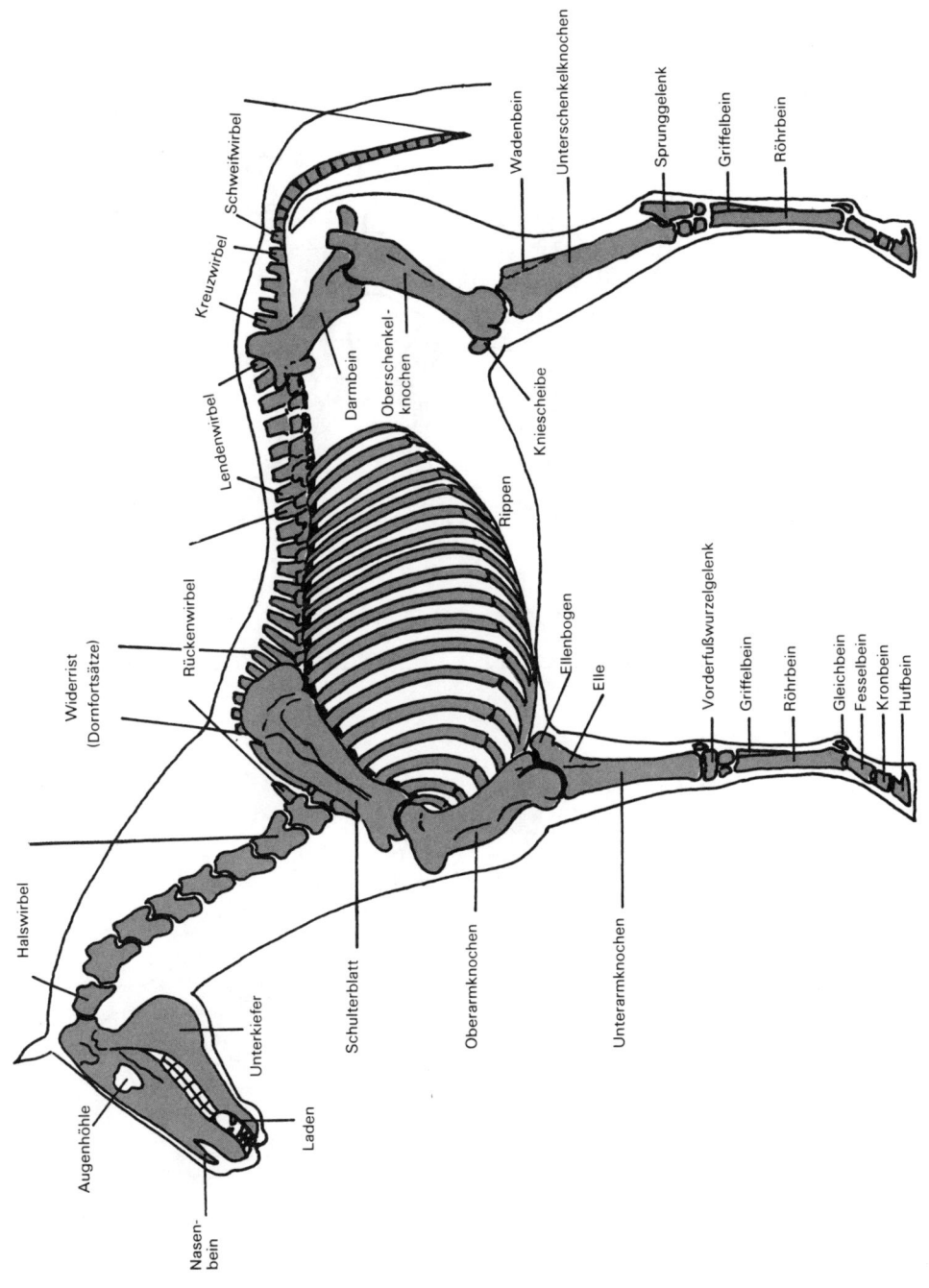

Schweifwirbel

Kreuzwirbel

Lendenwirbel

Darmbein

Oberschenkel-knochen

Kniescheibe

Wadenbein

Unterschenkelknochen

Sprunggelenk

Griffelbein

Röhrbein

Widerrist (Dornfortsätze)

Rückenwirbel

Rippen

Ellenbogen

Elle

Vorderfußwurzelgelenk

Griffelbein

Röhrbein

Gleichbein

Fesselbein

Kronbein

Hufbein

Halswirbel

Unterkiefer

Schulterblatt

Oberarmknochen

Unterarmknochen

Augenhöhle

Laden

Nasen-bein

4 Das Interieur des Pferdes

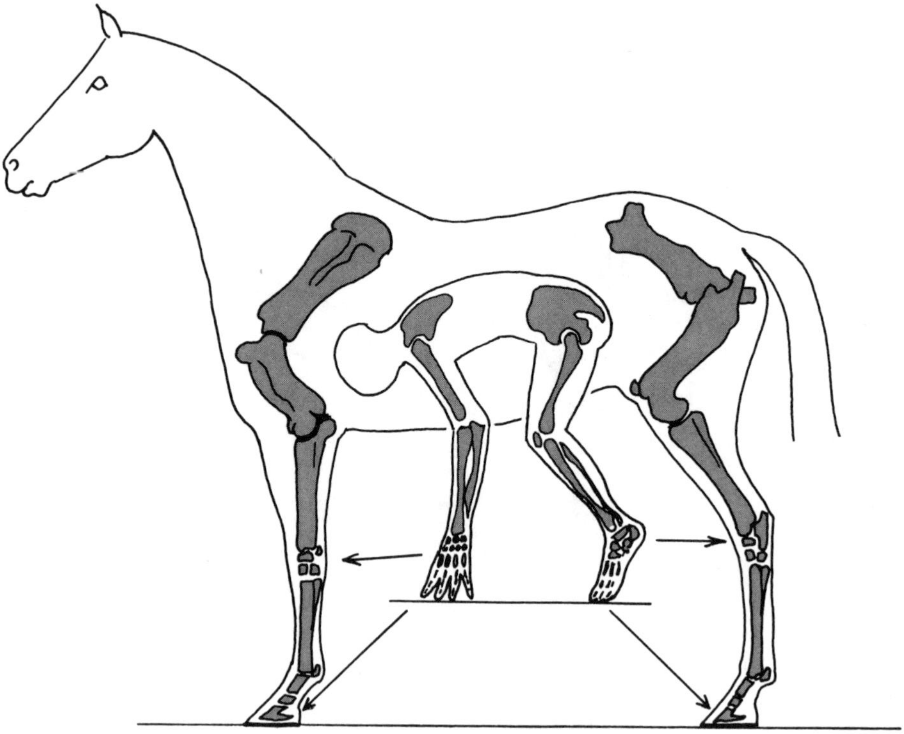

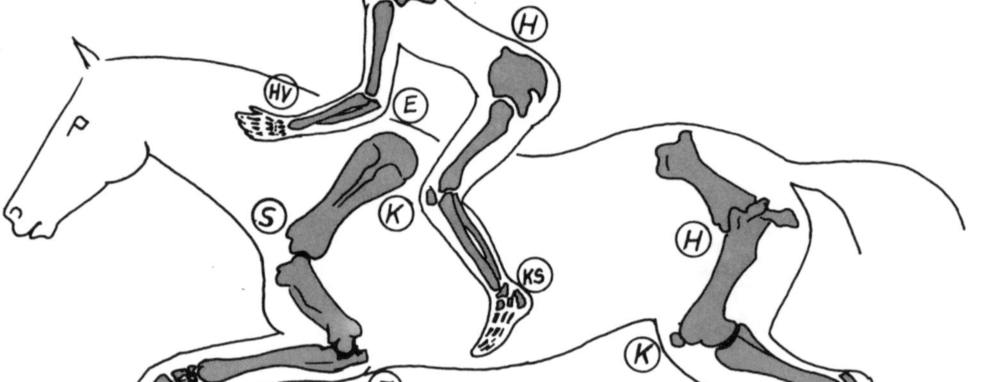

5/6 Vergleich von Knochen und Gelenken bei Mensch und Pferd
(S: Schulter; E: Knie; H: Hüfte; KS: Knöchel/ Sprunggelenk;
HV: Handgelenk/ Vorderwurzelgelenk)

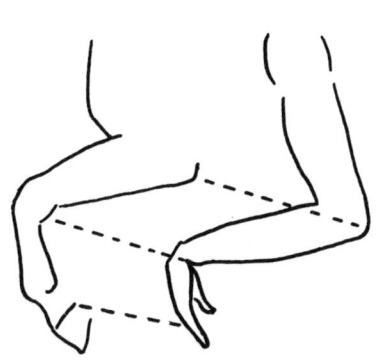
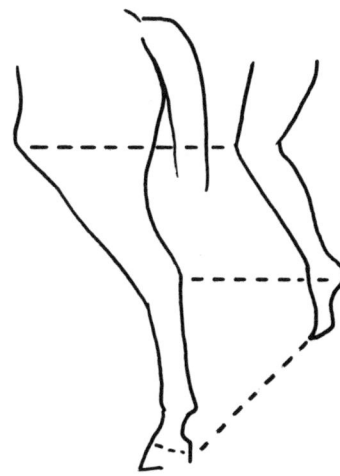

*7/8 Die Gelenke des Bewegungsapparates
bei Mensch und Pferd
(7: Vorderbein/ Arm; 8: Hinterbein/ Bein)*

Pferd unserer Zeichnung gehört keiner bestimmten Rasse an; die Bezeichnungen der Körperteile sind bei allen Rassen, allen Größen gleich.

Das Pferd unserer Skizze ist überdies durch Längsstriche in drei Teile geteilt: in *Vorhand, Mittelpartie* und *Hinterhand.* Die Bezeichnungen Vor- und Hinterhand leiten sich von der Hand des Reiters ab: Sie bezeichnen die Teile des Pferdekörpers, die sich jeweils vor und hinter der Reiterhand befinden. Die häufig gebrauchte Bezeichnung "Vorderhand" ist also falsch, das Pferd hat keine Hände.

Das Skelett: Vergleich von Knochen und Gelenken bei Mensch und Pferd

Auf Abbildung 4 ist das Interieur (das Innere) des Pferdes, soweit es den Skelettaufbau betrifft, dargestellt. Die gebräuchlichen Bezeichnungen der hauptsächlichen Knochen sind angegeben.

Zwei sehr wichtige Zeichnungen (Abb. 5 und 6) veranschaulichen, wo die einander entsprechenden Körperteile bei Mensch und Pferd liegen: einmal wird das Verhältnis der Knochen zueinander gezeigt, zum anderen das der Gelenke. Haben wir uns diese beiden Darstellungen gründlich eingeprägt, so verhelfen sie uns mehr dazu, den Bau des Pferdes und die Funktionen seiner Glieder und Gelenke zu verstehen, als dicke Fachbücher.

Die Gelenke des Bewegungsapparates merkt man sich leicht an den Abbildungen 7 und 8: Der menschliche Arm entspricht dem Vorderbein, das menschliche Bein dem Hinterbein des Pferdes. Finger und Zehen wurden beim Pferd zum Huf.

2. Unterschiede im Typ

Ehe wir uns einige wichtigere Körperteile aus der Nähe ansehen, müssen wir uns, zum besseren Verständnis, zunächst wieder einmal von einer wirklichkeitsfremden Vorstellung trennen: von der Vorstellung nämlich, daß es nur einen einzigen akzeptablen und vernünftigen Pferdetyp gibt - den des hierzulande gezüchteten und gebrauchten Stall- und Sportpferdes. Als ich vor fast 40 Jahren in die Welt hinaus zu fahren begann, um rund um den Erdball Pferde zu studieren, kannte auch ich nach eifrigem Lesen deutschsprachiger Fachbücher nur diesen einen Typ. Nichts hatte mich auf die Fülle anders gebauter, anders gebrauchter und dabei eminent vernünftiger Pferdetypen vorbereitet ...
Unterschiede im Typ sind entweder angezüchtet oder naturbedingt.

Angezüchtete Unterschiede

Betrachten wir kurz ein Quarterhorse (Abb. 9), ein Five-Gaited American Saddle Horse (Sattler, Abb. 10) und einen Hannoveraner (Abb. 11). Kann man sich größere Unterschiede vorstellen als die zwischen diesen drei Rassen? Sollte man überhaupt meinen, sie gehörten der gleichen Art an? Würde ein geschulter Kenner unseres Hannoveraners an den beiden anderen nicht fürchterliche Fehler finden? Fehler, die jedem geradezu ins Gesicht springen, der sich nur ein wenig mit der Beurteilungslehre des Reitpferdes befaßt hat? Doch eben da liegt der Hund begraben: "Das" Reitpferd gibt es nicht. Pferde werden seit eh und je für bestimmte *Zwecke* gezüchtet; ihnen hat sich das Aussehen anzupassen. Unser heimisches Pferd wird so gezüchtet, selektiert, prämiiert und vom Markt gewünscht, daß es sich optimal für die hier gebräuchlichen Sportarten des Dressur- und Springreitens eignet. Damit ist es aber, wie unsere Beispiele aus anderen traditionsreichen Pferdeländern zeigen, beileibe nicht der einzig mögliche Reitpferdetyp, nach dessen Kriterien sich alle anderen Rassen beurteilen - oder verurteilen - lassen.
Die beiden amerikanischen Rassen werden primär *nicht* zum Dressur- oder Springreiten gebraucht. Ihr Körperbau soll ganz anderen Zwecken dienen.
Das *Quarterhorse* (= Viertelmeilenpferd) wurde im Laufe von Jahrhunderten sorgsam für die Arbeit mit den Rinderherden gezüchtet. Es muß auf ganz kurze Entfernung rasant spurten können, um einem ausbrechenden Stier den Weg abzuschneiden, und es muß ebenso plötzlich bremsen können, damit nicht durch zu langes Gerenne die

ganze Herde zum Durchgehen gebracht wird. Zu beidem braucht es eine gewaltige, muskelbepackte Hinterhand, kurze, kernige Beine, eine kurze, geschlossene Mittelpartie mit ausladenden Rippen, einen mittellangen Hals, der aber der Reiterhand nie Widerstand leistet, und einen kurzen, kleinen, leicht angesetzten Kopf. Sein Reiter arbeitet mit dem Lasso: Das Pferd muß den Kopf tief tragen, damit er diesem nicht im Wege ist. Es arbeitet *mit* seinem Reiter und *mit* einem lebendigen Objekt: Deshalb wurden bei der Selektion Zuchttiere mit Besonnenheit, ausgeprägtem Instinkt für das Verhalten von Rindern, blitzschneller Reaktion und absolutem Gehorsam bevorzugt, so daß heute die Rasse insgesamt diese Eigenschaften in hohem Maße besitzt. Ihren Namen erhielt sie wegen einer anderen Eigenschaft: Sie liefert die schnellsten Sprinter (Kurzstreckenrenner) der Welt über die Distanz einer Viertelmeile (a quarter mile = 400 m).

Der *Sattler* (das fünfgängige amerikanische Saddle Horse) entstand in den warmen Südstaaten der USA, wo sich die steinreichen, eleganten Plantagenbesitzer ein superbequemes, super"schickes" Reitpferd und Prestige-Objekt wünschten. So wie heute tolle Sportkarossen das Entzücken der Autofans hervorrufen, gab und gibt es Liebhaber für dieses funkelnde, glitzernde Luxus-Pferde"modell". Sein Hals kann gar nicht lang genug sein, nicht fein genug sein, der nervöse Kopf nicht hoch genug getragen werden: Denn nur so gibt es seinem Reiter das erhebende Gefühl, der Straße und allen Menschen darauf überlegen zu sein. Sein Rücken ist breit und flach, er trägt Sattel und Reiter superbequem; der Knochenbau ist fest, aber fein. Seine Nervosität endet im Spielerischen: Er ist Reitpferd par excellence. Außer Schritt, Trab und Galopp beherrscht er die "Luxusgänge" Slow Gait und Rack.

Fremdartige Pferde, unbedeutende Ausnahmen in der breit gefächerten Palette der Rassen? Das Gegenteil ist der Fall: Quarterhorses bilden mit 800 000 eingetragenen Tieren die größte geschlossene Rasse der Welt, von den königlichen Sattlern gibt es immerhin fast 100 000, während das hannoversche Stutbuch 8 000 eingetragene Stuten führt. Und da immer mehr fremde, praktische und bequeme Reitpferderassen aus aller Welt zu uns kommen, hat es kaum noch Sinn, hier eine der allein auf unsere deutschen, schweizerischen, österreichischen Rassen zugeschnittene Beurteilungslehre zu geben.

Mißverstehen Sie mich nicht: Wenn es darum geht, den *Hannovera-ner* oder seine hiesigen Vettern zu beurteilen, sind die Lehren, die sich mit ihrer Zucht zugleich entwickelten, richtig und anwendbar. So wie sie sehen viele - nicht alle! - Pferderassen aus, die ihren Reiter

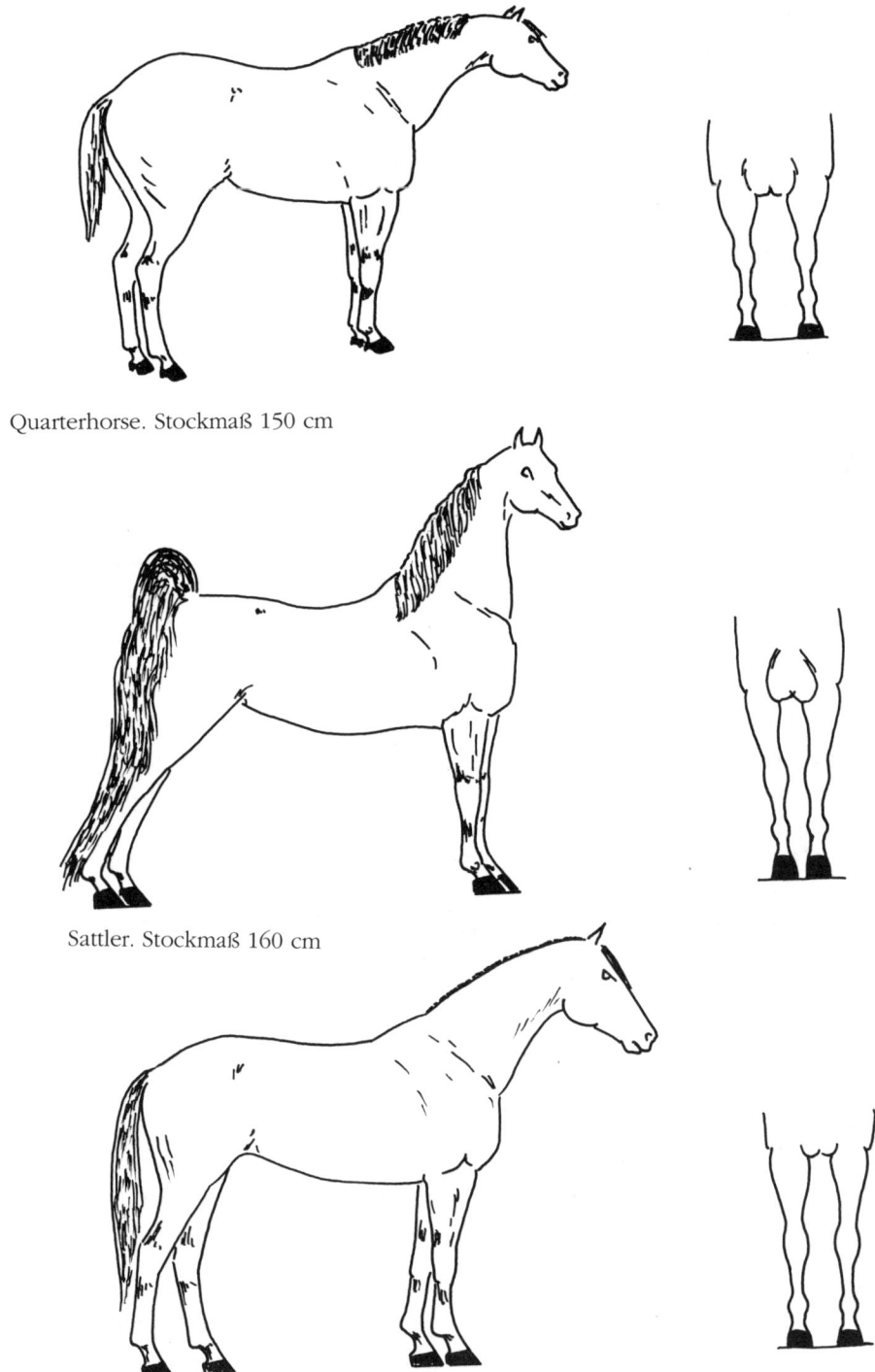

Quarterhorse. Stockmaß 150 cm

Sattler. Stockmaß 160 cm

Hannoveraner. Stockmaß 175 cm

9 Quarterhorse: Ca.145 - 155 cm hoch. Kopf kurz, breit, tief getragen, mit kleinen, wachen Ohren und kurzem, eckigem Maul. Weil Quarterhorses mit tiefer Kopfhaltung arbeiten, haben sie zwischen den Ganaschen extra viel Platz zum tiefen Durchatmen. Hals mittellang mit nur leichtem Bogen, übergehend in tiefgezogene schräge Schulter. Brust tief und breit, mit viel Gurtentiefe, breitgestellte, kurze, sehnige Beine. Die mächtigen Muskeln der Ober- und Unterarme laufen spitz auf das Vorderfußwurzelgelenk zu. Röhren betont kurz, Fessel mittellang, Hufe stark und rund, mit offenen Ballen. Der Rücken ist kurz, geschlossen und sehr voll, mit breiter Muskulatur über den Lenden und gut gewölbten Rippen. Die Hinterhand ist manchmal überbaut, enorm bemuskelt, die Kruppe rund. Mähne und Schweif sind kurz und dünn, um bei der Arbeit in der Dornensteppe nicht zu hindern. Ein Pferd mit sehr viel Kaliber.

10 Five-Gaited American Saddle Horse (Sattler): Bis ca. 160 cm hoch. Der Kopf mit schmalen, schlanken Ohren und weit auseinanderstehenden, funkelnden großen Augen läuft spitz in einem feinen Maul mit weiten Nüstern aus. Der lange, schlanke Hals, der sich stolz vor dem Reiter wölben soll, ist graziös gebogen, sein Ansatz besonders fein. Um ihn zu betonen, wird die lang fließende Mähne hinter den Ohren 10 cm weit geschoren. Die Brust ist breit und läuft herzförmig zu. Die Schultern sind außerordentlich schräg. Der Rücken ist, von oben gesehen, breit und flach, insgesamt kurz; die Kruppe ist breit, flach und sehr gut bemuskelt, nahezu horizontal, die geradeste außer der arabischen. Der üppige Schweif wird sehr hoch getragen. Die Gliedmaßen sind kräftig, aber wohlgeformt und lang; die Fesseln lang und federnd; die ungewöhnlich langen, runden Hufe stehen dichter beieinander als in jeder anderen Rasse.

11 Hannoveraner: Bis 175 cm (gelegentlich bis 180 cm) hoch. Kopf kräftig bis schwer, mit im Verhältnis kleineren Augen, größerem Maul. Der Hals soll lang und gut bemuskelt sein - als Steuerruder beim Sprung -, mit kräftigem Ansatz und sehr ausgeprägtem, flachem Widerrist. Brust tief mit guter Rippenwölbung. Rücken mittellang, Kruppe breit, lang und nur wenig gewölbt (bis schwach abfallend). Die Lende soll gut bemuskelt, mäßig lang und ganz leicht nach oben gewölbt sein: insgesamt erleichtert eine solche Kombination von Hals/Widerrist/Rücken/Lende/Kruppe es dem Pferd, sich im hohen Sprung zu lösen und ohne jede Verspannung zu springen. Dementsprechend kräftig wird die Hinterhand gewünscht, mit starker Winkelung und fester Muskulatur. Die Gliedmaßen sind kräftig, kernig und trocken, Röhren kurz, kräftig, Fesseln mittellang und kräftig. Huf gerade und groß. Der Gesamteindruck ist der eines wuchtigen, für bestimmte Sportarten geschaffenen Athleten.

12 Die wesentlichen Merkmale der 4 Pferdetypen nach Ebhardt. (Aus: K. Zeeb und F. Göbel, Ethologische Betrachtung zur Forensik der Bösartigkeit bei Pferden. Berliner und Münchener Tierärztl. Wschr. 19: 396–400, 1963. Zeichnungen: E. Trumler.)

	I	II	III	IV
Exterieur	*Unspezialisiert*, breitstirnig große Nasenhöhlen, *gerades* Nasenprofil, kurze Ohren, Hartgras-Schneidegebiß WH 122–125 cm Größtes Verhältnis Kruppenbreite: WH	*Massig*, schwerer, grober Kopf, *gerades* Nasenprofil, «Elchmaul», mittellange Ohren, Hartgras-Schneidegebiß WH 145–170 cm schmälere, gespaltene Kruppe	*Hochbeinig*, langrückig, langer Kopf, schmale Stirn, stark *geramstes* Nasenprofil, sehr lange Ohren, Schneiderupfgebiß für Hartgras und Kräuter WH 170–180 cm abfallende Kruppe	*Zierlich*, kurzrückig, schmaler, kurzer Kopf, weite Nüstern, *konkaves* Nasenprofil, kleine, kurze, an den Spitzen geschweifte Ohren, Kräuter Rupfgebiß WH 115–120 cm sehr schmale Kruppe
Skelett-funktion	*Vorhand* und *Nachhand* gleichrangig, wenig raumgreifender Trab bei schneller Fußfolge	Stärkere Benutzung der *Vorhand* (Schrittpferd)	Überwiegen des *Nachhand*antriebes, langer Hebelarm der Hinterhand (Springpferd)	Reiner *Nachhand*antrieb, dadurch steile Halsaufrichtung (Galoppferd)
Sozial-verband	*Großherde* mit Hengst als Leittier, Stuten mit weiblichem Nachwuchs bilden Zellen innerhalb der Herde	*Aufgelockertes Rudel*, Hengst steht außerhalb, weiblicher Nachwuchs inmitten der Herde	*Einzelgängerische* Altstuten mit weiblichem Familienanhang, Rudelbildung fast aufgelöst	Enger, zärtlicher *Familienverband*, Hengst absolutes Leittier
Verhalten bei Menschen-annäherung	*Flucht* der gesamten Herde gegen den Wind	Jedes einzelne Tier *erstarrt*	*Scheinangriff* bei angelegten Ohren, ruckartiges Heben der Vorhand, Schlenkerbewegungen von Kopf und Hals, evtl. *Angriff*	Hengst setzt den Verband in Marsch
Anbinden nach dem Einfangen	*Einstemmen* der Extremitäten, dann Lancade nach vorn ohne Ohrenanlegen	Stures *Rückwärtszerren* ohne Ohrenanlegen	*Angriff* mit Zähnen und Vorderhufen, Schlenkerbewegungen	Schütteln, Vorwärts- und Zurseitespringen, Zittern, rasche *Gewöhnung* an den Menschen

möglichst erfolgreich über Hindernisse oder im Dressur-Viereck tragen sollen. An diesen Zweck ist ihr Körperbau primär gebunden-wie der des Quarterpferdes an den seinen. Sie stellen einzeln niemals die Krone der Schöpfung unter den Pferden dar, sondern sind jeweils nur mögliche Modelle aus der reichen Skala der Pferdeformen in aller Welt.

Naturbedingte Unterschiede

Der Zweck, um dessentwillen der Mensch das Äußere und den Charakter seiner Pferde züchterisch zu beeinflussen sucht, stellt aber nur einen der Gründe für die Variationsbreite der Typen dar. Eine mindestens ebenso ausschlaggebende Ursache steuert die Natur bei. Das Geschlecht der Pferde entwickelte sich unter den unterschiedlichsten klimatischen Bedingungen; nach Ansicht vieler Wissenschaftler geht es sogar auf verschiedene Urtypen, die in verschiedenen Klimazonen heranwuchsen, zurück, von denen noch heute die Art sehr ausgeprägter, alter Rassen bestimmt wird.

Eine dieser Typenlehren ist in der Übersicht Abbildung 12 eingängig zusammengefaßt.

Die Typen I und II lebten in nördlichen, Typ IV in extrem südlichen Zonen der Erde. Typ III, ein südliches Steppenpferd, verbreitete sich auch über Europa und war vor der letzten Eiszeit, wie aus Knochenfunden hervorgeht, bereits 180 cm hoch. Es starb bei uns aus, sein Erbe jedoch blieb in den Randzonen des südlichen Europa am Leben: Ihm ähneln unsere modernen Warmblutrassen heimisch-schwererer Schläge.

Beileibe nicht in der Absicht, hier einem so umfänglichen Geschehen wissenschaftlich-gründlich nachzugehen, sondern lediglich, um das Wirken der Natur und der ihr innewohnenden Zweckmäßigkeit an einem einzigen von vielen möglichen Beispielen klarzumachen, stelle ich einmal zwei extreme Pferdetypen einander gegenüber. Wieder ist mit herkömmlicher Beurteilung nicht viel anzufangen: Wiederum entdeckt der Experte zahllose "Fehler". Schlimmer noch, verwirrender noch: Die Fehler der einen Rasse können durchaus erwünschter Vorzug der anderen sein ...

Vergessen wir also abermals die Traditionsansicht vom einen, einzigen, vorbildhaften und allein richtigen Groß-Stall-Sportpferd unserer Breiten, und schauen wir uns lieber die beiden "Gegentypen" ganz genau an:

13 Islandhengst "Ofeigur frà Blonduos", schwarzbraun, 139 cm

14 Araberhengst "Morafic", in Ägypten gezogen, Schimmel, 154 cm

Isländer (Abb. 13)	*Araber* (Abb. 14)
Stämmig, gedrungen, kurzbeinig	Zierlich, schmal, hochbeinig
Keilförmiger Kopf mit gerader Nase	Langer, schmaler Kopf mit leicht gebogener Nase
Kurzer, etwas schwerer Hals	Langer, manchmal dünner Hals
Kurzer, strammer Rücken	Kurzer, schmaler Rücken
Tiefe Brust, abfallende Kruppe	Schmale Brust, oft betont gerade Kruppe
Kurze, "dicke" Knochen	Lange, "dünne" Knochen
Umfängliche Röhrbeine	Feine, dünne Röhrbeine, sehr trocken
Breite Hufe, manchmal weich	Kleine Hufe, besonders fest
Gewinkelte Hinterhand mit oft stark gewinkelten oder kuhhessig gestellten Hinterbeinen	Sehr gerade, manchmal steile Hinterhand mit oft steil gestellten Hinterbeinen
Rauhes, im Sommer kurzes, im Winter langes, dickes Haar	Dünnes, kurzes, metallisch glänzendes Deckhaar
Tief eingesteckter Schweif mit breitem "Dach"	Hoch angesetzter, hoch getragener Schweif mit schmaler Wurzel
Dickes, dichtes Schweif- und Mähnenhaar	Dünnes, strähniges, langfallendes Schweif- und Mähnenhaar

* * *

Insgesamt ein Pferd der Kälte und der Nässe, die es sehr gut aushält	Insgesamt ein Pferd der Hitze und der Trockenheit, die es sehr gut aushält
Körperbau primär für Schritt und Trab (bzw. Tölt) entwickelt	Körperbau primär für lange, leichte Galopps entwickelt

* * *

Seine Zähne im schweren Kiefer sind so gewachsen, daß es hartes, ja gefrorenes Futter zerkleinern und verdauen kann	Seine Zähne im leichten, schmalen Kiefer sind so gewachsen, daß es weiches (Grün- u. Korn-) Futter am besten zerkleinern und verdauen kann

* * *

Die Nase ist kurz und breit, mit viel Raum für den muschelförmigen Nasenknochen, über den die Luft zirkuliert und erwärmt wird, ehe sie in die Lunge gelangt	Die Nase ist schmal, die Nüstern können sich extrem weit öffnen und dadurch bei großer Hitze und bei großer Schnelligkeit viel Luft ansaugen

Das Temperament ist eher bedächtig, die Wachsamkeit stetig und unauffällig: Seine Urheimat bietet kein Gelände für schnelle Flucht. Berge, Sümpfe, Moore, Geröll zwangen zu sehr überlegter Flucht

Das Temperament ist eher jäh, die Wachsamkeit betont, aber sporadisch: Auf weit überschaubarem Steppen- und Wüstengebiet rettet die sehr schnelle Flucht meist auch noch im letzten Augenblick

Das sind auf weite Strecken echte Gegensätze, die einen völlig anderen Körperbau bedingen. Doch obwohl der Isländer unseres Beispiels endlich auch von den offiziellen Verbänden anerkannt und betreut wird, begegnet uns bestimmt noch jener "Kenner" mit einstens errungener hippologischer Schulweisheit und fragt, weshalb wir ein Pferd mit so "plumpem" Kopf oder - in einem andern Fall - mit so "dünnen" Beinen reiten. Die Antwort ist in unserer Gegenüberstellung ganz klar enthalten: Was ihm an unserem Pferd nicht gefällt, ist vielleicht gerade das, was Eigenschaften ermöglicht, die uns an unserem Pferd besonders wichtig sind. Und nur das zählt.

Jene Wissenschaftler und Fach-Schriftsteller, die sich seit langen Jahren dem Phänomen des unterschiedlichen Ursprungs unserer Equiden widmen und es erforschen, neigen zum Teil dazu, die Nachfahren der beiden nördlichen Urtypen "Pony" zu nennen, die der beiden anderen "Pferd". Gäbe es bis auf den heutigen Tag nur diese reinen Formen, könnte man einer solchen Einteilung vielleicht zustimmen. Wie aber soll man die so viel häufigeren Mischformen benennen, die im Laufe der Jahrtausende aus mählicher Verschmelzung entstanden?

Der Einfachheit halber und ohne jeden Wunsch nach Auf- oder Abwertung der einzelnen Arten benutze ich deshalb hier nur die Bezeichnung *Pferd;* bei erforderlichen Ausnahmen geht der Grund jeweils deutlich aus dem Text hervor.

3. Häufig wiederkehrende Fachbegriffe

Im Gespräch um das Pferd kommen nicht nur die Bezeichnungen seiner Körperteile immer wieder vor; es gibt daneben Begriffe, die Art und Zustand des einzelnen Pferdes näher beschreiben. Auch sie sollten wir kennen, zumindest die am häufigsten erwähnten: Konformation, Konstitution, Kaliber, Rahmen, Tiefe (bzw. Gurtentiefe), Format, Kondition und Aktion.

Unter *Konformation* verstehen wir die Körperbeschaffenheit insgesamt, besonders aber das Verhältnis der einzelnen Körperteile zueinander.

Die *Konstitution* bezeichnet den Zustand der Zellen und des Gewebes, die den Körper aufbauen. In diesem Sinne spricht man von grober oder feiner Konstitution, von harter, weicher, schwammiger und so weiter.

Unter *Kaliber* versteht man das Verhältnis des Gewichtes zu Widerristhöhe, Brustumfang und Röhrbeinstärke (Abb. 15). Je großkalibriger ein Pferd ist, um so mehr nimmt es an Höhe ab und an Gewicht zu. Ein Beispiel dafür ist der englische Cob (siehe Abb. 86), der bei nur 140 bis 150 cm Höhe den wuchtigen Eindruck eines schweren Jagdpferdes macht, oder das südafrikanische Burenpferd, das, 145 cm hoch, jeden noch so schweren Reiter in jedem Gelände zu tragen vermag (siehe Abb. 91). Für den Freizeitreiter ist dieser Begriff einer der wichtigsten: Ist er selbst groß und schwer und wählt ein relativ kleines Pferd, so muß er dem Kaliber besondere Aufmerksamkeit schenken. Das heißt, das Pferd seiner Wahl sollte eher kurzbeinig, gedrungen und mit kräftigen Röhren versehen sein. Nicht auf die Höhe kommt es bei einem Gewichtsträger an, sondern aufs

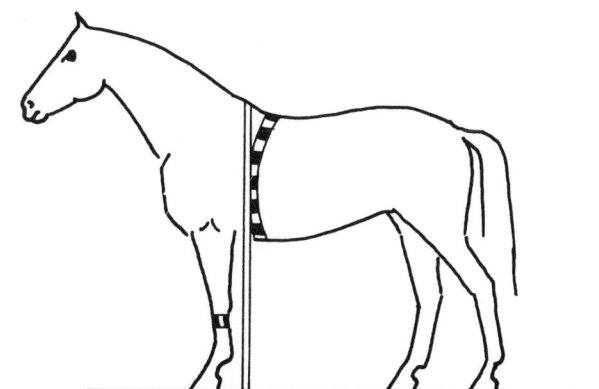

15 Kaliber-Ermittlung

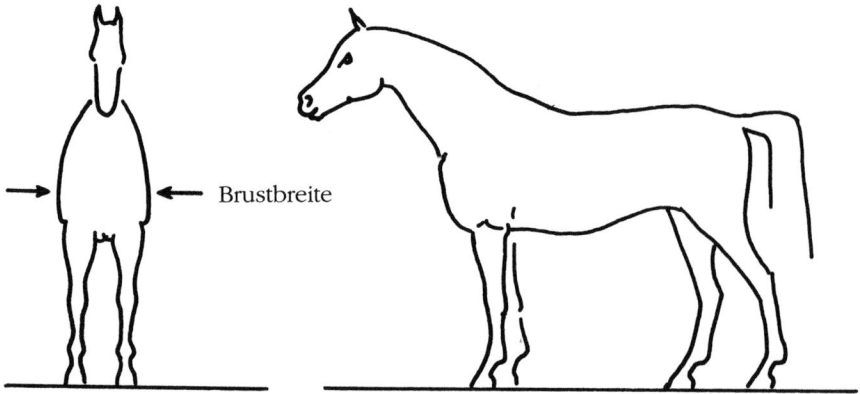

16/17 Unterschiedliches Kaliber (16: Araber, Höhe 150 cm: Brustbreite 45 cm; 17: Kalibriges Pferd, Höhe 150 cm: Brustbreite 60 cm)

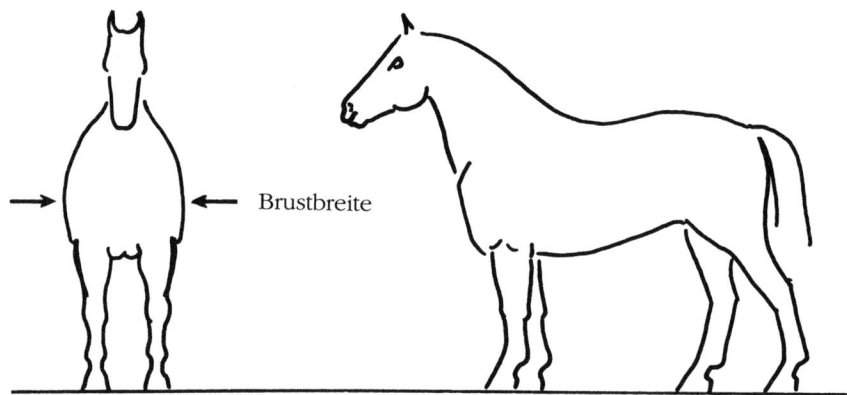

Kaliber (Abb. 16, 17)! Damit ist auch die so oft gestellte Frage: "Kann ich mit 175 cm Körpergröße ein Pferd von 135 cm reiten?" beantwortet: "Jawohl - falls das Kaliber ausreicht!" Keineswegs aber ist Kaliber mit Fett gleichzusetzen! Fett läßt ein Pferd nur dick erscheinen; aber dieses äußere Bild besagt nichts über den Zustand seiner Knochen und seines Körperbaus.

Unter *Rahmen* versteht man die äußere Begrenzung des Pferdes: angestrebt wird ein "großer Rahmen". Er hat mit der Höhe an sich nichts zu tun: Ein Pony kann soviel (oder mehr) Rahmen haben wie ein Riesenroß. Der Rahmen ist um so größer, je länger und tiefer die Linien des Körpers sind: lang an Hals, Schulter, Kruppe, tief an Brust, breit im Becken. Ein großrahmiges Pferd ist also in allen

18 Quadratpferd

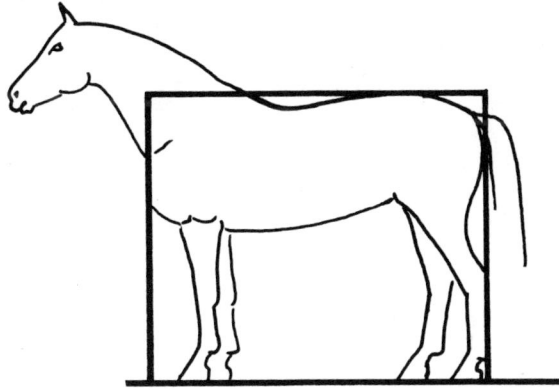

19 Rechteckpferd

Größenkategorien das Gegenteil des dünnen, schmalen, steilschultrigen Tieres, das dem Freizeitreiter gern als "edel" angepriesen wird.

Tiefe (auch: *Gurtentiefe*) hat ein Pferd, bei dem der Abstand vom Widerrist zur Unterbrust größer ist als der von der Unterbrust zur Erde. Tiefe wird vor allem von der guten Zuchtstute verlangt.

Die gängigsten *Formate* sind das quadratische (Abb. 18) und das rechteckige (Abb. 19). Hengste sind meist quadratischer, Stuten meist rechteckiger gebaut. Abgesehen vom Geschlecht wandelt das Format sich auch mit dem Züchtergeschmack und von Rasse zu Rasse. Araber sind oft quadratischer als Vollblüter, Traber können extrem rechteckkig sein usw.

Die bisher genannten Begriffe beziehen sich alle auf die unveränder-

20 Rennpferd in Kondition (Vollbluthengst "Arratos"): kein Gramm Fett zuviel, kernig, muskulös, glänzend

lichen Gegebenheiten des Körperbaus des Pferdes; es wird mit ihnen geboren; sie stehen praktisch beim Fohlen schon fest. Die nächsten Begriffe beziehen sich auf Veränderliches, vom Menschen zu Beeinflussendes.

Kondition nennt man den Gesundheits- und Trainingszustand, in dem ein Pferd sich befindet. Er kann natürlich höchst unterschiedlich sein. In guter Kondition ist ein Pferd kernig, weder zu fett noch zu mager; ist es genügend trainiert, treten seine Muskeln deutlich hervor, macht es einen gesunden, munteren Eindruck. Es sollte dann runde, das heißt ausgefüllte, nicht aber schwammige, Linien aufweisen, gerade auf allen vier Beinen stehen und willig vorwärtsgehen. Für spezielle Leistungen werden Pferde auch in spezielle Kondition gebracht: So wird einem Rennpferd ds letzte Gramm überflüssiges Fett wegtrainiert (Abb. 20), ein Langstreckenläufer wird einem besonderen Herz-Lungentraining unterworfen, das Springpferd benötigt besonders trainierte Muskeln (Abb. 21) usw.

Weidepferde sind während langer Strecken des Jahres häufig zu fett

21 Springpferd in Kondition (Holsteiner Wallach "Ferdl"): wuchtig, muskulös, ein Athlet, topfit

und dann schlechter zu beurteilen als magere. Ich weiß aus böser Erfahrung, wie schwer es ist, auf der Weide einen allzu guten Futterverwerter in Form zu halten, und wie lange es dauert, ein fett gewordenes Pferd wieder in Kondition zu bringen. Ein gut konditionierter Isländer unterscheidet sich zum Greifen deutlich von seinem weidefetten Artgenossen (Abb. 22/23).

Bei Kauf und Verkauf spielt die Kondition eine große Rolle; sie entscheidet beim normalen Käufer häufig die Höhe des Preises. Das gleiche Pferd mit den gleichen Eigenschaften der Konformation und der Rittigkeit kann in schlechter Kondition für den Käufer viel billiger sein - es lohnt sich meist, ein Verkaufspferd zunächst in gute Kondition zu bringen.

Wird aber ein Pferd in schlechter Kondition zum Kauf angeboten: so mager, daß die Knochen hervortreten, mit schlaffen Muskeln, müdem Blick (Abb. 24/25), so erkundige man sich gründlich nach den Ursachen. Vielleicht führte ein einziger harter Winter, eine Periode der Vernachlässigung durch Erkrankung des Besitzers oder völlige

*22 Islandwallach in Arbeits-
kondition: kein Gramm Fett
zuviel, dafür pralle, klar akzen-
tuierte Muskeln der Oberarme/
Schultern, der Brust und des
Halses, glatter Leib,
wacher Blick*

*23 Islandwallach "Stjarni"
in Weidekondition: viel zu
fett, tonnig, anscheinend
kurzbeinig*

24/25 Pferd in extrem
schlechter Kondition: hervor-
stechende Knochen, dünner
Hals, "Hungerrinne" an den
Flanken, viele weiße Druck-
stellen. (Das Pferd war mehr
als 10 000 km gegangen und
hatte seinen Reiter um die
halbe Welt getragen. Es erholte
sich fantastisch innerhalb
weniger Wochen.)

Unerfahrenheit in der Pflege zu solch totaler Abmagerung. Dann ist zu sagen, daß Bau und Qualität eines Pferdes sich zumindest dem Kenner im Zustand der Abmagerung besser darstellen als unterm Fett des Dicken und daß es im allgemeinen leichter ist, ein zu mageres Pferd herauszufüttern als ein zu fettes schlank zu machen. Viele Käufer schauervoll heruntergekommener Kleinpferde aus den Ostländern haben staunend wahrgenommen, wie sich sozusagen unter ihren Händen die Kondition in wenigen Monaten zum Guten änderte. Ein altersmüder Rücken freilich oder Beine, die vom übermäßigen Gebrauch krumm geworden sind, können nicht mehr kuriert werden! Hier hat der Tierarzt das letzte Wort.

Je höher ein Pferd "im Blut" steht (je mehr Vollblüter sich unter seinen Vorfahren befinden), um so bedenklicher ist eine schlechte Kondition zu betrachten: Es gibt Pferde dieser Art, die aus lauter innerer Nervosität nie richtig fressen, nie richtig verdauen und nie in eine erwünschte Kondition gebracht werden können. Sie sind für den Freizeitreiter nutzlos.

Mit *Aktion* schließlich bezeichnet man die Bewegung der Beine im Gang. Je nachdem das Pferd mit den Füßen ausholt und sie aufsetzt, spricht man von hoher, flacher und weiter, raumgreifender oder kurzer Aktion.

4. Beschreibung der wichtigsten Körperteile und -partien

Welches sind denn die wichtigsten Körperteile? Sie sind beim verschiedenen Gebrauch so verschieden, daß wir gleich einschränkend sagen wollen: Hier werden nur diejenigen beschrieben, die für den normalen Freizeitreiter wichtig sind und von ihm ohne weiteres auch abgeschätzt werden können. Der Festlegung genauer Regeln bietet zudem das wachsende Angebot an fremden Pferden Einhalt. Begnügen wir uns deshalb mit wenigen, aber brauchbaren Überlegungen.

Der *Kopf* ist der Körperteil, dem spontan die meiste Aufmerksamkeit geschenkt wird. Und das ist auch richtig - nicht nur, weil von seiner Form vieles abzulesen ist, sondern vor allem, weil der Ausdruck der Augen und das Spiel der Ohren Wesentliches über den Charakter aussagen. Bei aller Vernunft und inneren Gelassenheit sollte ein gutes Freizeitpferd an den Vorgängen seiner Umgebung interessiert sein: Die mittelgroßen Ohren sollen ein bewegtes Spiel zeigen; die Augen

26 Wunderbar "trok-
kener" Kopf des Ara-
bers: Die Haut liegt wie
angesogen über den fei-
nen Knochen und Mus-
keln.

können kaum groß und klar genug sein, sie sollten stets freundlich dreinblicken. Zwar kann ein unfreundliches Auge auch nur vorüber-gehend ängstliche Abwehr oder Mißtrauen nach schlechter Behand-lung anzeigen; also sollte man dann eine Weile abwarten und zusehen, ob sich das Mißtrauen legt. Andernfalls ist das Pferd für den Freizeitreiter - schon gar, wenn er noch Anfänger ist - unerwünscht. Sind die Augen matt, halb geschlossen, der Blick müde und uninteressiert, so kann das Pferd überdies krank sein oder Schmerzen haben. Ein offener, freundlicher Blick ist für den Freizeitreiter das wichtigste am ganzen Pferd.

Ähnlich ist es mit dem Ohrenspiel: lebhaft - ja; nervös und ängstlich-nein. Einfaches Zurücklegen der Ohren bedeutet übrigens nicht immer Bösartigkeit, wie so oft angenommen wird; es kann die Antwort auf ein ungeschicktes Vorführen - Zerren am Zügel oder ähnliches - sein, kann aber auch bedeuten, daß das betreffende Pferd Wert auf langsameres Kennenlernen legt. Entscheidend ist, ob nach einer Weile ruhigen Zusprechens die Ohren ihre "Habt acht"-Stellung aufgeben.

Die Form des Kopfes ist rassenmäßig verschieden. Er soll zwar im Verhältnis zum übrigen Körper stets möglichst klein und "trocken" sein - das heißt, die Haut soll sich dicht über Knochen und Sehnen spannen und sie wie herausmodelliert erscheinen lassen -, doch kann nicht jeder Pferdekopf dem des extrem trockenen Araberkopfes (Abb. 26) gleich sein. Er muß dem Typ der Rasse entsprechen (Abb. 27) und darf bei Reitpferden nicht schwammig sein (wie etwa bei einem minderwertigen Kaltblüter). Je mehr Blut ein Pferd führt, um

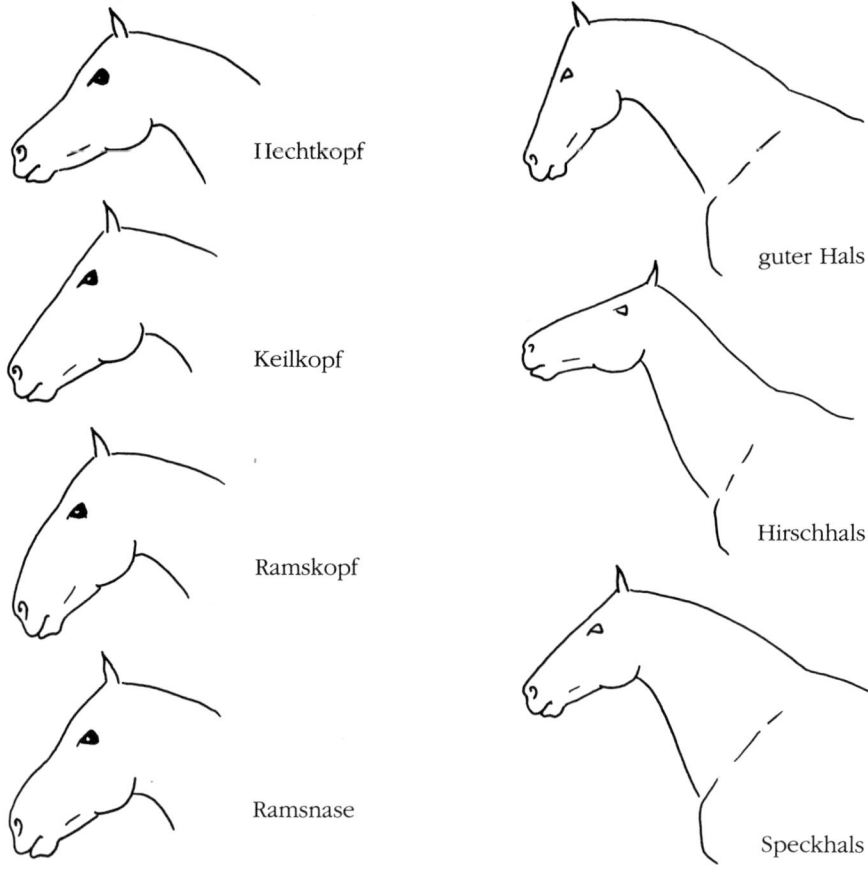

Hechtkopf

guter Hals

Keilkopf

Hirschhals

Ramskopf

Ramsnase

Speckhals

27 Rassenmäßig verschiedene Kopfformen   28 Halsformen

so langgezogen-schmaler ist der Kopf meist, während er bei Landschlägen, aber auch bei unseren heimischen Leistungsrassen, manchmal grober und schwerer ist. Der Araber hat den kleinsten, feinsten Kopf, häufig mit einwärts gebogener, konkaver Nasenlinie, einen sogenannten *Hechtkopf*. Sein Gegenteil, der Isländer - wie auch viele von dessen Verwandten unter den Nachfahren urtümlicher Nordtypen - hat oft einen kurzen *Keilkopf*: oben breit, unten schmal. Einige unserer Großpferderassen haben als Erbe spanischer Vorfahren (und de Urtyps III?) einen *Ramskopf* mit vorgewölbter Nasenlinie, wie er sich aus gleichem Grunde bei Lipizzanern findet. Der einen Rasse den Kopf der anderen zu wünschen, ist so, als wünsche man einem Bernhardiner den Kopf eines Dackels oder umgekehrt: Schöner würde das Ergebnis sicher nicht, und bestimmt nicht zweckmäßiger. Weshalb also, in unserem Beispiel, dem "groben" Isländer einen "feinen" Araberkopf wünschen?

Alle Beurteilung von Pferden oder von Teilen eines Pferdekörpers muß mit dem Rassenziel vor Augen vorgenommen werden.

Hals, Schultern und Oberarme sind durch starke Muskelstränge miteinander verbunden: Die ideale Schulter ist schräg und breit, der Hals ist lang, der Oberarm auch. Doch Vorsicht: Gewiß kann ein guter Hals kaum je zu lang sein - doch der Hals eines Norwegers ist von Natur aus kürzer und dicker als der eines Vollblüters! Wieder kann es nur heißen: so lang und biegsam wie innerhalb des Rassenzieles erwünscht und zweckdienlich.

Für den Gebrauch ist wichtiger als die Länge des Halses seine *Biegung* (Abb. 28). Verläuft sie in schönem Schwung oder auch nur ein wenig über der Geraden nach oben, so kann der Hals seine Funktion als Steuerruder in jeder Bewegung ausführen. Verläuft sie jedoch umgekehrt so, daß sie oben wie eingedrückt erscheint, während am Unterhals die Muskeln hervorquellen *(Hirschhals)*, so läßt er sich schlecht regulieren, weil er den Kopf nach oben - und damit weg von jeder Zügel- und Handeinwirkung - drückt. Der Hirschhals ist mit Recht in jeder Rasse verpönt. Der *Speckhals* schließlich ist unerwünscht, weil er der Reiterhand durch seine Masse Schwierigkeiten macht.

Der *Ansatz* (Abb. 29) - die Stelle, wo der Kopf am Hals ansetzt - sollte innerhalb des Rassetyps möglichst leicht und biegsam sein. Ein Kopf mit feinerem Gelenk biegt sich leichter und gibt der Reiterhand müheloser nach als einer, der sich durch falschen Bau und dicke

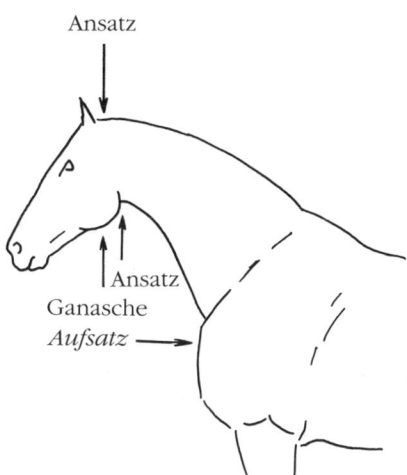

29 Ansatz - Aufsatz - Ganaschen

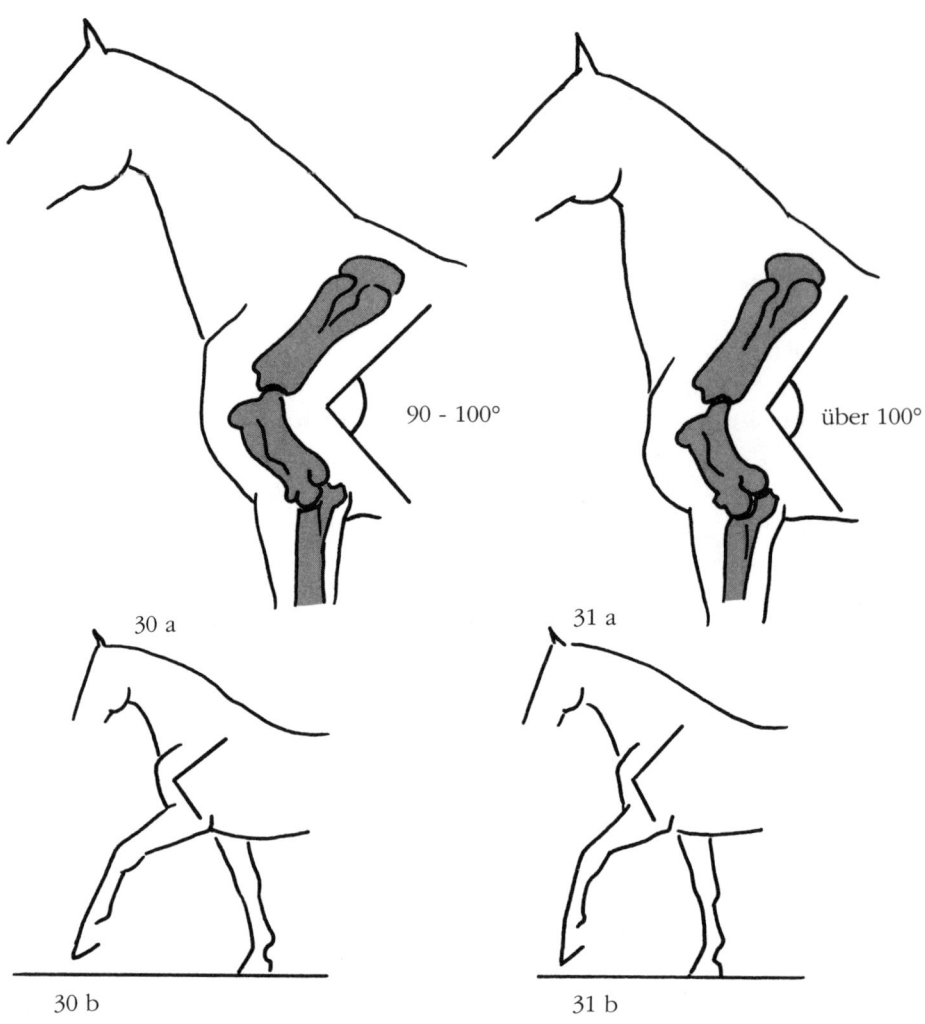

90 - 100°

über 100°

30 a

31 a

30 b

31 b

*30/31 Durch den Körperbau beeinflußte Schrittlänge
(30a: Langer Hals/lange schräge, klein gewinkelte Schulter;
30b: entsprechend weite Schrittlänge.
31a: Kurzer Hals/kurze, steile, groß gewinkelte Schulter;
31b: entsprechend kurze Schrittlänge)*

Muskulatur gegen alle Einwirkungen sperrt, von Natur aus sperren muß.

Der *Aufsatz* - die Stelle, wo der Hals aus der Brust hervorkommt - ist je nach Rasse äußerst verschieden. Bei Springpferden wünscht man ihn sich höher, bei Dressurpferden tiefer. Für das Freizeitpferd hat er keine so einschneidende Bedeutung.

Die *Ganaschen* sind die "Backen" des Pferdes. Sind sie zu dick oder liegen sie innen zu nahe beieinander, drücken sie auf die Ohrspeicheldrüse. Das tut weh, und solche Pferde nehmen den Kopf nicht gern nach unten/hinten zurück. Im Kehlgang - zwischen den Ganaschen - sollte immer eine geschlossene Faust Platz haben.

Die Länge von Hals und Oberarm sowie die Winkelung der Schulter stehen in direktem Bezug zur Länge der Schritte (Abb. 30a, b). Wir behalten deshalb, daß ein Pferd mit sehr kurzem Hals, kurzem Oberarm und steiler Schulter notwendig kurze, harte und damit *unbequeme* Gänge hat (Abb. 31a, b).

Die *Brust* soll mittelbreit und gut bemuskelt sein sowie viel Platz für die Lunge haben. Bei schmaler, dünner Brust rutscht außerdem der Sattel ständig nach vorn. Eine zu breite Brust ist kein eigentlicher Fehler, aber sie drückt die Beine auseinander und bewirkt meist einen nicht eben graziösen oder schwungvollen Gang.

Der *Widerrist* bildet den Übergang zwischen Hals und Rücken; seine Wölbung entsteht durch die besonders langen Dornfortsätze der ersten 10 - 12 Rückenwirbel. Die flachen Muskeln des Halses, der Schulter und des Rückens liegen eng an ihm an oder kreuzen sich über ihm. Er sollte gut sichtbar sein und sanft in den Rücken übergehen (Abb. 32). Bricht er zu scharf ab (Abb. 33), hat man Schwierigkeiten mit dem Sattel: Er stößt mit der Kammer dagegen und erzeugt Wunden und Fisteln, die - da über dem empfindlichen Knochen-Muskel-Gebilde keine schützende Fleischschicht liegt - nur sehr langsam heilen und sich oft tief ins Gewebe einfressen. Widerrist-Drücke sind mit Recht gefürchtet: In der schönsten Jahreszeit kann man sein krankes Pferd unter Umständen monatelang nur auf der Weide bewundern (und pflegen!). Bei einem zum Kauf angebotenen Pferd ist Vorsicht geboten, wenn rund um den Widerrist und in der Sattellage weiße Flecken sichtbar sind. Wunden und Druckverletzungen wachsen hier nämlich stets mit weißen Haaren zu; sie zeigen dem Käufer, daß das Pferd hier druckempfindlich ist und wahrscheinlich eine schlechte Sattellage hat! Natürlich kann ein Druck durch einen auch nur einmal schlecht sitzenden oder bei einem Unfall gebrochenen Sattel hervorgerufen sein; doch wenn mehrere weiße Stellen zu sehen sind, ist Mißtrauen angezeigt.

Ein schwammiger, fetter Widerrist (Abb. 34) geht meist mit einem zu tonnigen Rumpf einher und hat eine andere unerwünschte Wirkung: Der Sattel rutscht vor und muß unbedingt mit einem Schweifriemen festgehalten werden. Daß solche Pferde keine leichten, schlanken, langen Gänge haben, sagt einem der gesunde Menschenverstand.

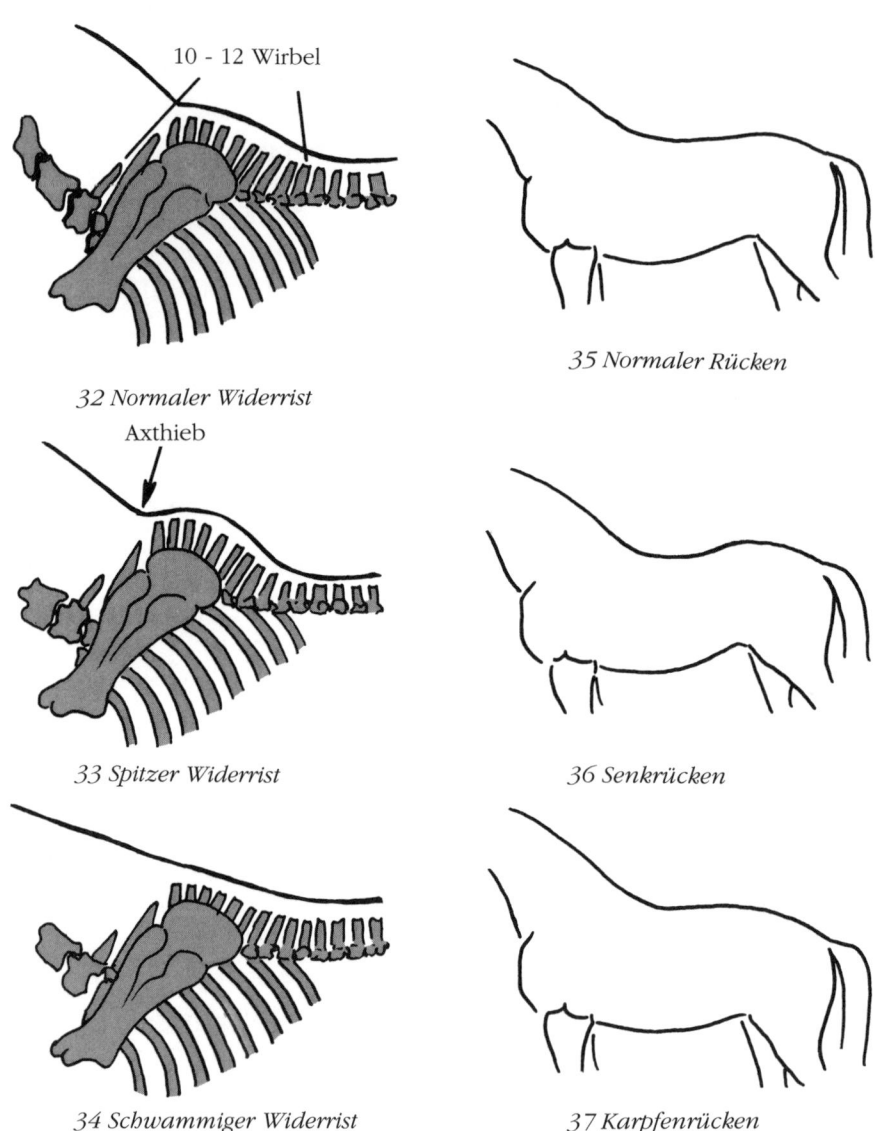

10 - 12 Wirbel

32 Normaler Widerrist

Axthieb

33 Spitzer Widerrist

34 Schwammiger Widerrist

35 Normaler Rücken

36 Senkrücken

37 Karpfenrücken

Solange sie bequem gehen und der Reiter sich auf ihnen wohl fühlt, ist wenig dagegen zu sagen. Man darf nur nicht erwarten, daß sie rasante Läufer mit endlosem Durchhaltevermögen sind.

Schlimm wird es, wenn diese Molligen auch noch gute Futterverwerter sind (sie sind es meist!) und ganzjährig Weidegang haben. Ihre Sättel müssen dann ebenfalls unbedingt mit Schweifriemen versehen sein. Ein tiefer, langer *Brustkorb* mit gut gewölbten *Rippen* trägt sehr dazu bei, daß der Sattel unverrückbar liegt und der Reiter spontan ein angenehmes Gefühl darin hat.

Rücken und Kreuz (Lende) tragen das Gewicht des Reiters und des Sattels; sie übertragen die Schubkraft der Hinterhand nach vorn in die Bewegung. Ihre Länge wechselt nach Pferden und Rassen und Züchtergeschmack. Manche Reiter bevorzugen den Rücken so kurz wie möglich ("nur der Sattel soll drauf passen"), andere wollen ihn länger ("ein langer Rücken schwingt besser"). Abgesehen davon, daß beide Ansichten übertrieben werden können, gilt für den Freizeitreiter, der als Erwachsener kleine Pferde reiten möchte, daß ein nicht zu langer Rücken tragfähiger und reitbarer ist. Das handliche Pferd des Freizeitreiters sollte also nicht zu lang sein (was nicht heißt, daß sein Rücken unangenehm stramm und kurz sein soll). Am besten probiert man es selbst aus; auch da ist nicht jedem jedes bequem. Abgesehen von der Länge sollte der Rücken gut bemuskelt und ein wenig fleischig sein (Abb. 35): Auf einem spitzen Rücken entstehen häufig Satteldrücke. Der beste Rücken ist nach meiner Erfahrung der, auf dem ein Sattel wie von selbst an die richtige Stelle rutscht, also ein ganz sanft gemuldeter, aber beileibe kein Senkrücken (Abb. 36) - Zeichen zu hohen Alters oder zu frühen Gebrauchs. Erhebliche Schwierigkeiten beim Reiten macht der *Karpfenrücken* (Abb. 37), der im hinteren Drittel hochgezogen ist. Der Freizeitreiter mit dem Wunsch nach einem bequemen Pferd sollte ihn meiden. Ein Karpfenrücken schwingt nicht durch und ist meist zu lang.

Die *Lende* sollte bei jedem Pferd kurz und kräftig sein; bei den urigen Rassen ist sie das ohnehin meist, und das ist einer der Gründe, weshalb sie mühelos so große Gewichte tragen. Ist der Rücken an dieser Stelle, im Übergang zur Kruppe, gerade und kurz und eine Spur gewölbt, so spricht man von einem "guten Schluß"; das Pferd ist dann meist auch ein guter Futterverwerter.

Die *Kruppe* ist bei einzelnen Rassen betont unterschiedlich geformt. Eine sehr *gerade* Kruppe (Abb. 38) weist im allgemeinen auf Geschwindigkeit über lange Strecken hin (Araber); eine *runde*, stark muskelbepackte Kruppe (Abb. 39) verrät die Fähigkeit, die Hinterbeine weit unter den Körper zu ziehen und sich blitzschnell abzustoßen (Quarterhorse); die *abgeschrägte, abfallende* Kruppe (Abb. 40) weist auf Veranlagung zum Tölt hin (Isländer, Berber, Paso). Bei unserem hiesigen Warmblutpferd soll die Kruppe *lang und nur mäßig nach hinten abfallend* sein (Abb. 41); es gilt als Fehler, wenn bei einer gedachten Linie zwischen Widerrist und Kruppe letztere einige Zentimeter höher ist. Man nennt das "überbaut sein" (Abb. 42). Im

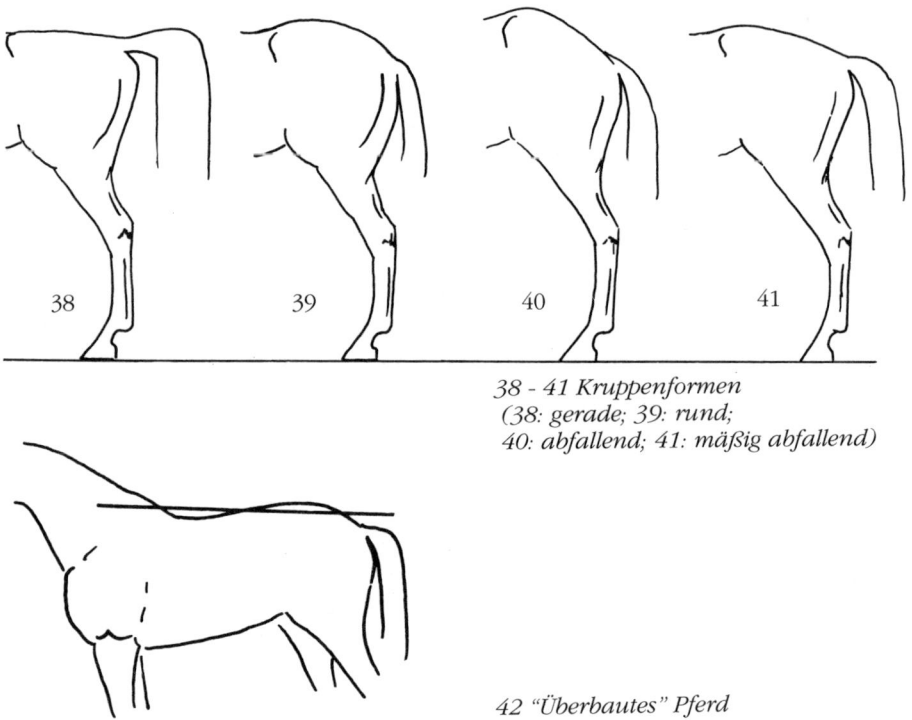

38 - 41 Kruppenformen
(38: gerade; 39: rund;
40: abfallend; 41: mäßig abfallend)

42 "Überbautes" Pferd

Gegensatz zu dem, was bei uns da als fehlerhaft betrachtet wird, gilt z. B. beim amerikanischen Quarterhorse das Überbautsein als Vorzug. Der Unterschied der Ansicht ist in der jeweiligen Reitweise begründet: Das überbaute Pferd läßt sich mit der europäisch-klassischen Methode schlecht ins Gleichgewicht bringen, unterstützt aber die Anforderungen der amerikanischen Westernschule an den tiefgetragenen Kopf.

Bis hierhin sind wir der *Oberlinie* gefolgt; nun wenden wir uns den *Extremitäten* (den Beinen) zu und betrachten sie wieder von vorn nach hinten.

Die *Beine* sollen bei allen Rassen fest und gerade und gut gewinkelt auf dem Boden stehen (Abb. 43, 49). An der Vorhand soll der Oberarm lang sein, der Unterarm desgleichen, kräftig bemuskelt. Das *Vorderfußwurzelgelenk* (fälschlich "Knie) soll groß und markant sein, ganz trocken und gut gegen Unterarm und Röhre abgesetzt. Die *Röhre* wiederum wird kurz gewünscht, auf beiden Seiten flach und trocken. Die Haut soll sie wie angesaugt umspannen, so daß das bloße Auge

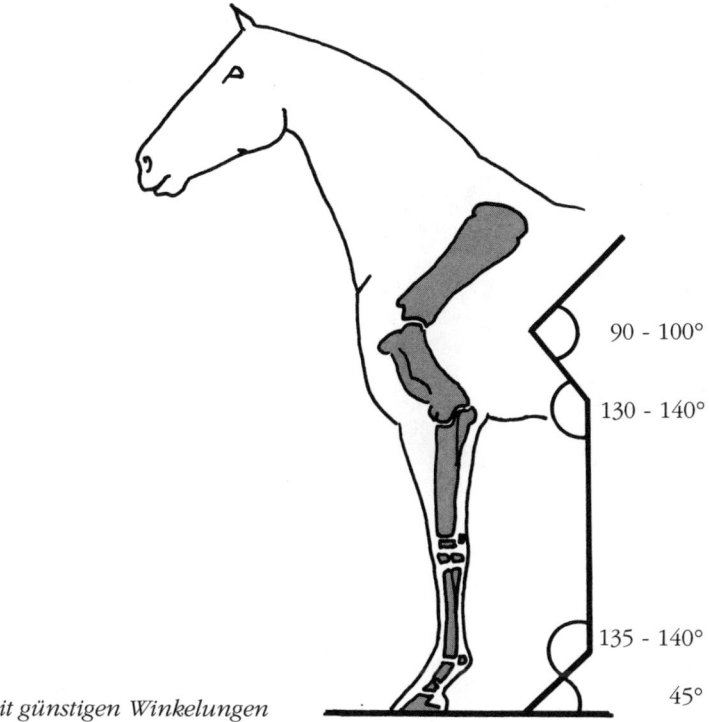

43 *Vorhand mit günstigen Winkelungen*

90 - 100°

130 - 140°

135 - 140°

45°

dem Verlauf der feinen Knochen und Sehnen folgen, die Hand ihn klar erfühlen kann (Abb. 44). Ist diese Partie schwammig, geschwollen oder gar heiß (siehe Abb. 51), liegt entweder eine ernsthafte Überanstrengung der Sehnen vor oder diese sind von Natur aus anfällig und schwach. Die Röhre muß trocken in den *Fesselkopf* übergehen. Erfühlen die Fingerspitzen hinten über dem Fesselkopf eine aufgeschwemmte, runde, hasel- bis walnußgroße gallertartige Wölbung, eine *Galle* (siehe Abb. 51), so ist wiederum auf Überanstrengung oder angeborene Schwäche zu schließen. Dunkelbraune, hornige Auswüchse an der Innenfläche der Unterarme, die *Kastanien*, sind hingegen kein Hinweis auf Krankheit, sondern Reste der 5. Zehe des Urpferdchens, die über Jahrtausende hinweg bis auf diese Hornmasse verkümmerte.

Die *Fessel* ist die Feder, die das gesamte Eigen- und Reitergewicht abfedert, wenn der Huf es übernimmt. Sie soll harmonisch zum Pferd passen und vorn etwa um 45 , hinten um 50 Grad gewinkelt stehen (Abb. 45a). Ist sie zu kurz und steil, wird der Gang manchmal hart und unangenehm (Abb. 45b); kurze Fesseln verbrauchen sich schnell und federn nicht genug. Eine etwas längere, weichere Fesselung ist für

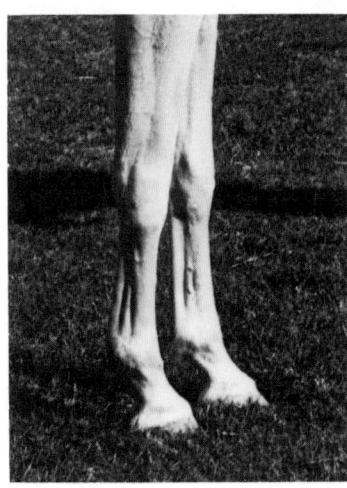

44 Trockene Röhre des Vollblut-
arabers.
Bei "Morafic" - siehe Abb. 14 -
sind Fessel, Fesselkopf, Röhre und
Vorderfußwurzelgelenk mit den
Augen abzutasten. Ohne daß die
Finger sie erfühlen müßten,
erkennt das bloße Auge den Verlauf der Sehnen und Knochen.

den Reiter angenehm, bedingt jedoch pünktliche Pflege des Hufes
(Beschneiden, Raspeln), da langgewachsene Hufe an langen, wei-
chen Fesseln sehr leicht zu Überdehnungen und Überbeanspruchung
der Sehnen führen (Abb. 45c). Ein kurzer, hoher Huf mit zu schräger
Fessel wird *Bärentatze* genannt und gilt als sehr fehlerhaft (Abb. 45d).
Eines meiner besten Pferde, die Islandstute "Héla", steht stark
bärentatzig und geht fehlerfrei. Ihre eisernen Sehnen halten aus, was
bei schwächeren Sehnen vermutlich längst zur Aufgabe des Reitens
geführt hätte.
Die *Vorderhufe* sollen, von vorn betrachtet, gerade auffußen. Die
Entfernung zwischen den Hufen ist rassebedingt verschieden (siehe
Abb. 48): die des Sattlers stehen praktisch ohne Zwischenraum
nebeneinander, die des Quarterpferdes sollen viel Raum zwischen
sich haben, bei unserem hiesigen Warmblüter soll gerade noch ein

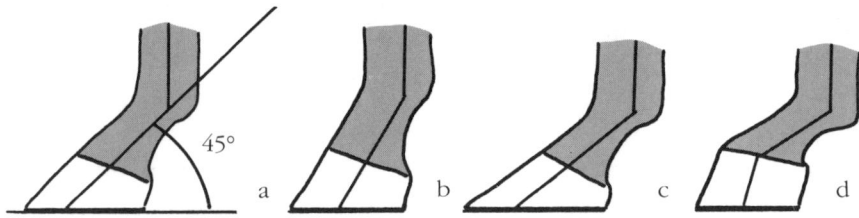

45 Fessel- und Hufstellungen (a: normal; b: steil; c: langgezogen; d: bärentatzig)

56

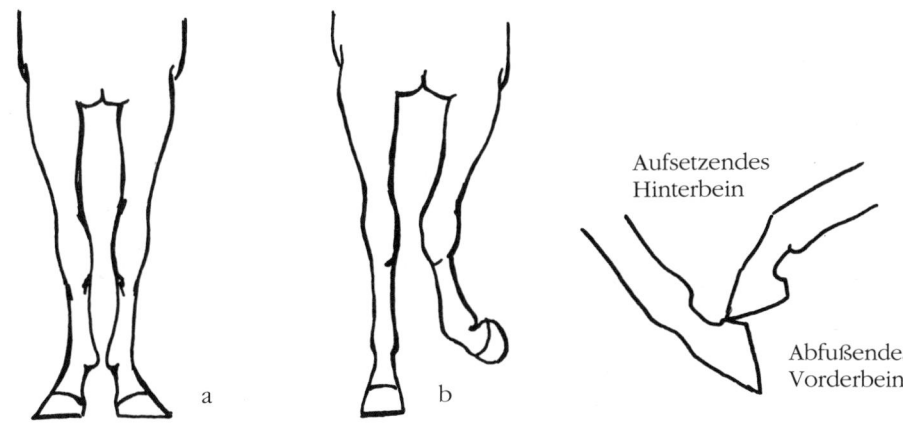

46 Zehenweite Hufstellung - "Tanzmeister"-Stellung - (a) und "Bügeln" als häufige Folge davon (b)

47 Das "Greifen" kann verschiedene Ursachen haben

Huf zwischen den beiden Platz haben. Stehen die *Zehen* stark nach *innen*, so wackelt das Pferd oft im Gang. Stehen die *Zehen* stark nach *außen* (zehenweit, sogenannte Tanzmeister-Stellung, Abb. 46a), so drehen sich die Fesselköpfe nach innen und es geschieht häufig, daß sie im Gehen aneinander schlagen. Deshalb muß man bei dieser Stellung stets die Fesselköpfe innen nach alten oder neuen Wunden oder Narben abtasten. Bei solcherart auswärts gestellten Zehen geht das Pferd "französisch" und "bügelt" häufig: es paddelt mit den Füßen nach außen (Abb. 46b). Bügeln gilt beim hiesigen Warmblüter als hochgradig fehlerhaft und unerwünscht, während es bei anderen Rassen (Isländer, Paso, Burenpferd) zur Unterstützung eines vorzüglichen Tölt erwünscht ist. Auch Andalusier, Lipizzaner, Kladruber bügeln sozusagen mit obrigkeitlicher Genehmigung. Ich selbst reite einen Vollblut-Traber von der Rennbahn, der entsetzlich bügelt und überdies die Hinterbeine kreuz und quer schleudert. Jeder herkömmliche Reiter verhüllt beim bloßen Anblick sein Haupt. Er ist stark, bequem und gesund und streicht, greift oder schlägt sich nie. An seinen "komischen" Beinen ist nicht die Spur einer Narbe zu finden; er töltet außerordentlich gut und ist ein ideales Freizeitpferd. Das heißt nicht, daß alle krumm stehenden Pferde gut gehen - es heißt nur, daß auch krumm stehende Pferde sich als Freizeitpferde, die ja keine Schönheitskonkurrenzen gewinnen müssen, eignen können, wenn sie kerngesund sind.

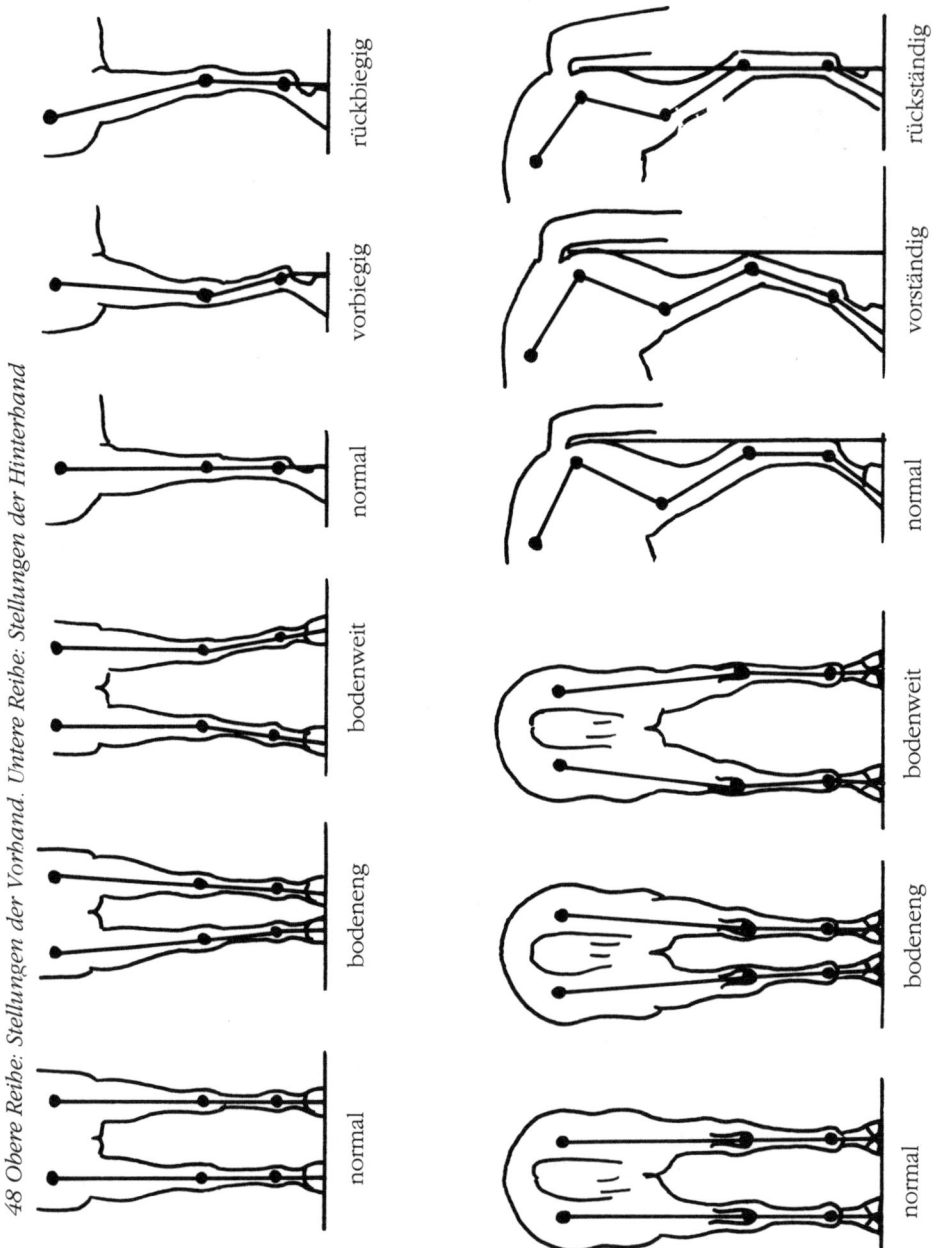

48 Obere Reihe: Stellungen der Vorhand. Untere Reihe: Stellungen der Hinterhand.

rückbiegig

vorbiegig

normal

bodenweit

bodeneng

normal

rückständig

vorständig

normal

bodenweit

bodeneng

normal

58

Zeigt ein Pferd Narben oder Wunden an Ballen oder Trachten der vorderen Hufe - Ballentritt (siehe Abb. 51) -, so greift es mit den Zehen der Hinterhufe in die untere Fesselbeuge der Vorderhufe (Abb. 47). Ursache können fehlerhafte Stellung der Gliedmaßen, fehlerhafter Beschlag, schlechte Angewohnheit oder fehlerhaftes Reiten sein.

Der Huf selbst kann extrem klein und hart (Araber) wie auch flach, groß und weich sein (viele Kaltblüter). Je härter und unverwüstlicher er ist, um so weniger muß er beschlagen werden.

Wichtig ist, daß alle vier Hufe kerngesund sind. Ist auch nur einer gespalten, brüchig, verletzt, so muß das ganze Pferd oft monatelang geschont werden. Die Hufwand soll glatt und geschmeidig sein. Querrillen können auf Krankheiten (Rehe) deuten, aber auch - wenn nicht sehr ausgeprägt - von plötzlicher Futterumstellung herrühren.

Die *Hinterhand* ist in ihrer Gesamtheit der Propeller, der das Pferd in Bewegung bringt und hält. Sie sollte starke, gut gewinkelte Knochen und sichtbar entwickelte Muskeln haben. Ein Pferd, das hinten dünn, hochbeinig und leicht ist, eignet sich nicht für den erwachsenen Freizeitreiter - der bei Knochen und Muskeln ja stets auf Substanz achtet! - zumal dann nicht, wenn diese Fehler auch noch an einem kleinen, zierlichen Pferd auftreten.

Im idealen Fall ist die Kruppe lang, die Hüfte kurz, der Unterschenkel

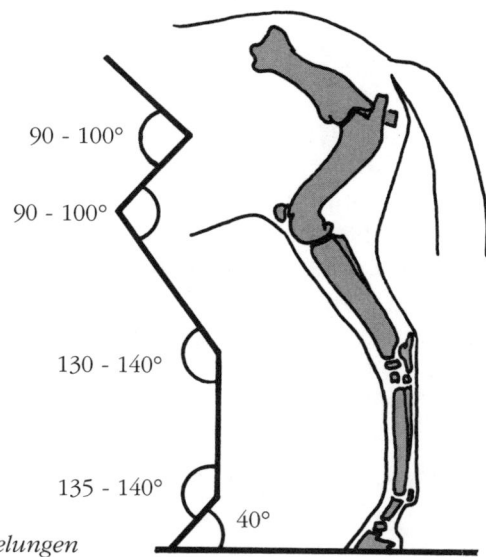

90 - 100°

90 - 100°

130 - 140°

135 - 140°

40°

49 Hinterhand mit günstigen Winkelungen

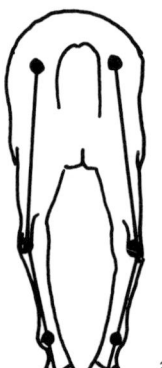
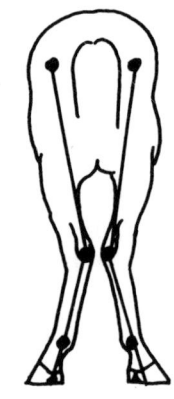

lang und die Röhre kurz: zweimal lang, zweimal kurz also. Diese Proportion hat unsere Abbildung 49; aus ihr ersehen Sie auch die Stellung, die für Gang und Schub maximal günstig ist. Abweichungen beeinträchtigen die Leistung nur dann, wenn sie sehr ausgeprägt sind: wenn also die Beine sehr weit unter dem Körper oder weit nach hinten heraus stehen (siehe Abb. 48).

Die *Hinterbeine* brauchen für ihre Tätigkeit bei Schub und Sprung gute, kräftige Muskeln. Sind diese lang und tiefgezogen, bewirken sie lange, kraftvolle Schritte; kurze, geballte Muskeln verleihen die für schnelle Wendungen und Stopps nötige Stärke (Polopferd, Quarterhorse).

Auch die Hinterbeine sollen, von hinten betrachtet, fest und gerade auf dem Boden stehen. Runden sie sich beträchtlich nach außen, so ist das Pferd *faßbeinig* (Abb. 50a), stehen die Sprunggelenke zu weit nach innen, ist es *kuhhessig* (Abb. 50b). Faßbeinigkeit ist nicht sehr erwünscht, da sie - begreiflich! - die Gänge plump und schwerfällig macht. Kuhhessigkeit ist rasseeigentümlich und kein Fehler. Je urtümlicher eine Rasse noch ist, je näher sie den Bodenverhältnissen der Wildnis oder des Hochgebirges steht, um so leichter scheint es ihr zu sein, kuhhessig zu stehen. Geht man dem Phänomen nach, so entdeckt man nicht selten, daß die gleichen Tiere auch ganz "korrekt" stehen können, also mit nach hinten statt zur Mitte gewinkelten Sprunggelenken. Sie haben sich die Beweglichkeit von Wildtieren erhalten: Viele Fluchttiere sind kuhhessig, Rehe, Bergziegen usw. Diese Stellung ist also bei robusten Rassen durchaus in Ordnung, ja, wenn sie Beweglichkeit ausdrückt, sogar erwünscht.

Wir haben uns nun angesehen, wie ein Pferd gebaut sein soll, und überlegt, *weshalb* es so gebaut sein soll. Der Freizeitreiter hüte sich vor "alten Pferdekennern", die alle "Fehler" des nächsterreichbaren Pferdes aufzählen, ohne seine Vorzüge zu erwähnen. Gustav Rau, der bedeutendste deutsche Pferdekenner dieses Jahrhunderts, hat dazu treffend gesagt: "Von 100 Pferdekennern sind 99 nur Fehlerkenner!" Meist stammen die Kenntnisse dieser 99 vor allem aus Büchern, in denen an fehlerlosen Pferden expliziert wird, wie Pferde aussehen sollen. Und da es im wirklichen Leben fehlerlose Pferde so gut wie nie gibt, werden sie stets Anlaß zu Bemängelungen finden.

Nicht minder des Mißtrauens wert ist natürlich jener Verkäufer, der überhaupt keine Fehler findet oder sie flugs ins Gegenteil erklären kann!

Wie man sich dagegen schützt?

Mit gesundem Menschenverstand - und der Hilfe des Tierarztes. Es gibt Fehler, die schwerwiegend und belanglos zugleich sind. Für ein Pferd, das etwa in höheren Materialklassen auf Turnieren vorgestellt werden soll, ist eine schlecht vernarbte Stacheldrahtwunde am Schenkel oder ein leicht verstelltes Hinterbein so schwerwiegend, daß ein Kauf ausgeschlossen ist; für den Freizeitreiter spielt beides keine Rolle. Manche Fehler werden erst bedenklich, wenn sie sehr stark auftreten: wenn beispielsweise Stellungsfehler der Beine oder der Hufe tatsächlich Gelenke und Bänder überanstrengen. Andere sind schon alarmierend, wenn sie nur leicht auftreten: zum Beispiel eine Schwäche der Beinsehnen. Es gibt äußerliche Fehler, die in Wirklichkeit Krankheiten sind und also danach zu bewerten, ob oder wieweit sie heilbar sind. In solchen Fällen - an den Beinen zum Beispiel Überbein, Gallen, Hufentzündung, Piephacke, Hasenhacke, Mauke, Spat, Rehbein (Abb. 51) - ist daher der Tierarzt unbedingt zu Rate zu ziehen.

Geben Sie stets der *Gesundheit* und *robusten Verfassung* den Vorzug vor der Korrektheit: auch beim hochblütigen Pferd. Knochen sind allemal wichtiger als schöne Linien! Ein beherzigenswerter Spruch beim Pferdekauf lautet: "Kein Fuß - kein Pferd!" Das heißt, daß man sein Augenmerk zuallererst auf das gesunde Fundament richten muß: fest auf dem Boden stehende Beine mit trockenen Röhren, großen, plastisch modellierten Gelenken und harten Hufen. Hat der Tierarzt dann die Gesundheit von Herz und Lunge bestätigt, kann man sich den Umriß ansehen, Nachteile gegen Vorteile abwägen und überlegen, inwieweit das fragliche Pferd für unsere Zwecke geeignet ist. Freizeitpferde werden so unterschiedlich genutzt, so ohne festen Plan, so unregelmäßig, daß - man kann es einfach nicht oft genug

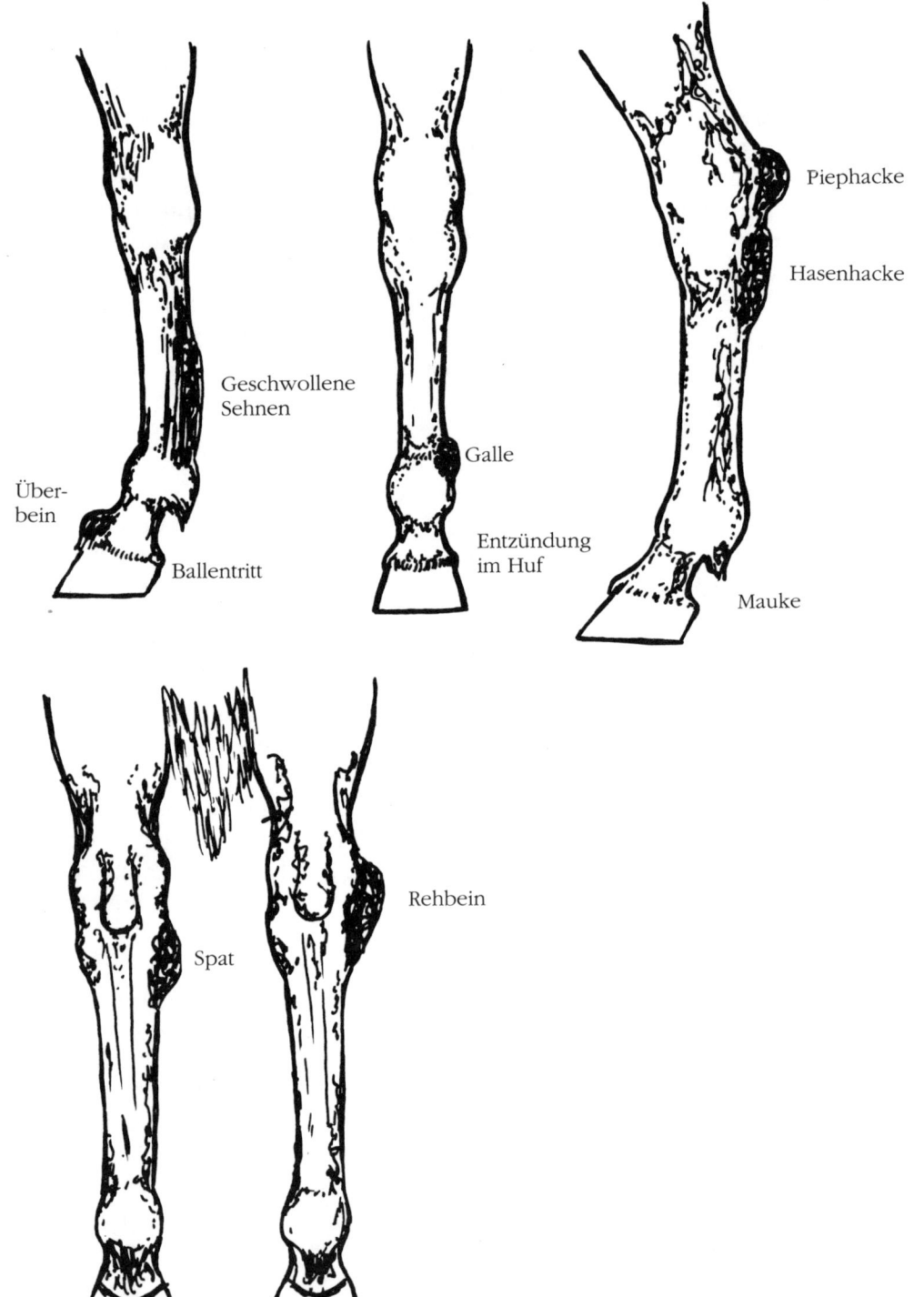

Piephacke

Hasenhacke

Geschwollene
Sehnen

Galle

Über-
bein

Entzündung
im Huf

Ballentritt

Mauke

Rehbein

Spat

51 Mängel bzw. Krankheiten der Beine

wiederholen - Gesundheit, robuste Konstitution und einwandfreier Charakter wichtiger sind als alles andere.

Schönheit ist überdies kein feststehender Begriff. Das schöne Pferd schlechthin gibt es nicht. Es gibt entweder das Pferd, das den Ausdruck seiner Rasse am intensivsten und vollkommensten verkörpert, und das jene schön finden werden, die sich für eben diese Rasse begeistern; und es gibt das Pferd, das einem ganz persönlich besonders gut gefällt.

Die weitaus meisten Freizeitreiter entscheiden sich für die zweite Art von Schönheit.

Welche allgemeinen Merkmale unterscheiden Pferde?

Nach welchen richtet der Freizeitreiter seine Wahl?

A Farbe und Abzeichen

Ein arabisches Sprichwort sagt: "Wenn du hörst, man habe einen Fuchs fliegen sehen mit Flügeln, dann glaube es", und ein Weiser Arabiens sagte: "Das feurigste Pferd ist ein Rappe, das gesegnetste eines mit weißer Stirn." Unseren eigenen Vorfahren war der Schimmel heilig, er wurde in Götterhainen eigens gezogen. Und die Indianer Amerikas hielten den Hirschfarbenen für das beste aller Pferde: ausdauernd, zäh und schnell.

Hat also die Hautfarbe etwas mit Qualität und Temperament zu tun? Sicherlich liegt der Vorliebe für die eine oder andere Farbe eine bestimmte Erfahrung zugrunde - aber eben auch "Vorliebe", persönlicher Geschmack. Der wissenschaftlichen Forschung jedenfalls hält die Bevorzugung einer Farbe über alle anderen nicht stand, und so beginnen wir dieses Kapitel am besten mit einem anderen auf Erfahrung gegründeten Wort: "Ein gutes Pferd hat keine Farbe" - das heißt, wenn es gut ist, so schaut man nicht auf die Farbe.

Farbe ist ein Erkennungs- und Unterscheidungsmerkmal, und als solches wollen wir sie nun untersuchen.

Farbe wird sichtbar am *Haar,* und dieses wiederum unterscheiden wir nach Deckhaar, Lang- oder Schutzhaar und Tasthaar.

Das *Deckhaar* ist kurz; es liegt, ganz fein übereinandergeschuppt, der Haut eng an, und zwar in Richtung vom Kopf zur Kruppe schräg abwärts, damit Regen an ihm abläuft und nicht an die Weichteile gerät. An der Brust, vor der Stirn und an den Flanken bildet das Deckhaar Wirbel; an den Lippen, um die Nüstern und Augen, am Schlauch oder Euter, an den Innenseiten der Schenkel bis hinauf zum After wird es immer feiner und verschwindet an manchen dieser

Stellen ganz. Das Deckhaar wird im Frühling und in Herbst gewechselt; das Sommerhaar ist kürzer und glänzender, das Winterhaar ist länger, rauher und glanzloser. Länge, Dichte und Beschaffenheit sind nach Rassen, aber auch nach Haltungsweisen verschieden.

Das *Lang- oder Schutzhaar* (Abb. 52) schützt als *Schopf* die Augen, als *Mähne* den Hals, als *Schweif* - nicht Schwanz - den After und die empfindlichen Innenseiten der Schenkel und als *Behang* die nicht minder empfindliche Fesselbeuge. Es ist bei den Abkömmlingen nördlicher Urpferde (siehe Abb. 12) dicker und länger, im Einzelhaar manchmal feiner, bei denen südlicher Urrassen dünner und oft strähniger.

Um das Maul - nicht Schnauze! - und die Nüstern stehen lange einzelne *Tasthaare* vor, die das Pferd zur Erkundung seiner nächsten Umwelt und bei der Futtersuche unbedingt braucht.

1. Die offiziellen Farbbezeichnungen

Der nuancierten Farbbezeichnung wurde in früheren Zeiten größter Wert beigemessen: Je bunter die Pferde waren, die man züchtete, um so genauere, differenziertere Bezeichnungen erfand man. Im Barock, der bunte Pferdefarben über alles liebte, gab es eigene Namen für jede Farbschattierung, die Araber kannten gar einige Hundert Farbbezeichnungen. Jede Sprache entwickelte eigene, manchmal unübersetzbare Kennzeichnungen, und innerhalb der Sprachen kamen noch jene hinzu, die ortsüblich oder mundartlich gebräuchlich waren. In unserer Zeit und unseren Landen haben die einfarbigen Pferde mittlerweile die bunten verdrängt. Und vor einigen Jahren wurden offiziell auch die Farbbezeichnungen drastisch reduziert, so

52 Das Lang- oder Schutzhaar

daß man nun auf Fohlenscheinen, Abstammungspapieren oder Turnierprogrammen nur noch die offiziellen Abkürzungen für die Hauptfarben findet. Um die erwähnten Papiere sowie auch Anzeigen und so weiter besser verstehen oder auch selbst korrekt aufsetzen zu können, sollten wir uns das einfache neue Schema merken.

Der *Fuchs* (F) ist rötlich bis gelb-bräunlich gefärbt; sein Langhaar hat entweder die Farbe des Deckhaares oder ist heller (Abb. 53). Der Hellfuchs (Hf) ist nicht nur insgesamt von hellerer, gelblich-rötlicher Farbe, sondern wird oft unter dem Bauch und an den Beinen weißlich-hell. Der Dunkelfuchs (Df) ist dagegen von dunkelrötlicher, manchmal fast schwärzlicher Tönung; seine Zugehörigkeit zur Fuchsfamilie ist dann nur an der fuchsfarbenen Mähne zu erkennen. Sämtliche übrigen Tönungen werden nur noch als Fuchs bezeichnet. (Es entfallen demnach die früher so beliebten Namen Lehmfuchs, Kohlfuchs, Schweißfuchs, Leberfuchs, Rotfuchs, Goldfuchs usw.)

Der *Braune* (B) hat braunes Deckhaar und meist schwarzes Langhaar und schwarze Beine. Es gibt Hellbraune (Hb) im hellsten Braunton ohne Rot, Dunkelbraune (Db) in dunklerem, manchmal etwas rötlich schimmerndem Ton, manchmal auch sehr dunkel braun, immer mit schwarzem Langhaar und schwarzen Beinen sowie Schwarzbraune (Schwb), die fast wie Rappen aussehen, jedoch an den Flanken und am Bauch bräunlich gefärbt sind und meist ein bräunliches "Kupfermaul" haben.

Der *Rappe* (R) hat rein schwarzes Deck- und Langhaar. Echte Rappen sind selten. Manche sind zwar im Sommer glänzend schwarz, wechseln im Winter aber zu einem stumpfen Schwarzbraun und werden dann Sommerrappen genannt.

Am kompliziertesten ist es bei den *Schimmeln* (Sch). Sie werden nur selten rein weiß geboren; überwiegend haben sie bei der Geburt eine ganz andere, dunklere Farbe und hellen erst im Lauf der Jahre auf. Meist erscheinen schon bald nach der Geburt erste weiße Härchen um die Augen und um das Maul. Eine der drei Grundfarben ist ihrem Weiß beigemischt, und man bezeichnet sie entsprechend als Fuchsschimmel (Fsch), Braunschimmel (Bsch) oder Rappschimmel (Rsch), die ihrerseits wieder nach dem für alle Hauptfarben gültigen Schema unterteilt werden:

Ein *Fuchsschimmel* (Fsch) kann demnach auch Hellfuchs- (Hlfsch) oder Dunkelfuchsschimmel (Dfsch) sein, je nachdem, wie intensiv und dunkel die Fuchsfarbe vorhanden ist. Mähne, Schweif und Behang dürfen keine schwarzen Haare aufweisen.

Beim *Braunschimmel* (Bsch) ist es umgekehrt: Er muß im Langhaar Schwarz zeigen. Auch hier werden Hellbraunschimmel (Hlbsch) und Dunkelbraunschimmel (Dbsch) unterschieden.

Der *Rappschimmel* (Rsch) muß viel Schwarz aufweisen, vor allem am Kopf und im Langhaar.

Alle übrigen Schimmelnamen gehören nun nur noch dem Reich der Phantasie an, alle die Rot-, Blau- und Grauschimmel, die Honig-, Fliegen-, Apfel- und Muskatschimmel. Zur ganz gründlichen Kennzeichnung kann hinter den sachlichen modernen Angaben noch stehen: mit Apfelung, mit Fliegenflecken und so weiter.

Weißgeborene Schimmel sind häufig *Albinos* (A). Sie haben eine

54 Palomino-(Isabell-)Hengst

55 Scheckstute mit Fohlen

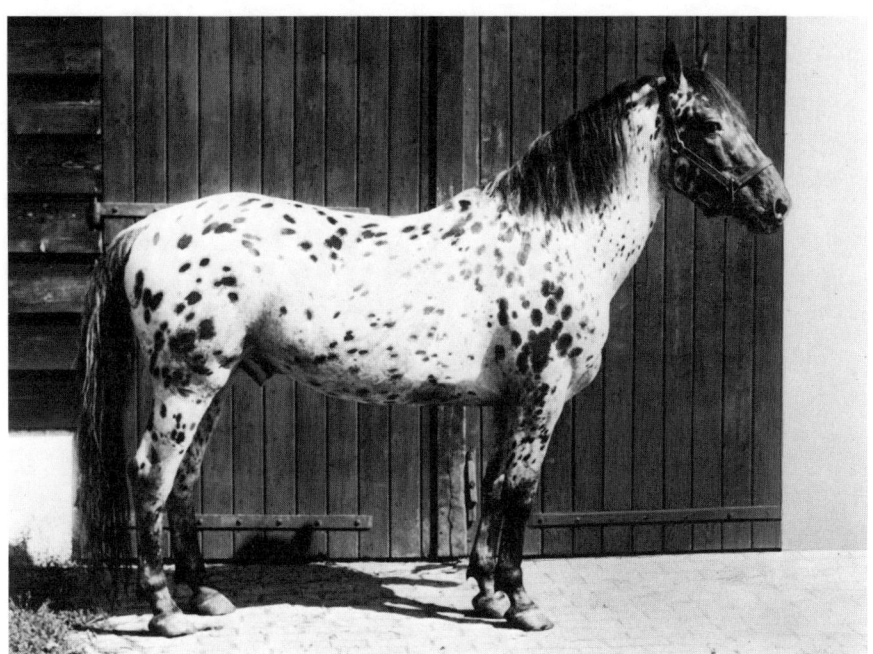

56 Tigerscheckhengst

rosafarbene, pigmentarme Haut und rote oder hellblaue, meist sehr sonnenempfindliche Augen.

Ist im Haar das Weiß nicht vorherrschend, sondern einer anderen Farbe hier und da dünn beigemischt, indem sich einzelne weiße Härchen, nicht zu Farbflecken verdichtet, über den ganzen Körper oder einzelne seiner Teile verstreuen, so spricht man von einem *Stichelhaar* (Stichelh).

Isabellen (Is) und *Falben* (Falbe) werden oft miteinander verwechselt. Sie unterscheiden sich jedoch dadurch deutlich voneinander, daß der Falbe unter seinem gelb-grauen Haar dunkler pigmentierte Haut sowie schwarzes Langhaar und schwarze Beine hat, während der Isabell ein rötliches oder gelbliches Fell mit hellem Langhaar und hellen Beinen hat. Eine Unterart ist der *Palomino* (Abb. 54), dessen Deckhaar golden glänzen muß, bei möglichst leuchtend weißem Langhaar.

Schecken (Schecke) sind zwei- oder mehrfarbig gefleckte Pferde (Abb. 55). Die Flecken sind groß und unregelmäßig geformt und entweder weiß auf dunkler oder dunkel auf weißer Grundfarbe angelegt. Es gibt Fuchsschecken (Fschecke), Braunschecken

57 Schabrackentiger-Wallach

(Bschecke) und Rappschecken (Rschecke) sowie auch solche, die drei Farben in Deck- und Langhaar aufweisen.

Sind die Flecken kleiner und mehr oder weniger regelmäßig über den ganzen Körper verteilt, spricht man von *Tigern* (Abb. 56). Treten die runden oder länglichen Flecken, die übrigens auch als zweifarbige Ringe vorkommen, nur auf der Hinterhand auf, so heißen die Pferde *Schabrackentiger* (Abb. 57).

2. Andere Farben

Dieser Neuordnung nicht unterworfen sind Rassen, die hier bislang wenig oder gar nicht gezüchtet wurden. Da sie aber in künftigen Jahren vermehrt zu sehen sein werden, seien sie ebenfalls aufgezählt. Unter den Pferden mit nördlicher Abstammung kommen Farben vor, die mit den Jahreszeiten stark wechseln: Rappen, die im Winter fast silbern aussehen, graue Mausfalben, die im Winter schwarz oder rot sind, Isabellen, die sich regelmäßig in Schimmel verwandeln. Sehr viele haben ein bunt gemischtes Langhaar.

Bei Pferden aus heißen Ländern - hauptsächlich Arabern - fällt ein goldener oder silberner Schimmer auf dem Haar auf, der sich in unseren Breiten häufig mit der Zeit verliert.

Aus Amerika kommen die eingangs erwähnten *Hirschfarbenen* (Buckskin) herüber: Ihre Farbe ist wie die hellen Leders, Langhaar und Beine sind schwarz. Am buntesten ist die Palette der *Appaloosa*, einer ursprünglich von den Nez-Percé-Indianern gezüchteten, heute in den USA sehr beliebten Farbrasse. Außer den oben erwähnten Tigern und Schabrackentigern gibt es Appaloosa mit *Frostmuster*: schwarz oder braun mit Stichelhaar, das sich zur Kruppe hin so verdichtet, daß es wie eine frostweiße Decke aussieht; mit *Marmormuster*: rötlich-weiß marmoriert, am Kopf und über dem Rücken heller, Beine, Hüfte und Brust dunkler, mit rostroten Punkten auf Hüfte und Kruppe; mit *braun-weiß-geflecktem Muster*: auf braunem Fell sind über den ganzen Körper regelmäßige eckige, ovale oder runde weiße Flecken verteilt.

3. Abzeichen

Abzeichen nennt man die weißen oder andersfarbenen Zeichnungen, mit denen ein Pferd auf die Welt kommt oder die es im Laufe eines Lebens erwirbt. Es gibt sie in großer Zahl und vielen Formen, und für alle gibt es offizielle Abkürzungen. Sie können rein weiß (w) oder auch stichelhaarig (stichelh) sein, sie können sich scharf gegen die umgebende Fläche absetzen oder schattiert (schatt) in sie übergehen, und es kann auch vorkommen, daß innerhalb des weißen Abzeichens dunkle Flecken auftauchen (gefl). Abzeichen können regelmäßig (reg) oder unregelmäßig (ureg) verlaufen, gezackt (gez) oder schief (schief) oder geschnürt (geschn) sein - und das nach beiden Seiten. Rechts (r) oder links (l) bezeichnet dabei natürlich immer die entsprechende Seite des Pferdes. Hat ein Pferd überhaupt keine weißen Abzeichen, so gibt man an: ohne Abzeichen (o.A.).

Angeborene Abzeichen am Kopf

Die zwölf Formen auf unserer Abbildung 58 geben einen guten Querschnitt durch die zahlreichen Möglichkeiten der Abzeichen am Kopf. Die *Flocke* (Fl) ist das kleinste echte Abzeichen; das nächstgrößere ist der *Stern* (St), der im Durchschnitt etwa 3,5 cm messen sollte.

58 Angeborene Abzeichen
am Kopf

a: Flocke (Fl)
b: Kleiner Stern (kl.St)
c: Länglicher Stern (lgl.St)

a   b   c

d: Großer Stern (gr.St)
e: Großer Keilstern (gr.Kst)
f: Schmale Blesse, oben ver-
beitert (o.verbr.schm.Bl)

d   e   f

g: Durchgehende breite
Blesse (dchg.br.Bl)
h: Unregelmäßige, in der
Mitte geschnürte, durchgehende Blesse (unreg.
i.d.Mi.geschn.d.chg.Bl)
i: Schnippe (Schn)

g   h   i

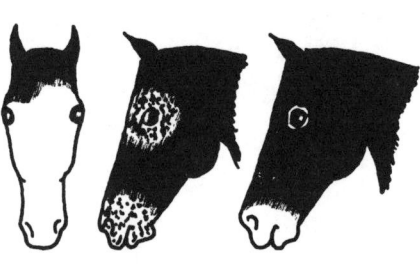

k: Laterne (Lat)
l: Krötenmaul, linkes Auge
schattiert (Krötenmaul
l.Auge schatt)
m: Milchmaul (Milchmaul)

k   l   m

Abweichungen in Form und Größe sind eigens anzugeben, z.B.: Länglicher Stern (lgl.St) oder Keilstern (Kst). Ein Strich (Str) verläuft ähnlich wie die schmale Blesse (schm.Bl), ist nur noch dünner. Die *Blesse* (Bl) beginnt häufig schon über Augenhöhe, zieht sich über die ganze Nase hin und endet zwischen den Nüstern auf der Oberlippe. Abweichungen werden wiederum eigens erwähnt: fast durchgehend (f.dchg) usw. Ist die Blesse in der Mitte durchbrochen, so heißt sie geschnürt (geschn). Einen kleinen weißen oder fleischfarbenen Fleck auf der Oberlippe nennt man *Schnippe* (Schn). Ist die Blesse sehr breit und beginnt sie oberhalb der Augen und geht bis aufs Maul durch, heißt sie *Laterne* (Lat). Manche Pferde haben eine *weiße oder fleischfarbene Ober- oder Unterlippe* (w. oder flf.Obl/Utl); geht das Weiß bis an die Nüstern und in die Kinngrube, haben wir ein *Milchmaul* (Milchmaul). Das *Krötenmaul* (Krötenmaul) schließlich ist rosa und hat graue Flecken.

Bei den Kopfabzeichen werden auch Farbabweichungen der Augen aufgezählt. Es gibt *Glasauge* (auch Frosch- oder Fischauge genannt) und *Birkauge*. Bei ersterem ist die Iris statt wie gewöhnlich braun auffallend hell (perlmutterartig) gefärbt, bei letzterem legt sich um die Regenbogenhaut ein weißer Ring. Beide Abweichungen können auf einem oder auf beiden Augen, ganz- oder halbäugig vorkommen. Sie beeinträchtigen die Sehkraft nicht.

Angeborene Abzeichen an den Gliedmaßen

Die weißen Stellen an den Beinen der Pferde unterscheidet man nach Höhe und Art der Weißzeichnung. Wieder geben unsere acht Skizzen (Abb. 59) einen Querschnitt durch die Möglichkeiten an, die hiermit natürlich bei weitem nicht erschöpft sind.

Das kleinste Abzeichen ist der *Fleck am Ballen* (Fl.Bln); es folgen, immer dem Bein nach, die *weiße Krone* (w.Kr), die *weiße Fessel* (w.Fsl), der *weiße Fuß* (w.F) und das *weiße Bein* (w.B). Aus den Zeichnungen geht hervor, wie die Weißzeichnung dann höher reichen kann und wie sie jeweils genannt wird. Alle Abzeichen kommen natürlich an Vorder- und Hinterbeinen vor. Mit der Aufzählung beginnt man stets vorn links und geht über vorn rechts und hinten links nach hinten rechts. (Wenn man es einmal durchdacht hat, ist es sehr einfach.)

Außer den weißen Abzeichen gibt es auch noch *helle Beine* (hell.B), *schwarze Querstreifen* (schw.Querstr), letztere häufig in Verbindung mit einem schwarzen Strich entlang des Rückgrats, dem *Aalstrich* (Aalstr) (Abb. 60).

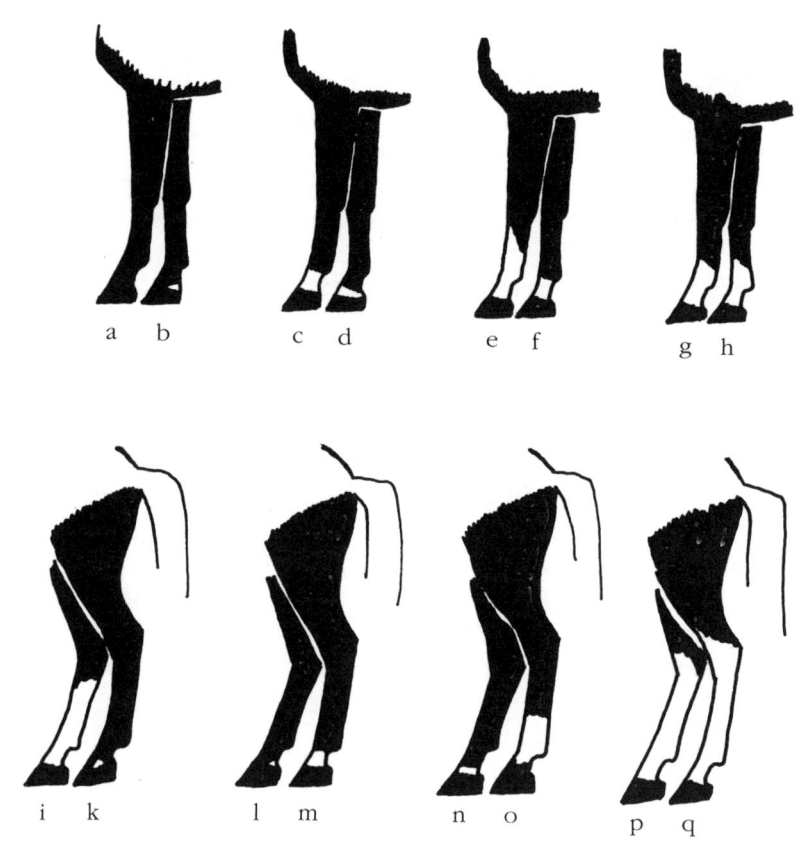

59 Angeborene Abzeichen an den Gliedmaßen
a: linkes Vorderbein ohne Abzeichen (v.l.o.A.)
b: rechter Vorderballen weiß (r.Vbln.w.)
c: linke Vorderfessel weiß (l.Vfsl.w.)
d: rechte Vorderkrone weiß (r.Vkr.w.)
e: linker Vorderfuß unregelmäßig halbweiß (l.Vf.ureg.halbw.)
f: rechte Vorderfessel halbweiß (r.Vfsl.halbw.)
g: linker Vorderfuß halbweiß (l.Vf.halbw.)
h: rechter Vorderfuß halbweiß (r.Vf.halbw.)
i: rechter Hinterfuß halbweiß (r.Hf.halbw.)
k: linker Hinterfuß außen weißer Kronenfleck (l.Hf.auß.w.Kr.fl.)
l: rechter Hinterballen weiß (r.Hbln.w.)
m: linke Hinterfessel halbweiß (l.Hbln.w.)
n: rechte Hinterkrone weiß (r.Hkr.w.)
o: linke Hinterfessel weiß (l.Hfsl.w.)
p: rechtes Hinterbein weiß (r.Hb.w.)
q: linkes Hinterbein unregelmäßig weiß (l.Hb.ureg.w.)

Erworbene Kennzeichen

Erworbene Kennzeichen entstehen durch Sattel-, Gurt- und Geschirrdrücke oder sind Narben und Brandzeichen, die allesamt zur genaueren Kennzeichnung eines Pferdes herangezogen werden können.

B Rasse

Im Laufe der Jahrtausende wurde vom Menschen das Pferd, das er vorfand und zähmte, in vielfacher Hinsicht verwandelt: je nachdem, wozu er es brauchen wollte, auf welchem Boden und in welchem Klima er es züchtete. Dabei bildeten sich allmählich "Rassen" heraus, die sich so weit voneinander unterscheiden wie das Shetlandpony vom großen Jagdpferd, der Vollblüter vom schweren Belgier - mit einer Unzahl der allerverschiedensten weiteren Spielarten dazwischen. Einmal entstandene Rassen können dabei Jahrtausende überstehen wie etwa der Isländer, der Araber, der Turkmene, der Andalusier; sie können in wenigen Jahrhunderten zu unverwechselbaren Individuen werden wie der Vollblüter; sie können aber auch allmählich - bei gleichem Gebrauch, gleicher Haltung und Fütterung, auf nahezu gleichen Böden - aus mehreren verschiedenen zu einer gemeinsamen Rasse verschmelzen: auf diesem Weg befinden sich zum Beispiel deutsche Rassen wie Hannoveraner, Westfalen, Rheinländer und andere, aus denen in absehbarer Zeit etwa ein "Deutsches Sportpferd" werden könnte. Für uns ist wichtig zu wissen, daß Rassen und Rassenbegriffe wandelbar sind. Je länger eine Rasse rein gezüchtet (durchgezüchtet) ist, um so intensiver prägt sich der Rassencharakter aus: Turkmene und Isländer etwa sind unverwechselbar geprägte alte Rassen.

In der Moderne entstehen Rassen durch strenge Zuchtkontrolle und nach vorbestimmtem Zuchtziel. Das hat zum Beispiel zum fast völligen Rückgang schwerer Arbeitsrassen und zur Ummodellierung mittelschwerer Warmblüter in den gewünschten kräftigen Sportpferdetyp geführt. Auch ganz neue "echte" Rassen können entstehen: nach herrschenden Modetrends, aufgrund neuer finanzieller Gesichtspunkte (bei steigendem Interesse für gewisse Sportarten etwa) oder auf Drängen interessierter Gruppen von Züchtern (z.B. das recht umstrittene "Deutsche Reitpony"; siehe Kapitel "Das Pferd für die Kinder"). Nur Pferde, die volle Papiere eines Stammbuches besitzen, werden offiziell einer bestimmten Rasse zugeordnet.

Welche Rassen gibt es nun im deutschsprachigen Bereich für den Freizeitreiter zu kaufen? Worin unterscheiden sie sich hauptsächlich? Eine erste grobe Unterteilung nehmen wir nach dem *Blut* vor: wir kennen Vollblut, Halbblut, Warmblut und Kaltblut.

Vollblut ist die deutsche Bezeichnung für nachweislich über Jahrhunderte rein gezüchtete Pferde der Rassen "Englisches Vollblut" und "Araber". Sie sind keineswegs "voller" mit Blut, sondern nur konsequent auf bestimmte "heißblütige" (schnelle, temperamentvolle) Blutlinien hin durchgezüchtet. Deshalb ist auch die englische Bezeichnung Thoroughbred = Durchgezüchtete viel richtiger. Einige Länder zählen (inoffiziell) auch den "Traber" (= Renntraber) zu den Vollblütern.

Halbblut kann zweierlei bedeuten. Einmal bezeichnet man so Pferde, deren einer Elternteil einer Vollblutrasse angehört. Im weiterren Sinne werden aber alle Warmblutrassen mit reichlicher Einkreuzung von Vollblut oder Araberblut so genannt. Häufig kann man von ein und demselben Pferd als von Halbblut oder Warmblut sprechen. Der letztgenannte Begriff ist heute gängiger. Man nennt solche Pferde *hochblütig*, die "hoch im Blut stehen", "viel Blut" haben, das heißt in ihrer Abstammung Vollblut- und Arabervorfahren aufweisen.

Warmblut hat, wie auch sein Gegenteil, das *Kaltblut*, nichts mit der Temperatur des Blutes zu tun. Es handelt sich eher um eine Temperamentsbezeichnung: Warmblütige Pferde haben mehr, kaltblütige Pferde weniger Temperament (sie bewahren "kalt Blut", wo die anderen sich "erhitzen"). Die heute bevorzugten Rassen der Reit- und Fahrpferde mit flotten Gängen sind alle Warmblüter. Kaltblüter sind im wesentlichen Schrittpferde für den schweren Zug (siehe Abb. 81); sie spielen für den Freizeitreiter kaum noch eine Rolle; stellenweise werden sie neuerdings wieder zu Hobby-Objekten und aus reiner Freude an ihrem mächtigen Dasein von Liebhabern gezüchtet.

Alle diese Bezeichnungen, denen wir auf der Suche nach unserem Freizeitpferd in allen möglichen Zusammenhängen häufig begegnen, haben mit der *Qualität an sich* überhaupt nichts zu tun. Ein Pferd wird dadurch, daß es "Blut" führt, nicht unbedingt besser. Ein hochblütiges Pferd kann eine mickrige Zimtziege, ein Halbblüter mit vornehmer Abstammung ein unbrauchbarer Rappelkopf, ein Vollblüter ein Verbrecher sein - oder auch das genaue Gegenteil. Die Bezeichnungen sagen etwas über die Abstammung des Pferdes aus und darüber, was wir an Temperament*menge*, nicht was wir an Temperament*art* erwarten können. Werden solche Bezeichnungen gar in verkaufsfördernder Absicht erwähnt, ohne daß sie durch saubere Papiere bewiesen sind, ist eher Mißtrauen als Bewunderung angebracht. Zu viele mißglückte Kreuzungen aller Art werden durch nobel klingende Worte an den - ahnungslosen - Mann gebracht.

1. Vollblütige Rassen

Nach diesen allgemeinen Bemerkungen nun zur ersten Gruppe, die drei vollblütige Rassen und eine nahezu vollblütige umfaßt:

Araber (Abb. 61) - aus dem Orient stammende, harte, ausdauernde, wendige und genügsame Pferde, die in ihrem Ursprungsland, der arabischen Halbinsel, jahrhundertelang fanatisch "rein" gezüchtet wurden, also ohne Einkreuzung fremden Blutes. In den Nachzuchtländern wurde und wird der Araber hingegen viel dazu benutzt, schwereren Reitpferdeschlägen seine Härte und Leistungsfähigkeit und die Behendigkeit seiner Gänge zu geben. In der richtigen Paarung (und im Glücksfall, der bei aller Kreuzungszucht eine so große Rolle spielt) gibt er seinen Nachkommen Schönheit, Gesundheit, Rittigkeit mit. Bei uns gilt er wegen seiner maximalen Höhe von ca. 155 cm für den großen Sport als zu zierlich. Es wird auch versucht, ihn etwas größer zu züchten.

Vollblut (Abb. 62) - aus Orientalen und einheimischen Landstuten im Laufe des 18. Jahrhunderts in England eigens für die Rennbahn gezüchtete Pferde. Ausschließlich zur Arbeit unter dem Sattel gedacht, sind auch sie von Begabung und Temperament her wundervolle Reitpferde - für den sehr guten Reiter. Elegant, schnell, nervig und nervös, in vielen harten Rennen auf Durchhaltevermögen und Gesundheit geprüft, werden sie seit 200 Jahren immer wieder zur Verbesserung der Reitpferdeeigenschaften alter Landschläge und Rassen eingesetzt. Sie sind um 158 - 165 cm hoch.

Anglo-Araber - sind aus der Kreuzung der beiden vorgenannten Rassen in Frankreich entstanden, wo sie das Reitpferd schlechthin geworden sind. Der Blutanteil der zwei Elternrassen muß in verschiedenen Ländern, in denen es Stutbücher für Anglo-Araber gibt, genau festgesetzte Prozentzahlen erreichen (die von Land zu Land wechseln können). Im deutschsprachigen Raum besteht noch wenig Neigung zur Zucht dieser flüchtigen, eleganten, oft sehr koketten Pferde mittlerer Größe, die sich unter französischen Reitern auch im "großen" Sport bewährten. Um 155 - 160 cm hoch.

Traber (Abb. 63) - gehörten nach internationalen Regeln nicht zum Vollblut, stehen ihm aber nahe. Ein speziell für den Trabrennsport gezüchtetes schnelles, hartes Wagenpferd, das sich aber auch unter dem Sattel bewährt. In Frankreich gibt es sogar Rennen für Renntraber unter dem Reiter. Im Temperament sind sie meist nicht ganz so heftig wie der Galopper (Vollblüter), in der gesamten Veranlagung robuster und ansprechbarer. Es gibt russische, französische und amerikanische Traber-Rassen. Höhe ca. 148 - 165 cm.

Diese Rassen gehen am besten unter weniger konventionellen Reitern mit leichtem Sitz und leichter Hand. Sie zum absoluten Gehorsam der Reitbahn zu zwingen ist zwar möglich, macht sie aber häufig schwierig und raubt ihnen, wenn nicht meisterlich geritten, den Charme. Es ist durchaus nicht zufällig, daß vollblütige Pferde in romanischen Ländern (Frankreich, Spanien, Italien) als Freizeitpferde beliebter sind als im dressurbesessenen deutschsprachigen Raum.

Den Vollblütern steht unter den deutschen Rassen am nächsten der *Ostpreuße Trakehner Abstammung* (Abb. 64) - ein im alten Ostpreußen entstandenes Reit- und Soldatenpferd, das heute in West- und Ostdeutschland, Polen und Rußland aus den durch Kriegseinwirkung in diese Länder verstreuten alten Blutlinien weitergezüchtet wird. Hochedles Reit- und Sportpferd, um 162 cm hoch, mit starkem Vollblutanteil, temperamentvoll und sehr elegant.

Diese Rassen stellen *große Ansprüche* an den Reiter und an den Halter. Wir kommen darauf noch mehrfach zurück. Vollblüter, Araber und Trakehner sind als Freizeitpferde außerdem Prestigeobjekte, die außer beträchtlichem reiterlichen Können des Besitzers in Anschaffung und Haltung eine sehr gut gefüllte Brieftasche voraussetzen. Die Araber haben am ehesten Aussicht, Familienpferde - wohl nie billige- zu werden; sie sind handlich, wendig und, richtig behandelt, sehr verständig. Wie keine andere Rasse eignen sie sich für die immer beliebteren Distanzritte über 50 und mehr Kilometer.
Die Traber müssen hierzulande als Reitpferde eigentlich noch entdeckt werden. Ich bekenne eine Schwäche für sie: Von Jugend auf habe ich sie mit Begeisterung im leichten Rennwagen (Sulky) trainiert und unter dem Sattel bewegt und dabei Gang und Charakter schätzen gelernt. In den letzten Jahren entdeckte ich ihre Veranlagung zum Tölt; manche gehen nach kurzer Umschulung nur noch diese bequeme Gangart. Preislich liegen sie, wenn für eine Rennkarriere nicht schnell genug, für den Freizeitreiter günstig; Robusthaltung ist, nach rechtzeitiger Umgewöhnung ab Frühjahr, möglich. Anfängerpferde sind sie als sehr hochblütige Pferde freilich nicht.
Auch der von Jugend an unverwöhnte Araber, ein bei uns leider noch seltenes Phänomen, eignet sich zur Haltung im frei begehbaren Halb-Offenstall.

2. Deutsche Warmblutrassen

Es folgt nun eine Reihe *deutscher Warmblutrassen*, deren Vertretern wir in allen deutschen Reitställen sowie auf den Turnierplätzen - nationalen wie internationalen - bci Springen und Dressurprüfungen begegnen. Sie sind zur Zeit sehr modern und teuer. Ihre Bezeichnungen erhielten sie nach den Gebieten, in denen sie - zum Teil seit Jahrhunderten - als schwere Landwirtschaftspferde gezüchtet wurden. Durch viel Zufuhr von Reitpferdeblut, in den vergangenen Jahrzehnten hauptsächlich Vollblut, versuchte man sie mit Erfolg dem veränderten Markt für das Nur-Sportpferd anzupassen. Ihr Temperament ist dadurch freilich nicht eben einfacher geworden.

Hannoveraner (Abb. 65) - starkknochig, wuchtig, in großem Rahmen stehend, weltbekannt als Springpferd, in vielfältigen Typen vom edlen bis zum kräftigen, großen Warmblut reichend, bis 175 cm hoch;

Westfale - auf hannoverscher Grundlage und mit gleichem Zuchtziel geschaffen, gleichfalls Spring- und Dressurpferd; 160 - 170 cm hoch;

Holsteiner - norddeutsche Warmblutrasse, 165 - 170 cm hoch, international bekanntes Springpferd; heute mit starkem Vollbluteinfluß.

Oldenburger (Abb. 66) - seit Jahrhunderten bodenständig in Oldenburg gezüchtetes, 165 - 175 cm hohes Mehrzweckpferd, dem außer Vollblut auch Anglonormänner-Blut zugeführt wurde, um es rittiger zu machen;

Ostfriese - auf altes friesisches Blut zurückgehend, neuerdings stark durch arabische, dann hannoversche Hengste verändert, um 165 - 170 cm hoch;

Württemberger - mittelschweres Wirtschaftspferd, das gleichfalls durch "Blut" (Anglonormänner, neuerdings Trakehner) zum kalibrigen Reitpferd umgemodelt wurde. Um 168 cm hoch.

Alle diese Rassen haben eine verwickeltere Entstehungsgeschichte als die Reinblütigen. Sie mußten sich im Laufe der Zeiten viele Umwandlungen gefallen lassen, um sich den Anforderungen von Landwirtschaft, Transportwesen und Armee anzupassen. Heute können diese Zuchten nur noch gedeihen, wenn sie Reit- und Sportpferde produzieren. Da ihre Ziele weitgehend übereinstimmen und die züchterischen Maßnahmen auch, wird man sie vielleicht eines Tages nur noch "Deutsche Sportpferde" nennen. Für den Freizeitreiter sind sie recht groß, in der Haltung anspruchsvoll (Reitstall; hauptsächlich infolge einer Aufzucht, die nicht Robustheit, sondern Frühreife und schnelles Wachstum zum Ziel hat); beim Reiten sind sie schon infolge ihrer Masse nicht ganz einfach. Bevorzugt von solchen Reitern, die einem Verein mit Reitanlage und -lehrer angehören und "wie gehabt" reiten möchten. Jede weitere Zufuhr von Vollblut macht sie - im Verein mit der erwähnten Masse - schwerer manipulierbar. Was sie an äußerer "Schönheit" gewinnen, verlieren sie nicht selten an Umgänglichkeit. Der Freizeitreiter sollte das stets bedenken.

Für die *Schweiz* kommen zwei weitere, ähnliche Rassen hinzu:
Einsiedler (Abb. 67) - seit über 1 000 Jahren im Bereich des Klosters Einsiedeln gezüchtetes Reise- und Transportpferd, das durch den Einsatz französischer Anglo-Normänner- und englischer Hackney-Hengste zu einem vorzüglichen Vielzweckpferd von ca. 160 - 167 cm umgemodelt wurde. Heute Sport- und Freizeitpferd.
Freiberger - im schweizerischen Jura schon lange als mittelschweres Zugpferd gezüchtet, durch Verwendung fremder Hengste verschiedener Rassen inzwischen zum praktischen, etwas leichteren Zug- und Tragpferd gewandelt. Um 160 cm hoch, eignet es sich wegen seines unerschütterlich gelassenen Temperamentes auch zum Freizeit-kameraden älterer Reiter und Fahrer.

Österreich hat eine sehr geringe eigene Warmblutzucht. Im Rahmen dieses Buches sind außer dem weiter unten besprochenen Haflinger nur interessant die
Lipizzaner (Abb. 68) - eine der ältesten urkundlich belegbaren Rassen Europas, seit 1580 in Lipizza auf spanisch-orientalischer Grundlage gezüchtet, weltberühmt wegen ihrer Eignung zum barocken Dressur-reiten und den Vorführungen der Wiener "Spanischen Hofreitschule". Die österreichische Linie wird heute in Piber weitergezüchtet; für den internationalen Dressursport gelten sie als zu klein (um 155 -163 cm); als - nicht eben billige - Freizeitpferde sind sie ideal geeignet.

3. Neue Freizeitpferde

Das für die Bundesrepublik, Österreich und die Schweiz festgefügte Bild einheimischer Rassen ist seit dem Zweiten Weltkrieg in tiefgreifende Verwirrung geraten. Es werden seither ständig neue ausländische Rassen importiert, da die heimischen Züchter vor allem bei den Freizeitpferden - einem gleichfalls erst in den letzten 30 Jahren populär gewordenen Begriff - ganz offensichtlich den Bedarf nicht decken können. Der Mensch unserer Zeit möchte das Pferd wieder in den Bereich der Familie einbeziehen und mit ihm, abseits von der

Hektik des Sports, die Natur tiefer genießen. Er bevorzugt dazu in wachsendem Maße einfacher zu haltende Rassen, die handlich sind, im Temperament ausgeglichen, von angeborener Geschicklichkeit in jedem Gelände, trittsicher und kerngesund.

Inzwischen werden von den hiesigen Züchterverbänden auch folgende, bis auf Dülmener und Haflinger ursprünglich ausländische, Rassen betreut:

Connemara (Abb. 69) - von der Westküste der Insel Irland stammendes und dort seit Jahrhunderten überwiegend rein gezogenes, trittsicheres und außerordentlich springfreudiges Robustpferd. Gelegentliche frühere Einkreuzungen von Vollblütern und Arabern werden heute im Ursprungsland strikt ausgemerzt. Die mittlere Größe des eleganten, im traditionellen Reitpferdetyp stehenden Pferdes liegt bei 140 cm. Größere Exemplare können 150 cm und sogar darüber werden; das irische Register trägt sie dann nicht mehr ein. Robuste Freizeitpferde für jedes Alter und Gewicht; nicht mehr billig. Connemaras werden gern gekauft von ehemaligen Großpferde-Reitern, die den gewohnten Typ nun eine Nummer handlicher wünschen.

Haflinger (Abb. 70) - Gebirgspferd aus Tirol, heute in vielen Längern nachgezüchtet. In Deutschland Schwerpunkte in Bayern, Westfalen und an der Saar. Sein "Markenzeichen" ist die Fuchsfarbe in Verbindung mit hellem Langhaar. Ein gedrungenes, kompaktes Robustpferd von vorbildlich gelassenem Temperament, zäher Gesundheit, bester Eignung für Wagen und Sattel sowie erwiesener Trittsicherheit. Ein ausgezeichnetes Erstpferd für den erwachsenen Anfänger, das jedes Gewicht zu tragen imstande ist. Zwischen 135 und 150 cm hoch. In den letzten Jahren aus der Rasse heraus, ohne Fremdeinkreuzung, leichter und rittiger gemacht. Neuerdings vorsichtige Einflößung von Araberblut, das die Haflingerrasse ursprünglich mitbegründete.

Isländer (Abb. 71) - seit mehr als 1 000 Jahren auf der Insel Island im Nordatlantik rein, also absolut ohne jedes Fremdblut gezüchetes Reitpferd von ungewöhnlicher Wetterfestigkeit, Gesundheit und Robustheit. Die Rasse dürfte die einzige sein, die ihre Reinheit über eine solche Zeitspanne beweisen kann: Das isländische Parlament (das älteste in Europa) verbot schon 930 die Einfuhr weiterer Pferde. Die Größe des Isländers liegt bei 130, maximal 145 cm; er ist ein ausgesprochener Gewichtsträger, der vornehmlich wegen seiner Leichtfüßigkeit, seines Temperaments und der Gangart Tölt von Kennern geschätzt und hoch bezahlt wird. Im Winterhaar kann er recht urig, ja struppig aussehen. Nachkommen ruhiger Familien auch für Kinder, solche mit heftigerem Blut jedoch vornehmlich für Erwachsene geeignet.

Norweger (Fjordpferd) (Abb. 72) - aus Norwegen und Dänemark stammende ursprüngliche Tragpferderasse, die heute mit Erfolg zunehmend unter den Sattel genommen, auch durch passende Wahl der Elterntiere innerhalb der Rasse schnittiger gezüchtet wird. Als stämmige Reitpferde von gelassenem Temperament, bis 148 cm hoch, auch dem erwachsenen Anfänger zu empfehlen. In der Haltung robust und widerstandsfähig, in der Anschaffung zur Zeit noch erschwinglich. Erkennbar an der aparten Farbe, die alle Spielarten von Falb umfaßt, mit schwarzem Mähnenkamm, Aalstrich und schwarzer Schweifwurzel.

Diese vier Rassen eignen sich ohne jede Einschränkung als moderne Freizeitpferde für die ganze Familie, wobei Connemara, Norweger und Haflinger im Kern gelassener sind, Isländer gelegentlich im Temperament recht hitzig sein können und dann vom Reiter Einfühlungsvermögen verlangen. Große Intelligenz und die im Herdenleben von jung an erlernte Anpassung bringen alle diese Rassen jedoch erstaunlich schnell dazu, sich mit der jeweils anfallenden Arbeit und den Schwächen des Reiters und Pflegers zu arrangieren. Sie bilden einen Großteil der Nur-Freizeitpferde und haben sich bereits überzeugend bewährt.

Huzulen (Abb. 73) - Bergpferderasse aus den Karpaten, drahtig, hart und zäh; wie der Bosniake (ihr Vetter) von alters her durch orientalisches Blut beeinflußt (300 Jahre Türkenherrschaft auf dem Balkan). Um 135 - 145 cm hoch, sind sie durchaus Erwachsenenpferde, jedoch in den westlichen Ländern nur in wenigen Exemplaren vorhanden.

Es folgt nun die Gruppe jener kleineren Robusten, die hauptsächlich als Reitpferde für Kinder und Jugendliche in Frage kommen, wobei freilich größere Exemplare durchaus auch leichtgewichtigere Erwachsene ohne Schaden tragen.

Dülmener (Abb. 74) - die einzigen halbwild im Herdenverband lebenden deutschen Robustpferde aus dem Merfelder Bruch bei Dülmen/Westfalen. Zwischen 122 und 135 cm hoch, sind sie zäh, wetterhart, genügsam und gesund. Durch die seit über 10 Jahren eingesetzten polnischen Konikhengste gewinnen die jüngeren Jahrgänge etwas an Größe, ohne ihre Robustheit einzubüßen. Von wirklicher Bedeutung sind sie für das Reiten deshalb nicht, weil alljährlich nur etwa 50 Junghengste zum Verkauf kommen.

New Forest (Abb. 75) - eine Rasse, die seit Jahrhunderten im gleichnamigen Waldgebiet Südenglands halbwild heranwuchs und viererlei Kreuzungen durch Hengste aller möglichen anderen Rassen erfuhr. Ihre Größe ist deshalb nicht einheitlich; sie schwankt zwischen 125 und 145 cm. Unter strengerer Zuchtleitung seit geraumer Zeit straffer selektiert, werden die Pferde einheitlicher und besser. Umfängliche und bedeutende Nachzucht in Holland, wo sie als zuverlässige, springfreudige und sehr gutartige Kinder- und Jugendponys beliebt sind. Deutsche Züchter bevorzugen größere Tiere als Freizeitpferde für Erwachsene.

Welsh, Sektion B (Abb. 76) - eine Abart des weiter unten beschriebenen Welsh-Mountain-Ponys, aus dem sie - hauptsächlich durch Einkreuzung von Vollblut und Arabern - vergrößernd herausgezüchtet wurde. Sie sollen nach dem Wunsch ihrer englischen Züchter möglichst genau dem modernen Reitpferd gleichen. Robust gehalten sind sie schöne, leichte Freizeitpferde, werden jedoch bei uns selten gezüchtet, da Zuchtmaterial teuer und rar ist. Höhe bis 135 cm.

Bosniaken (Bosnische Bergpferde) (Abb. 77) - Gebirgsrasse des Balkans, hauptsächlich in Bosnien und Herzegowina gezüchtet, zäh, gesund, widerstandsfähig und langlebig. Die Importe wirken häufig elend und vernachlässigt, da die Tiere in ihrer Heimat meist viel zu früh gearbeitet haben, die Stuten zu früh belegt werden. Eine erstaunlicheRegenerationsfähigkeit läßt sie meist nach einiger Pflege geradezu aufblühen (Knochen- und Sehnenschäden durch zu frühe Nutzung ausgenommen). Landpferdchen sind um 125 - 135 cm hoch, Gestütspferde etwa 5 cm größer. Obwohl sie stark genug sind, auch Erwachsene lange zu tragen und das daheim auch seit Jahrhunderten tun, wirken sie optisch zu klein; ihre Domänen sind das Fahren und das Reiten durch Kinder und Jugendliche.

Zum Schluß dieser Aufzählung nun die reinen Kinderpferde (Ponys):

Dartmoor (Abb. 78) - Pferdchen aus dem gleichnamigen Moordistrikt Englands, die seit unerdenklichen Zeiten als Reittiere der Farmer gezüchtet und gehalten wurden, jedoch wegen ihrer geringen Größe von 120 - 125 cm heutzutage nur als Kinderpferde Verwendung finden. Dazu freilich sind sie hervorragend geeignet, sowohl von Bau und Bewegung her als auch durch einen idealen Charakter: gutartig und unternehmungslustig zugleich, pfiffig, flink und ehrgeizig, aber kaum je schwierig.

Welsh-Mountain (Abb. 79) - Ponyrasse aus Wales, der seit eh und je Araberblut beigemischt wurde: sehr elegante kleine Pferde, bis 123 cm, mit oft sehr schönen Bewegungen, hübschem Aussehen, jedoch allzuoft schwierigem Temperament (vor allem bei völliger oder überwiegender Stallhaltung plus Haferfütterung). Für Kinder dann problematisch.

Shetländer (Abb. 80) - die sowohl bekannteste als auch kleinste der Ponyrassen, von den Shetland- Inseln nördlich Schottland stammend, aber schon lange in Mitteleuropa heimisch geworden. Höhe zwischen 75 -115 cm, insgesamt eher gedrungen, kompakt, kurzbeinig und deshalb als Reitpony weniger geschätzt als etwa das Dartmoor. Hingegen ideale Spielpferdchen mit bestem, wenngleich eigenwilligem Temperament, sehr stark, widerstandsfähig, gesund, intelligent - von Kindern in aller Welt innig geliebt. Erwachsenen bieten sie durchaus ernst zu nehmende Aufgaben als Wagenpferde, vom Ein- bis zum Achtspänner, und sie können en masse schon eine ganze Handvoll sein!

Diese kleinsten Rassen verdienen sich ihr Geld selbst dann, wenn sie gar nichts tun: als anspruchslose Haustiere, deren Regungen zu beobachten man nie müde wird. In der Haltung wirklich billig, bleiben sie meist auch dann in der Familie, wenn die jungen Reiter lange Beine bekommen und über sie hinauswachsen.

61 Vollblut-Araber "Farag", Schimmel, 155 cm

62 Vollblut - Hengst "Prince Ippi", dunkelbraun, 164 cm

63 Traber-Hengst "Simmerl", dunkelbraun, 164 cm

64 Trakehner-Hengst "Herbststurm", dunkelbraun, 165 cm

65 Hannoveraner-Wallach, braun, 174 cm

66 Oldenburger - Stute "Fumira", dunkelbraun, 165 cm

67 Einsiedler-Hengst "Rialto", Dunkelfuchs, 167 cm

68 Lippizaner - Stute "Sardenia", Schimmel mit Apfelung, 157 cm

69 Connemara-Hengst, Schimmel 143 cm

70 Haflinger - Hengst "Afghan", Fuchs mit hellem Langhaar, 145 cm

71 Isländer-Hengst "Svadi frà Kirkjubaer", Rappe, 137 cm

72 Fjord - Stute (Norweger) "Liljen", Falbe (hellbraunfalb), 140 cm

91

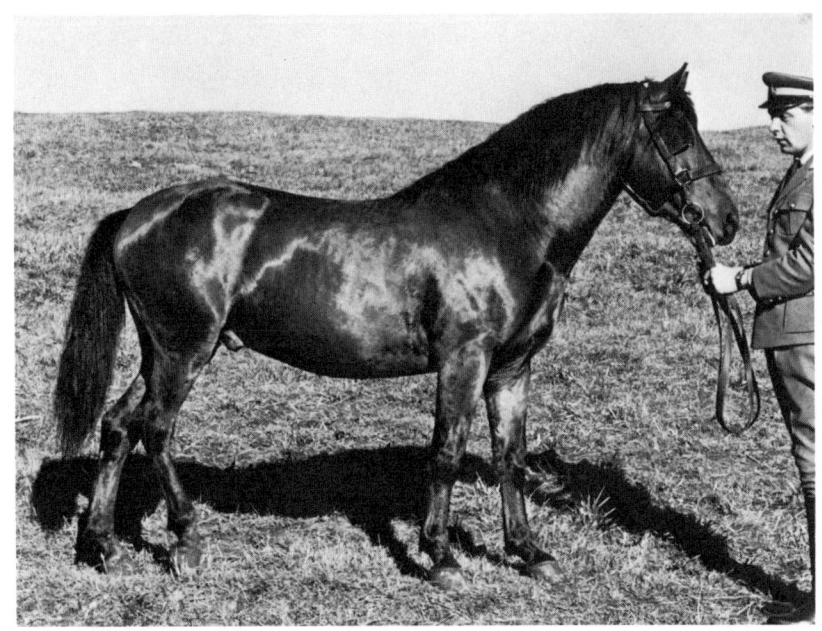

73 Huzulen-Hengst "Pietrosu IV", braun 143 cm

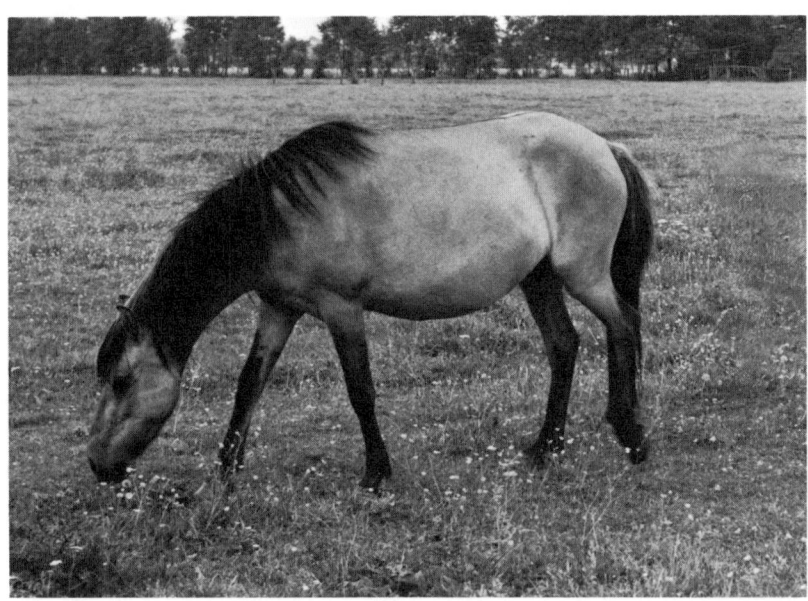

74 Dülmener - Stute, Falbe, (mausgrau), 130 cm

92

75 New Forest - Stute "Priory Posy", braun, 140 cm

76 Welsh - Hengst (Sektion B) "Juwel", braun, 140 cm

77 Bosnische Stute (Bosniake), braun, 132 cm

78 Dartmoor - Stute "Liebliche", braun, 124 cm

79 Welsh Mountain-Hengst "Nelson", Schimmel, 123 cm

80 Shetlandpony - Stute "Piroschka", Schimmel, 108 cm

81 Kaltblut-Hengst "Merkur", Fuchs mit weißem Behang, 153 cm

82 Nonius - Hengst, schwarzbraun, 159 cm

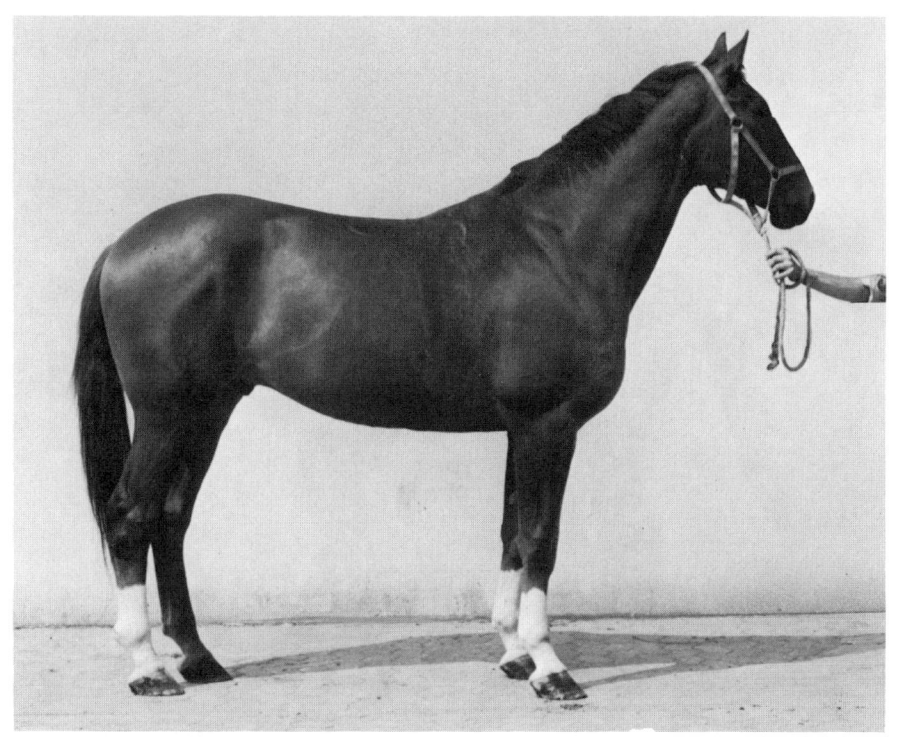

83 *Wielkopolska-Wallach, Fuchs, 170 cm*

84 *Landpferd (Polen), Stute, Fuchs, 149 cm*

85 Achal-Tekkiner-Hengst "Bechtau", schwarzgoldbraun, 157 cm

86 Cob - Wallach, Schimmel, 150 cm

87 Camargue-Wallach "Le Fouquet", Schimmel, 140 cm

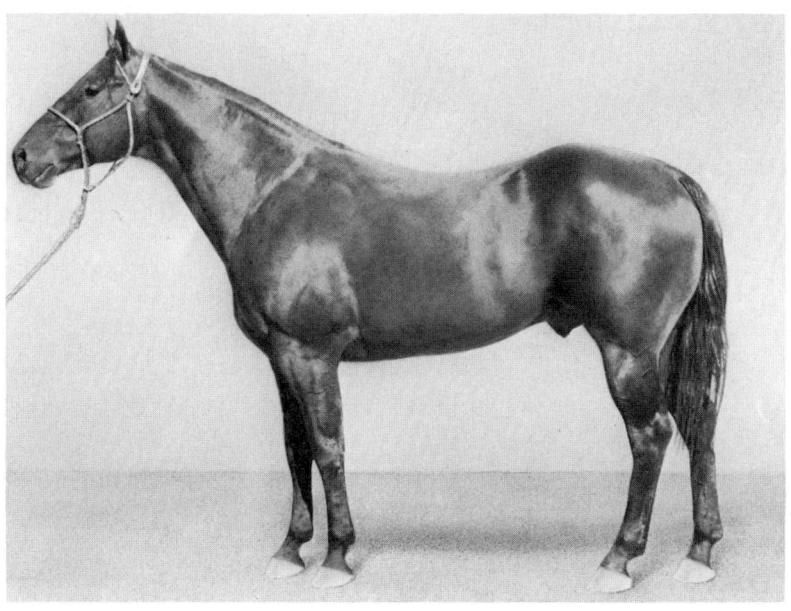

88 Quarter-Hengst "Commander King", braun, 148 cm

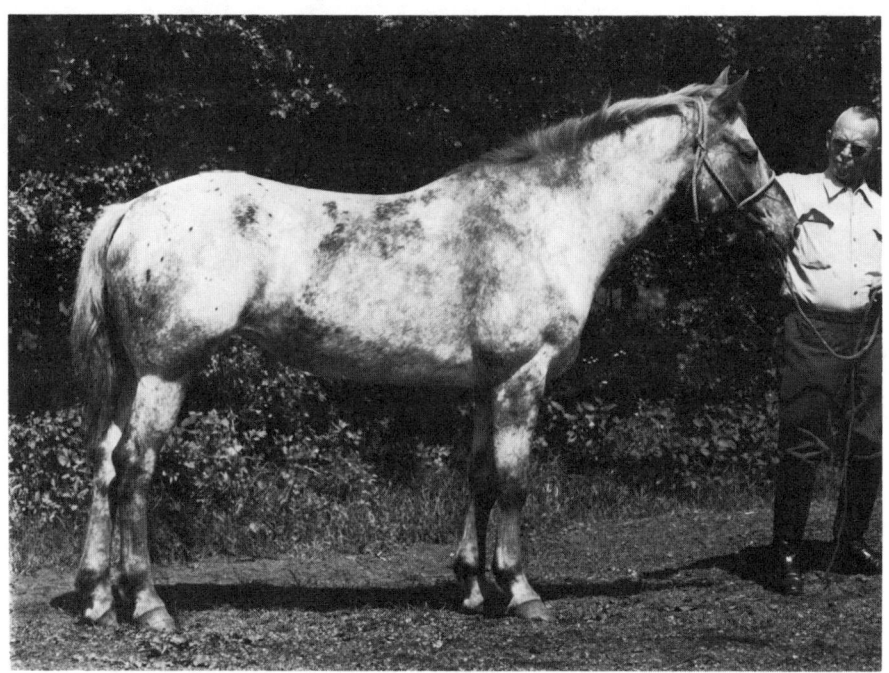

89 Appaloosa-Stute "Pinky", rot-weiß-marmoriert, 151 cm

90 Sattler - Hengst "Queens Pride", Fuchs, 154 cm

91 Burenpferd-Hengst "Tuppence" (Südafrika), Palomino, 145 cm

92 Paso - Hengst (Peru) "Dulce Seuno", dunkelbraun, 149 cm

4. Papiere und Brände

Alle bisher genannten Rassen haben, wenn es sich um eingetragene Tiere handelt, Vollpapiere. Das heißt, sie besitzen einen Abstammungsnachweis, auf dem ihre Vorfahren bis zu drei Generationen zurück eingetragen sowie auch ihre eigenen Geburtsdaten vermerkt sind. Außerdem sind Züchter und Besitzer aufgeführt. Jeder Besitzerwechsel wird ebenfalls eingetragen, so daß man die Geschichte des zugehörigen Pferdes von Anfang an genau verfolgen kann. Farbe, Geschlecht und Abzeichen werden so genau vermerkt, daß das Papier nicht leicht ausgetauscht werden kann. Freilich sind nicht alle der zahlreichen deutschen und ausländischen Zuchtbücher darin gleich gründlich.

Die deutschen Zuchtbücher tragen überwiegend Stuten und Fohlen in drei Kategorien ein: Vorbuch (V), Stutbuch (S) und Hauptstammbuch (H). Die Voraussetzungen dazu teilen die einzelnen Zuchtverbände auf Anfrage mit.

In Deutschland gibt es grundsätzlich zwei Arten betreuender Zuchtverbände: die den Ländern zugeordneten und die auf Bundesebene tätigen. Letztere kümmern sich um Vollblüter, Araber, Trakehner und Traber. Alle anderen Rassen werden von Landesverbänden erfaßt. Dabei sind manchmal Groß- und Kleinpferde getrennt, manchmal zusammengenommen.

Lange ehe es Papiere gab, wurden die Pferde berühmter Gestüte mit Brandzeichen markiert (Abb. 93). In manchen Ländern setzte dabei jeder neue Besitzer seinen Brand neben die vorhandenen; noch heute gibt es Rassen (Lipizzaner, Andalusier), die von allen Seiten und in der Sattellage mit Bränden versehen sind. In der Bundesrepublik Deutschland wird heute überwiegend nur noch zweimal gebrannt: zur Kennzeichnung der Fohlen - meist auf den linken Hinterschenkel -, wenn sie neben der Mutter erstmalig dem Zuchtbuch vorgeführt werden, und bei der endgültigen Eintragung der Dreijährigen: meist auf die linke Halsseite. Die meisten Zuchtbücher führen verschiedene Brandzeichen für Vorbuch-, Stutbuch- und Hauptstammbuch-Stuten (V, S, H). - *Traber, Araber* und *Vollblüter* werden bei uns nicht gebrannt.

Die Züchter der *Trakehner* kennzeichnen ihre H-Stuten mit kleiner doppelter Elchschaufel auf der linken Halsseite, deren Fohlen mit dem gleichen Zeichen in groß auf dem linken Hinterschenkel. S-Stuten erhalten keinen Halsbrand, ihre Fohlen eine einfache Elchschaufel links hinten.

Ein recht kompliziertes Verfahren kennzeichnet die österreichischen *Lipizzaner:* Alle in Piber geborenen Fohlen (auch Halbblut) bekommen zunächst den Gestütsbrand auf den linken Schenkel. Die Stammeszugehörigkeit des Vaters wird sodann gebrannt mit: P für Pluto, C für Conversano, N für Neapolitano, F für Favory, M für Maestoso und S für Siglavy. Hinzu kommen die Zeichen für die Stammeszugehörigkeit der Mütter:

Diese Brände werden in der linken Sattellage angebracht. In die rechte Sattellage wird die Fohlenregistriernummer eingebrannt; bei der Eintragung der Stute ins Gestütbuch (mit 4 Jahren) wird die

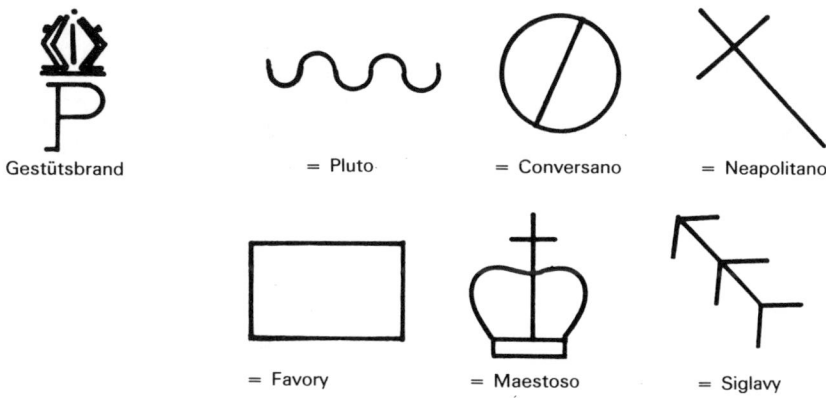

Gestütsbrand   = Pluto   = Conversano   = Neapolitano

= Favory   = Maestoso   = Siglavy

Grundbuchnummer in die linke Halsseite gebrannt. Außerdem bekommen Lipizzaner als Fohlen schon das Reinrassigkeitszeichen - ein L - auf die linke Ganasche.

Der Freizeitreiter mag sich fragen, weshalb hier Papiere, Verbände und Brände so ausführlich erwähnt werden, will er doch auf dem Pferd und nicht auf dem Papier reiten. Ganz so einfach ist es jedoch nicht. Der Abstammungsnachweis gibt dem Käufer sehr wichtige Auskünfte über ein ins Auge gefaßtes Pferd: Er enthält ja Angaben über die Rasse des Tieres, über sein Alter, bei Stuten über die Zahl der geborenen Fohlen; und er gibt die Adresse der Vorbesitzer an. Das ist auch für den Freizeitreiter wichtig: Er kann die Geschichte des Pferdes zurückverfolgen bis zu Geburt und Aufzucht, kann sich bei Fragen zu Charakter und Grad des Gerittenseins an die Vorbesitzer wenden, wird über die Abstammungshinweise auf beide Elternteile von Einkreuzungen fremden Blutes unterrichtet und erspart sich bei weiterer Zuchtverwendung viel Ärger durch eventuell falsche Weiterkreuzung. Handelt es sich bei einem neuen Pferd um eine

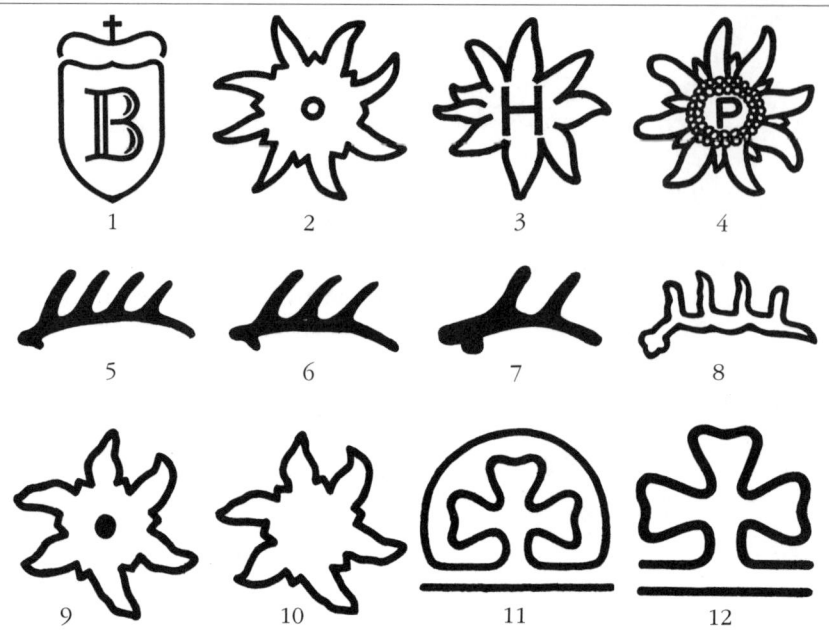

1   2   3   4

5   6   7   8

9   10   11   12

93 Brandzeichen

Zeichenerklärung:
H = Hauptstammbuch
S = Stutbuch
V = Vorbuch

Anbringung der Brände:
Baden-Württemberg, Hessen,
Hannover, Westfalen:
Foblenbrand linker Hinterschenkel
Eintragungsbrand linke Halsseite

Schleswiger Kaltblut:
Foblenbrand rechter Hinterschenkel
H-Stuten rechter Hinterschenkel
S-Stuten linker Hinterschenkel

Schleswig-Holstein:
H-,S- und V-Stuten linker Hinterschenkel
Foblen linker Hinterschenkel mit
zweistelliger Nummer

Trakehner:
Doppelte Elchschaufel
H-Stuten linke Halsseite kleine Form
Foblen linker Hinterschenkel größere
Form

Einfache Elchschaufel
Foblen von S-Stuten linker Hinter-
schenkel
Für S-Stuten kein Halsbrand

Bayern:
1   Warmblut
2   Kaltblut
3   Haflinger
4   Pony

Baden-Württemberg:
5   Warmblut H-Stuten und
    ihre Foblen
6   Warmblut S-Stuten und
    ihre Foblen
7   Warmblut V-Stuten und
    ihre Foblen
8   Warmblut Hauptgestüt Marbach
9   Haflinger H-Stuten und ihre
    Foblen
10 S- und V-Stuten und ihre Foblen
11 Fjord und Pony H-Stuten und
    ihre Foblen
12 Fjord und Pony S-Stuten und
    V-Stuten und ihre Foblen

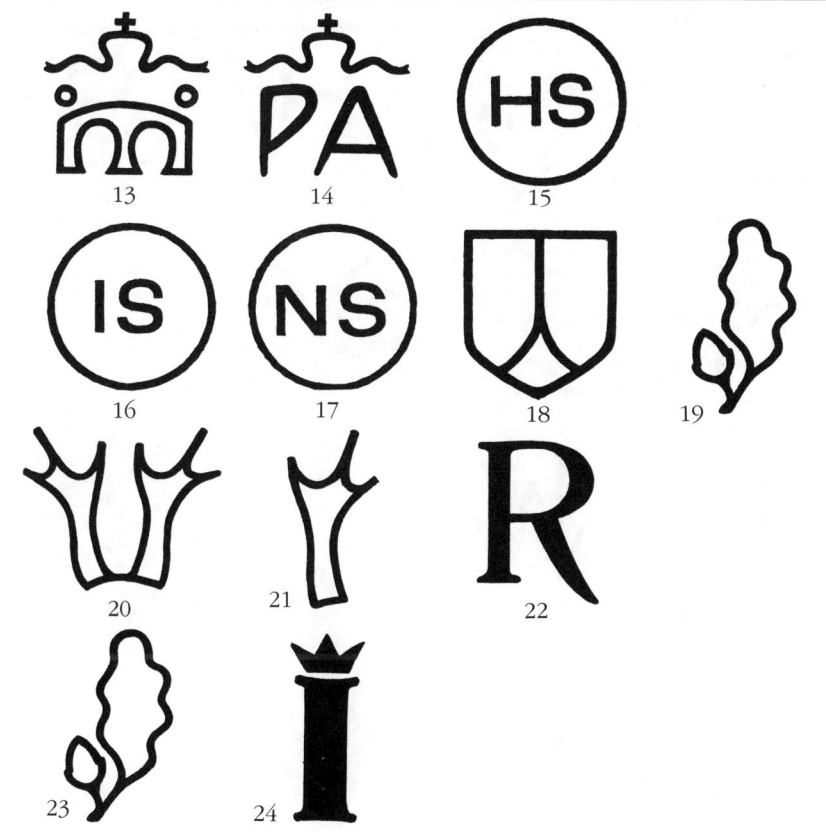

Rheinland-Pfalz und Saarland:

Rheinpfalz-Saarland:
13   Warmblut Zweibrücken
14   Kaltblut Pfälzer Ardenner
15   Haflinger
16   Island Pony
17   Fjord

Rheinland-Nassau:
18   Warmblut
19   Kleinpferde, Pony

Rheinland:
20   Warmblut H-Stuten
21   Warmblut S-Stuten
22   Warmblut V-Stuten
23   Kleinpferde und Pony (Fjord, Haf-
     linger, Welsh, Shetland, Reitpony)
24   Isländer

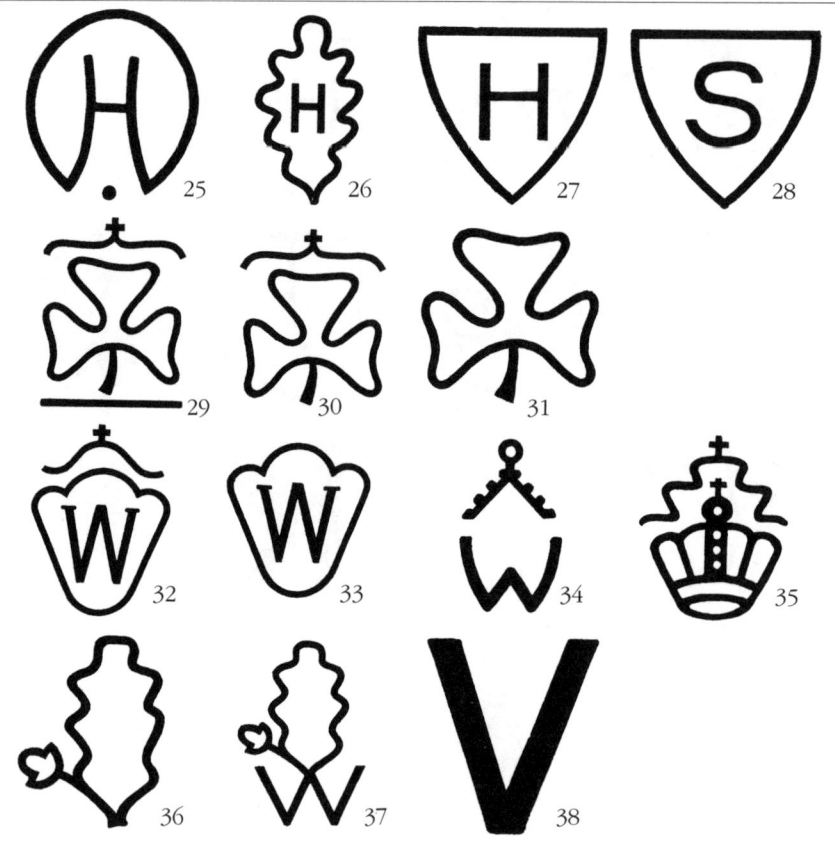

Hessen
25 Warmblut, Kaltblut
26 Fohlenbrand Haflinger
27 Haflinger H-Stuten
28 Haflinger S-Stuten
29 Kleinpferde und Pony H-Stuten
30 Kleinpferde und Pony S-Stuten
31 Kleinpferde und Pony V-Stuten

Westfalen
32 Warm- und Kaltblut H- und
   S-Stuten und ihre Fohlen
33 Warm- und Kaltblut
   V-Stuten und ihre Fohlen
34 Haflinger Fohlen
35 Haflinger Stuten
36 Pony H- und St-Stuten,
   Fohlen von H-, S- und V-Stuten
37 Kleinpferde H- und
   S-Stuten und ihre Fohlen
38 Kleinpferde V-Stuten

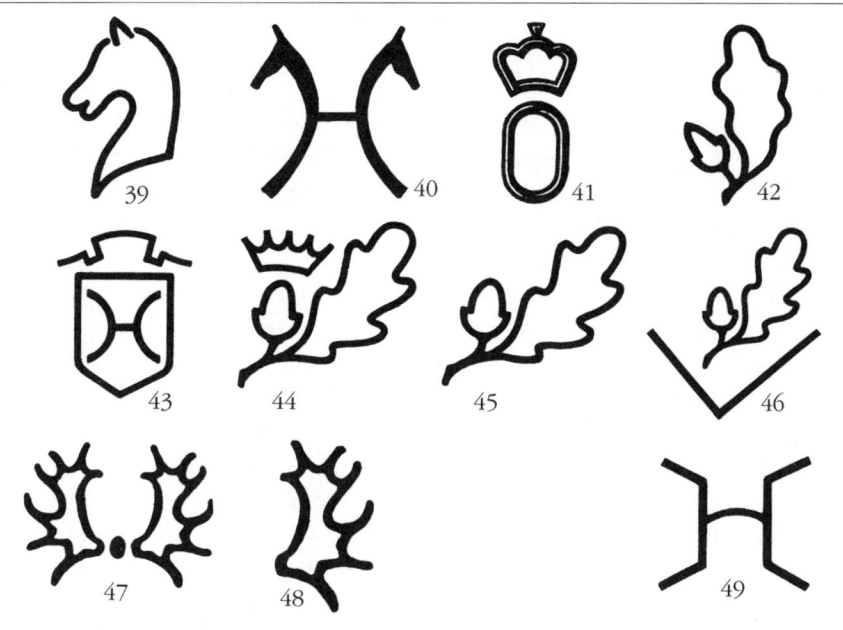

50   51   52   53

Niedersachsen
39   Hannover Warmblut
     V-Stuten und ihre Fohlen
40   Hannover Warmblut H- und
     S-Stuten und ihre Fohlen
41   Oldenburger Warmblut
42   Hannover, Weser-Ems
     Kleinpferde und Pony

Schleswig-Holstein
43   Holsteiner Warmblut
44   Kleinpferde und Pony H-Stuten
45   Kleinpferde und Pony S-Stuten
     und ihre Fohlen
46   Kleinpferde und Pony V-Stuten

Trakehner
47   H-Stuten und ihre Fohlen
48   S-Stuten und ihre Fohlen
49   Kontrollbrand für Warmblut-
     fohlen, bei denen nur ein Elternteil
     eingetragen ist.

---

50 Einsiedler
51 Freiberger
52 Haflinger (Tirol), Hauptstamm-
buchbrand (hinten links)
53 Haflinger (Tirol), Foblenbrand
(linke Schulter)

Stute, so muß der Interessent wissen, daß er sie nur mit Papieren bei seinem Stutbuch eingetragen bekommt; alle Zuchtverbände sind gegen Pferde ohne Abstammungsnachweis mißtrauisch; sie werden, selbst wenn sie deutlich den Rassentyp verkörpern, höchstens in ein Vorbuch eingetragen. (Größte Vorsicht hinsichtlich der Gültigkeit von Papieren ist bei der Einfuhr obiger Rassen auch aus den EG-Ländern geboten: nicht alle Papiere ausländischer Stammbücher werden hier anerkannt!)

Ein Ankauf von *Hengsten* ohne erstklassige, vollständige Papiere ist geradezu sinnlos; ein Hengst ohne Papiere wird niemals "angekört", das heißt, er bekommt vom zuständigen Köramt (beim Verband) keine Deckerlaubnis. Da es in Deutschland nach den Tierzuchtgesetzen der Länder aber verboten ist, Hengsten ohne Deckerlaubnis Stuten zuzuführen, ist die Haltung eines solchen "wilden" Hengstes, abgesehen von ihrer Gesetzwidrigkeit, weder finanziell lukrativ noch ganz risikolos; sie lohnt sich also einfach nicht. (Die Körvorschriften sind von Land zu Land verschieden. Teilweise werden Zucht- und Körbestimmungen von Zuchtverbänden festgelegt, ohne daß ein staatlicher Körzwang besteht.) Ein Hengst ohne gute Papiere ist im Preis unter dem Wallach einzustufen, da ja Kastrationskosten und längere Schonzeit auch noch zu bezahlen sind.

Nachzucht aus nichteingetragenen Eltern ist beim Verkauf beträchtlich weniger wert als die eingetragener. Wer sich also beim Kauf in eine Stute oder einen Hengst ohne Papiere verliebt und sie unter allen Umständen - vielleicht auch wegen besonders guter Reiteigenschaften - haben möchte, muß stets bedenken, daß

1. Stute oder Hengst nicht eingetragen werden;
2. die Nachzucht infolgedessen keine Papiere bekommt;
3. der Hengst vom Tierarzt kastriert werden muß, da die Haltung ungekörter Hengste verboten ist;
4. die Stute selber und ihre Nachzucht beim Weiterverkauf weniger wert sind.

Ein Brand gibt auch dann Auskunft über die Rassenzugehörigkeit des so gekennzeichneten Pferdes, wenn die Papiere nicht mehr vorhanden sind. Er gilt zwar nicht als Papier-Ersatz (auch ein Pferd mit Brandzeichen wird ohne gültige Papiere nicht eingetragen), aber er vermittelt dem Käufer Auskünfte zur Rasse. Viele Besitzer von Pferden mit fremden, unbekannten Bränden entwickeln detektivischen Spürsinn quer durch unseren Kontinent hin, um die Rassenzugehörigkeit herauszubekommen! Manche Rassen freilich haben eine Haut, die Brandzeichen nicht festhält:

Die meisten Isländer "verlieren" ihren Brand beim nächsten Haarwechsel.

Soweit die gegenwärtig gültigen Tatbestände. Einige von ihnen bedürfen aber wohl der Überprüfung und Änderung.

Vorgeschlagen: ein neues Papier - der Zuchtpaß

Diese Praktiken in der Zucht können nicht den Beifall der neuen Freizeitzüchter finden. Auch meines Erachtens hat die Zucht in ihrer Organisation ausgesprochen mit der Zeit nicht schrittgehalten. Methoden, die zur Zeit der Kleinstaaterei geeignet waren, über die Spezialzuchten einzelner Gebiete zu wachen und Pferde für zahlreiche spezielle Zwecke zu produzieren, sind in einer Zeit überholt, in der auf allen Gebieten staatlicher und allgemeiner Beziehungen ständig mehr Grenzen fallen und die Zwecke des Gebrauchs sich auf wenige Typen auspendeln (Springen, Dressur, Erholungsreiten und -fahren).

So mutet es doch recht bedenklich an, daß die Zuchtordnung tief ins private Leben des Züchters eingreifen kann: daß etwa ein bemühter Norweger-Züchter aus Hessen, den ein beruflicher Stellenwechsel nach Bayern führt, dort seine ganze Zucht nicht eingetragen bekommt - weil man sich in Bayern zur alleinigen Förderung des Haflingers entschlossen hat! Oder daß der Freund des bosnischen Pferdes von nahezu allen Zuchtbüchern im Stich gelassen wird, weil man sie ungern einträgt, häufig auch überhaupt nicht betreut.

Wem würde es wohl einfallen, zum Schutze der deutschen Autoindustrie bestimmte ausländische Fabrikate zu verbieten? Oder aber, falls das nicht möglich ist, die Einrichtung von Werkstätten für den Service zu untersagen? In der Pferdezucht aber ist die entsprechende Methode noch gang und gäbe: Importe sind wegen der allgemein liberalisierten Wirtschaft nicht zu unterbinden, wohl aber kann man den Pferden dann die züchterische Betreuung versagen! Bei jeder neuen Rasse, die hierzulande Liebhaber findet, geht der Kampf aufs neue los (so, als müsse sich jede neue Automarke die Erlaubnis für ein Service-Netz neu erkämpfen). Dem Hobbyzüchter bleibt also kaum etwas anderes übrig, als sich der ständig wachsenden Zahl "wilder" Züchter beizugesellen, deren Fohlen dann wiederum die Zahl der papierlosen Pferde anschwellen lassen.

Die Züchter der etablierten Rassen möchten begreiflicherweise den Produkten ihrer Zucht einen exklusiven Markt erhalten. Die Verbände schützen sie, indem sie fremden Rassen die Aufnahme in ihre Zuchtbücher und damit züchterische Anerkennung und Beratung verweigern. Und auch das geschieht beileibe nicht einheitlich: Jedes Bundesland entwickelt seine eigenen Ansichten. Leidtragender in diesem Wirrwarr ist - wie so oft - der Freizeitzüchter, Leidtragende sind - wie so oft - auch die Pferde und ihre späteren Käufer aus den Kreisen der Freizeitreiter. Ihnen fehlen ja Papiere, aus denen die besprochenen praktischen Vorteile resultieren: Kenntnisse über Rasse der Eltern, Art eventueller Kreuzungen, Geburtsdatum, Namen der Vorbesitzer und so weiter. Nachteile über Nachteile also, die gewiß ohne Schädigung berechtigter Interessen beseitigt werden könnten.

Denn es gäbe eine einfache Möglichkeit, den Hobbyzüchtern zu helfen: ein vom Stammbuch ausgeschriebener *Zuchtpaß*. Es könnten einheitliche Anhänge für nicht-anerkannte Rassen eingerichtet werden, die alle Elterntiere registrierten. Dann wären

1. Tausende von unerfaßten Stuten erfaßt;
2. könnten Fohlenpapiere ausgestellt werden;
3. bestünde eine Möglichkeit, künftige Zucht produktiv zu lenken.

Den etablierten Rassen würde kein Schaden entstehen, da aus den Papieren ja eindeutig hervorginge, daß die zugehörigen Pferde keiner der berühmten einheimischen Rassen angehörten. Der ganze Zuchtpaß könnte anders gestaltet werden als das Zuchtpapier.

Solange aber eine solche oder ähnliche Lösung des Problems nur Hoffnung bleibt, muß der Freizeitreiter und -züchter - das sei eindringlich betont! - sich die Freiheit kritisch abwägenden Urteils auch gegenüber offiziellem Rat bewahren.

Bis hierher sind wir den Problemen der einzelnen Rassen gefolgt, soweit es die *Zucht* betrifft. Es gibt aber noch weitere Aspekte, unter denen das Papier, das ein Pferd hat oder nicht hat, für den Besitzer wichtig werden kann. Zum einen geht es um den *Inländernachweis*, der für die Teilnahme an bestimmten Kategorien unserer Turniere erforderlich ist und der nur anhand lückenloser Papiere erbracht werden kann. *Ausländische Pferde* sind - nach dem Stand bei Drucklegung dieses Buches - im deutschen Turniersport nur *startberechtigt*: in den als Testprüfungen durchgeführten Wettbewerben der Kategorie C, in allen Vielseitigkeitsprüfungen und ab den Klassen M bei einer Eintragung in die Turnierpferdeliste C, die mit einer Gebühr von 500 DM verbunden ist. Für die Zukunft sind gewisse Erleichterungen vorgesehen, die jedoch von den zuständigen Instanzen noch nicht verabschiedet sind.

Zum anderen geht es um Fragen der *Haltung*, die für den Besitzer eines Pferdes nicht minder wichtig sind. Dem Zuchtpapier ist ja zu entnehmen, ob das Pferd reinrassig einer bestimmten Rasse angehört oder das Produkt von Kreuzungen ist und um welche Kreuzungen es sich dann handelt. Da die verschiedenen Rassen häufig verschiedene Anforderungen an die Haltung stellen, wird der Besitzer, wenn er genau weiß, was aufgrund der Blutführung für sein Pferd am besten ist, dieses optimal halten können. Das papierlose Pferd hingegen ist dem mehr oder weniger ausgebildeten Fingerspitzengefühl des Besitzers überlassen. Daß dabei schwerwiegende Fehler passieren können, ist selbstverständlich.

5. Papierlose Pferde und Importpferde

Die Nachfrage nach Pferden ist in den letzten zwanzig Jahren erheblich schneller gestiegen als die einheimische Produktion. Die Züchter, die ihre traditionellen Märkte für Armee-, Transport- und Landwirtschaftspferde schwinden sahen, gaben entweder die Zucht entmutigt auf oder stellten die Zucht schwerer Pferde, an den neuen Trend zum bloßen Reitpferd nicht recht glaubend, nur zögernd auf den Typ um, der nun gefragt wurde: den des großen, rahmigen, temperamentvollen, springbegabten *Sportpferdes* mit Gang und Schwung. Inzwischen ist diese Ummodelung weithin gelungen, und die Züchter führten auch wieder mehr Stuten den Hengsten zu. In der gleichen Zeit stieg der Bedarf aber noch rascher an. Bei zu geringer Produktion ergaben sich aber sehr hohe Preise. Das heimische Pferd für den großen Sport (und für jene Reiter, die zwar keinen Sport betreiben, sich aber zumindest auf Pferden berühmter Rassen beritten machen wollten) wurde immer teurer.
An die Produktion *handlicher echter Freizeitpferde* dachte in den Kreisen unserer Züchter überhaupt niemand. Tausende von Reitern zogen daraus die Konsequenz, sich praktische Pferde dort zu holen, wo es sie noch preiswert gab: im Ausland. Und so tauchten vor rund dreißig Jahren Rassen hierzulande auf, die man so gut wie gar nicht kannte: vom Isländer über die englischen und skandinavischen Rassen bis hin zum Balkanpferd. Da sie in Größe und Verwendungszweck mit den heimischen Rassen nicht konkurrieren, sind sie, wie bereits erwähnt, heute von den Landeszuchtverbänden akzeptiert und werden züchterisch von ihnen mit betreut. Bedauerlicherweise

ist das jedoch nicht der Fall bei anderen, seither neu eingeführten Rassen. Hier sehen sich die Freizeit-Reiter und -Züchter wieder den gleichen Schwierigkeiten gegenüber: Keine Papiere, keine Betreuung! Doch der einmal freigegebene Markt wechselt seine Aspekte nach den Bedürfnissen der Nachfrage, nicht nach einem gelenkten Angebot. Nachdem sich die Freizeitreiter mit der Vorliebe für das handliche Robustpferd hinter dem Haus weitgehend durch Eigenhilfe und Selbstimporte, später unterstützt von wachen Händlern, ihre Pferde aus Island, England, Dänemark, Holland und den Balkanstaaten geholt hatten und die Preise einheimischer Pferde weiterhin schwindelnd stiegen, wichen auch die traditionell Reitenden und vor allem die vielen kleineren Reitbetriebe auf *Ausländer* aus.

Das Geschäft begann mit Pferden aus *Ungarn*: Sie gehörten den Rassen *Furioso/Northstar, Gidran, Shagya, Nonius und Mischungen daraus* an. Diese Pferde waren und sind in den weiten ungarischen Steppen zuhause, wachsen mit viel Bewegung und Weidegang auf und können, infolge niedrigerer Löhne und anderer Besitzverhältnisse, im Ursprungsland erheblich billiger großwerden als hiesige Pferde. *Furioso* und *Northstar* waren zwei englische Vollblüter, die im vorigen Jahrhundert mit ungarischen Landstuten die nach ihnen benannte Halbblutrasse gründeten: schnelle, zähe, ausdauernde Pferde von maximal 163 cm Höhe, im Temperament manchmal etwas eigenwillig, ja eigensinnig.

Gidran war der Sohn eines Originalarabers und einer Ungarnstute; seine Nachkommenschaft wurde wiederum mit englischem Vollblut verkreuzt; heute sind die meisten Gidran Füchse: um 165 cm große, mittelschwere Reit- und Wagenpferde.

Nonius war ein Normänner-Hengst, der während der Napoleonischen Kriege im Gestüt Zweibrücken erobert wurde und in Ungarn durchschlagend als Vatertier wirkte. Seine Nachkommen sind braun oder schwarzbraun, mächtig, kompakt, bis 165 cm groß (Abb. 82). Sie alle haben nur in seltenen Fällen Vollpapiere und werden auch mit diesen nicht (oder nur in Ausnahmen) in die hiesigen Zuchtbücher eingetragen. Bis auf diese (willkürliche) Maßnahme steht ein gutes Pferd dieser Rassen einem guten einheimischen nur wenig nach, und das allein im Sinne des Hochleistungssports.

Natürlich kommen auch zahlreiche Mischlinge dieser Rassen ohne Papiere als preiswerte Gebrauchspferde über die Grenze.

Etwas anders verhält es sich mit den Rassen *Shagya* und *Babolna-Araber*. Erstere geht auf einen 1836 aus Syrien eingeführten Honigschimmel gleichen Namens zurück, der einen sehr erfolgreichen Halbblut-Stamm begründete. Seine Familie ist auch in Babolna, dem bedeutendsten ungarischen Arabergestüt, vertreten. Ein weiterer erfolgreicher Liniebegründer ist O'Bajan. Babolna-Araber gelten als nicht vollblütig, da in ferner Vergangenheit Tropfen nichtarabischen Blutes beigefügt wurden. Beide Halbblut-Araber-Rassen werden vom Araberstutbuch in Deutschland betreut.

Ein besonders ergiebiges Nachschubland für sowohl hochedle, großgewachsene wie auch für handliche mittlere Pferde ist *Polen*. Es hat mit 2,5 Millionen Pferden den größten Bestand in Europa. Importiert werden:

Polnische Trakehner - nach dem Krieg weitergezüchtet auf ostpreußischer Grundlage, mit allen Vorzügen der hiesigen Trakehner, elegant, schwungvoll, feurig: Pferde für den sehr anspruchsvollen und guten Freizeitreiter. Für den Züchter ist anzumerken, daß Zuchtmaterial dieser Rasse in Deutschland eingetragen werden kann - wenn die Verbände beim Einkauf ratgebend beteiligt sind!

Wielkopolska (Abb. 83) - eine mittelschwere Mehrzweckrasse für Sport und Freizeit, neuerdings durch Araber- un Trakehnerblut beeinflußt, meist um 165 cm hoch, mit allen Vorzügen eines guten Reitpferdes. Wird dennoch nur in Ausnahmen eingetragen.

Landpferde (Abb. 84) - ohne Papiere in fast allen Größenordnungen. Ich ritt mehrfach sehr angenehme, elegante, robust zu haltende polnische Stuten von 148 cm mit leichten, weiten Bewegungen. Sie könnten durchaus eine Lücke zwischen Connemara und Großpferd schließen: im Exterieur und Typ ganz Großpferd, in Haltungsmöglichkeit und Handlichkeit beste Freizeitpferde, preislich sehr günstig.

Araber (Vollblut und Araberrasse, also Halbblut) - werden in guter bis sehr guter Qualität aus allen Ostländern eingeführt. Dabei ist es durchaus möglich, über einen vertrauenswürdigen Händler oder auf den Auktionen der Gestüte vorzügliche Zuchttiere oder preiswertere Wallache für den Freizeitgebrauch einzuführen.

Die großen, international anerkannten Gestüte Polens und Rußlands führen alljährlich mehrere Auktionen durch, die von Käufern aus den Westländern viel besucht werden. Vor dem Kauf empfiehlt sich die Rücksprache mit dem zuständigen deutschen Zuchtverband wegen der eventuellen Eintragung von Stuten und Hengsten.

Aus *Rußland* kommen mit
Tersk-Araber und *Achal-Tekkiner* (Abb. 85) - seltene Exemplare alter
Rassen zu uns. Letztere gehören zum Stamm der Turkmenen-Pferde,
die ihrerseits unter die Vorfahren arabischer Pferde gerechnet
werden: also zu den ältesten und nobelsten Rassen der Welt gehören.
Ungemein hochbeinig und schmal, mit langem Hals und dünnem
Haar, sehr trockenen Gliedmaßen und kleinen, festen Hufen machen
sie einen überaus flüchtigen, gazellengleichen Eindruck und sind
Reitpferde für die feine Hand, den empfindsamen Reiter. Berühmt ist
ihre Ausdauer. Daß sie je in großen Mengen zu uns in den Westen
gelangen, ist jedoch kaum anzunehmen.
Aus den Ostländern werden weiterhin auch preislich günstige, hart
aufgezogene und praktische *Lipizzaner* angeboten.

Unsere westlichen Nachbarn haben - bis auf die bedeutenden
Nachzuchten englischer Ponys in Holland - keinen so riesigen
Zuchtüberschuß wie der Osten.
England bietet die bereits genannten Ponys seiner uralten eingeborenen Rassen an: Welsh aller Sektionen, New Forest, Dartmoor,
gelegentlich auch eines der neugezüchteten Reitponys. Eine interes-
sante Bereicherung der hippologischen Palette könnte der *Hunter*
sein, das weltberühmte englische (und irische) Jagdpferd, das keine
eigene Rasse im geschilderten Sinne bildet, sondern aus stets neu
vorgenommenen Gebrauchskreuzungen zwischen schweren,
rumpfigen Mutterstuten, gelegentlich sogar Kaltblut, und Vollblütern
mit viel Kaliber und Knochensubstanz entsteht. Diese Art der
Züchtung setzt viel Fingerspitzengefühl und Erfahrung voraus; die
stete Erprobung der Produkte im Jagdfeld unterstützt sie.
Dasselbe in etwas niedriger ist der *Cob* (Abb. 86) - gleichfalls eine
Gebrauchskreuzung auf ein rumpfiges, dicht am Boden stehendes,
springfreudiges und charakterlich zuverlässiges, nicht über 150 cm
großes, gewichttragendes "Altherrenpferd" hin. Wegen seiner Selten-
heit und des hohen Preises ist es für den Freizeitmarkt kaum von
Bedeutung.
Aus *Frankreich* wären für uns Camargue-Pferd und Anglo-Araber
interessant. Das *Camargue-Pferd* (Abb. 87) ist ein drahtiges, hartes,
robustes Pferd von etwa 145 cm, meist weiß, das seit Jahrtausenden
im Delta der Rhone lebt und bis vor kurzem als so bodenverwachsen
galt, daß man glaubte, es gedeihe anderswo nicht. Versuche haben
die Anpassungsfähigkeit auch dieses Pferdes an andere Boden- und
Klimazonen erwiesen. Bei ihm wie auch beim *Anglo-Araber* wandelt

sich die Marktsituation mittlerweile rapide: Frankreich selber hat das Freizeitreiten entdeckt und hat kaum ein Pferd der dazu geeigneten Rassen für den Export übrig.

Ganz anders ist die Lage, wenn die Interessenten sehr spezieller Pferde auch weiteste Transporte und die dadurch hervorgerufene Verteuerung nicht scheuen: Nord- und Südamerika bilden dann nahezu unerschöpfliche Reservate. Im Vordergrund des Interesses stehen zur Zeit die sogenannten "Westernpferde" aus dem Westen der *USA*. Dazu zählen vier Rassen, von denen die erstgenannte mit 80.000 eingetragenen Pferden die größte der Welt ist:
Quarterhorse (Abb. 88), *Appaloosa* (Abb. 89), *Pinto, Palomino* (Abb. 91) - Pferde, bei denen man die klassischen europäischen Bewertungen vergessen muß, da sie nach völlig anderen Gesichtspunkten ausgewählt und gezüchtet werden. Sie sind aus den Bedürfnissen des Pionieralltags als ausschließliche Reitpferde entstanden: die ältesten durchgezüchteten Rassen Nordamerikas. Das Quarterpferd ist (wie auch die anderen) um 150 cm hoch, doch wer es sieht, gibt ihm mindestens 10 cm mehr, so gewaltig und muskelbepackt und "groß" wirkt es auf den Betrachter. Der Hals ist tief angesetzt, etwas schwer, aber mit leichtem Kopfansatz, die Ganasche ist breit, das Maul sehr fein und empfindsam, die Mittelpartie ist kurz und rund, die Kruppe enorm, muskelschwellend und rund, die Beine sind kurz und eisern. Und dieses rumpfige, ja tonnige, tiefe Pferd ist über eine Viertelmeile (quartermile = 400 m) das schnellste der Welt! Dieser Tatsache verdankt es seinen Namen; in den USA sind Quarter-Rennen enorm populär: wie von der Sehne geschossen schnellen sich die Renner ab- und sind auch schon über die Ziellinie gebraust!
Die drei anderen Rassen sind mit dem Quarterhorse eng verwandt; sie unterscheiden sich hauptsächlich in der Farbe voneinander. *Appaloosa* sind ungefähr das, was wir Tigerschimmel nennen - vielfach gefleckte oder getüpfelte oder mit farbigen Schabracken geschmückte Pferde mit weißgerandeter Iris (Abb. 94; nicht zu verwechseln mit Glas- oder Birkauge), mit gelb-schwarz gestreiften Hufen (Abb. 95) und rosiggrauem "Krötenmaul" (Abb. 96). Ihren Namen erhielten sie nach dem Siedlungsgebiet der frühesten und erfolgreichsten Züchter Nordamerikas, der Nez-Percé-Indianer, dem Land am Paloose-Fluß. *Pinto* oder *Paint* nennt man Schecken, *Palominos* haben ein rotgoldenes Fell mit weißem Langhaar.
Alle vier sind bei uns vornehmlich durch Film und Fernsehen bekannt geworden. Wer sie einmal geritten hat, schätzt ihre mit Gelassenheit

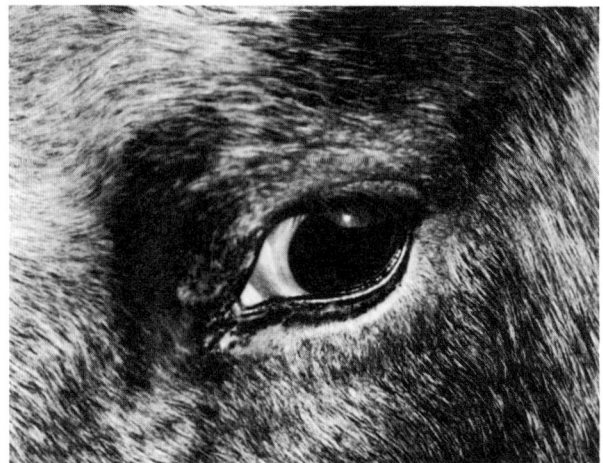

94 Weißgerandete Iris
des Appaloosa

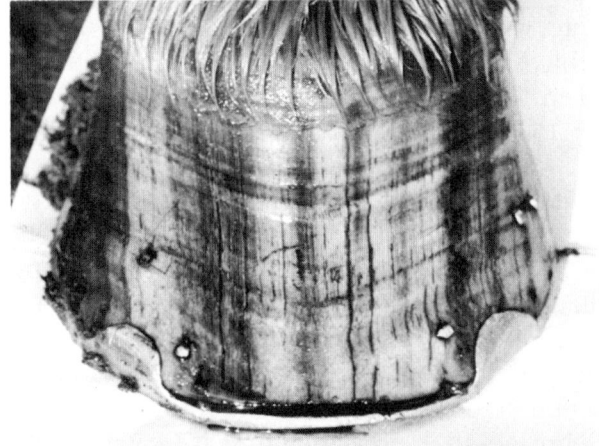

95 Gestreifter Huf
des Appaloosa

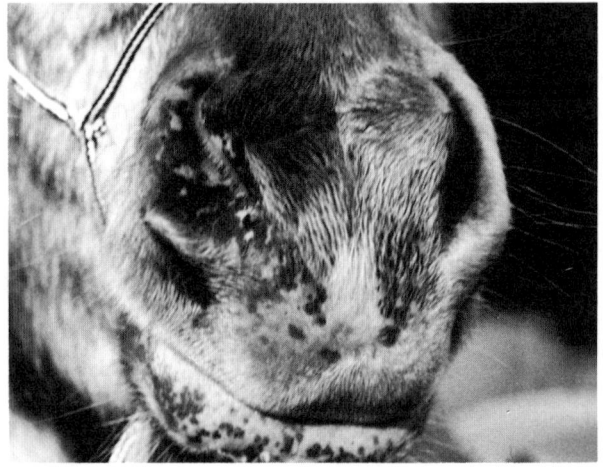

96 Krötenmaul
des Appaloosa

gepaarte Geschwindigkeit, ihren Sekundengehorsam, ihre Vernunft und Gutartigkeit und ihr geradezu begeistertes Mittun bei kniffligen reiterlichen Aufgaben, die mit schneller Reaktion zu tun haben. Mit ihnen kommt ein komplettes neues Programm der Beschäftigung zu Pferde herüber, das sich erfrischend abhebt vom altgewohnten Springen und Dressurreiten, dem doch viele Reiter nicht mehr die einstige Begeisterung abgewinnen können.

Pferde dieser Art, die einerseits alle normalen reiterlichen Ansprüche befriedigen und andererseits naturnah und relativ einfach zu halten sind, die im Preis nicht überzogen werden (billig können sie wegen der enormen Transportwege, Zölle und Begleitkosten wohl nie sein), gesund und im Herdenverband aufwuchsen und in ihrem ganzen Wesen jene Vernunft zeigen, die sie dem nicht-professionellen Pferdehalter so sympathisch macht, werden auch bei uns einen wachsenden Markt finden. Nicht umsonst sind sie die beliebtesten Freizeitpferde der Welt geworden.

Weitere Rassen können natürlich jeden Tag auftauchen: Schon sind *Paso Finos* (Abb. 92), ganz speziell auf Sondergangarten (siehe Kapitel "Gangarten") gezüchtete Pferde aus Lateinamerika, in Europa eingetroffen, spanische und marokkanische (Berber) können hinzukommen: Die Welt der Pferde ist nicht minder international geworden als etwa die der Autos. Das Angebot läßt an Buntheit nichts mehr zu wünschen übrig.

6. Kreuzungen

Unter diesem Oberbegriff sollen jene Pferde erwähnt werden, die entweder keiner bestimmten Rasse angehören oder aus verschiedenen Rassen gekreuzt sind. Kreuzen ist gegenwärtig hochmodern: Dem ungeduldigen Menschen unserer Tage kann nichts schnell genug gehen, und dem Pferdezüchter dauert es einfach zu lange, den Nachwuchs seiner Stute zu verbessern, indem er sie zu einem besseren Hengst der eigenen Rasse bringt. Der nächste Araber oder Vollblüter schafft da radikale Änderung! Um kleinere Rassen zu vergrößern, um Robuste äußerlich dem traditionellen deutschen Großpferd ähnlicher zu machen, um sie zu kleinen Sportpferden zu wandeln, wird vielen urtümlichen, bodenständigen nördlichen Rassen "Edelblut" zugeführt. Das macht sich katastrophal vor allem bei den Kreuzungen der Extreme bemerkbar: wenn etwa Vertreter der unterschiedlichsten Urstämme miteinander gepaart werden - wie etwa Isländer und Araber. Ich bin nicht, wie mir häufig vorgeworfen wird, ein fanatischer Gegner von Kreuzungen überhaupt. Ich sehe nur im praktischen Alltag sehr viele Nachteile vieler Kreuzungen, die die Züchter und ihre Vertreter nicht sehen (oder nicht sehen wollen). Zu Anfang dieses Buches sagte ich schon, daß unser *Bild vom Pferd* falsch ist. Diesem imaginären Vollkommenheitsbild des schnittigen Sportpferdes möchten die meisten Züchter *alle* Rassen anpassen. Sie streben immer eine Verbesserung des *Äußeren* und des *Äußerlichen* (Gänge usw.) an: sie möchten "schnittigere Modelle" erzeugen, "elegantere Linien", "längere, beweglichere Hälse", "schwingendere Tritte". Und so führen sie denn ihren soliden Norweger-, Isländer-, Connemara-, New Forest- und Dülmenerstuten Araberblut zu. Ganz abgesehen davon, daß die so produzierten Kreuzungen nur in den seltensten Fällen tatsächlich harmonische und ausgewogene Linien aufweisen (auf den Schauen werden nur die geglückten Produkte vorgezeigt - wo bleiben die anderen?), abgesehen davon also kann man bei ihnen nie fest mit der *Robustheit* der Eltern rechnen.

Nehmen wir nur einen Aspekt von vielen: die Knochen und ihre Substanz. Unter allen Pferden hat der Araber die festeste Substanz und die dünnsten Knochen. Eine Norwegerstute etwa hat dickere Knochen mit weniger fester Substanz. Wenn beider Nachkomme nun feine, dünne Knochen vom Vater erbt - wie will man wissen, ob diese dünnen Knochen auch die dazugehörige feste Substanz haben? Kommt die Substanz von der Mutter - und ist dann der Knochenbau zu leicht? Wer weiß das schon, ehe es sich im Gebrauch - und damit zu spät - herausstellt? Hat das Kreuzungstier mit dem eleganteren Kopf und den kleineren Zähnen des Vaters vielleicht den Kauinstinkt der Mutter geerbt, der zu deren langen Zähnen paßte? Verschleißt es nun seine Zähne um Jahre zu früh? Zahllos sind die Möglichkeiten des Zusammenpralls der Extreme. Fragwürdiger Ergebnisse halber setzt mancher Züchter Bewährtes aufs Spiel, und der spätere Käufer weiß nie, woher die vielen Unbegreiflichkeiten im Wesen seines Pferdes kommen.

Denn das ist das viel Bedenklichere: das *Wesen* der Kreuzung ist notgedrungen verändert. Der Eingriff geht ja auch das *Innere* des Tieres an, beileibe nicht nur das Äußere! Was sich über Jahrhunderte, manchmal Jahrtausende hinweg an Charaktereigenschaften, Ausgeglichenheit, Gesundheit, Instinktsicherheit heranbildete, wird jäh und tief erschüttert. Gerät ein Kreuzungsprodukt im Äußeren nicht nach dem Wunsch des Züchters, so sieht man das wenigstens noch.

Was in seinem Innern vor sich geht, stellt sich erst später heraus ...
Natürlich sind alle unsere Pferderassen aus Kreuzungen entstanden,
doch zog sich dieser Prozeß über Hunderte von Jahren hin. Und was
aus den mißglückten Produken wurde, weiß heute niemand mehr.
Endeten sie im Kochtopf? Vegetierten sie durch ein elendes Dasein?
Zogen sie dabei Karren, schleppten sie Lasten? Wir wissen es nicht.
Ein weiterer Gesichtspunkt wird vom modernen Züchter und seiner
Vertretung nicht beachtet. Es ist der, daß das Kreuzen um so
problematischer wird, je kleiner die ursprünglichen Robustrassen
sind. Das große Pferd hat einen festgelegten Interessentenkreis, der
unter Kontrolle und Ausbildung des Reitlehrers steht und einen
Zuwachs an Temperament beim Reitpferd verkraften kann. (Auch das
wird zunehmend problematisch: Ganze Reitschulen haben Schwierigkeiten mit ihren zu hochblütigen Pferden.)
Das kleine und mittlere Pferd des Freizeitreiters ist, wie wir sahen, der
Familie zugeordnet. Auf dem *kleinen* Pferd reiten die jüngeren
Kinder- jeder Zuwachs an eingekreuztem Nerv bedeutet einen
Zuwachs an Gefahr für den zu jungen und zu schwachen Reiter. Das
mittlere Pferd ist Reitpferd auch für die Erwachsenen; jede Schwä-
chung des Kalibers und der Knochensubstanz nimmt ihm die
Voraussetzungen für diese Arbeit. Dabei kann es durchaus geschehen, daß in der Kreuzung mit einem Vollblüter das Produkt 10 cm
größer wird - und dennoch weniger in der Lage ist, den erwachsenen
Reiter zu tragen als die kleinere, aber kalibrigere Mutter! Jedes Mehr
an Nerv - und Nervosität! -, an blitzschneller Reaktion, an Ängstlich-
keit und Dünnhäutigkeit aber macht dem Freizeitreiter entscheidend
zu schaffen! Kurzum: Das "schönere" Produkt mag das Züchterauge
entzücken und beim Käufer das Portemonnaie bereitwilliger zu
öffnen - der schließliche Halter und Benutzer muß mit Schwierigkeiten rechnen. Er bezahlt das fragwürdige Produkt einer kurzsichtig
materiell ausgerichteten Zucht mit viel Geld (weil es so "edel"
aussieht) und mit viel Mühe, weil die Kreuzung unter dem Sattel und
in der Haltung soviel mehr Arbeit macht, als jeder Elternteil es für sich
getan hätte.
Kauft man also eine Kreuzung, so sollte man dies erwägen. Natürlich
sind nicht alle Kreuzungen pauschal abzulehnen. Sind die Elternteile
rassenmäßig verwandt (gehören sie also etwa zum gleichen
Ursprungstyp) oder führt ein Elternteil bereits einen geringen Anteil
an "Blut", so können durchaus aus geschickten Paarungen gewünschte Verbesserungen entstehen. Ich kenne gesunde Kreuzungen aus
schwerer Norwegermutter mit etwas lebhafterem, leichterem Conne-

marahengst oder aus einer größeren bosnischen Stute mit einem leichten Warmbluthengst oder zwischen Haflingerstuten und sehr sorgfältig ausgesuchtem Araberhengst. Solche Marktprodukte können in einem praktischen Buch wie diesem nicht übergangen werden. Kreuzungen sind da und werden angeboten: Mein Rat an die Freizeitreiter kann nur sein, doppelt genau hinzuschauen.

Wieder anders verhält es sich mit papierlosen Pferden, die aus ziemlich geschlossenen Zuchträumen stammen. Erwähnte ich, beispielsweise, polnische Landpferde als mögliche Freizeitpferde, so darf eine gewisse robuste Aufzucht aus der Kenntnis der Verhältnisse im ländlichen Polen mit seinen begrenzten Aufstallungsmöglichkeiten und der Weideaufzucht in kleineren oder größeren Herden angenommen werden. Bei Pferden, die über lange Zeiträume hinweg unter stets gleichen Witterungs-, Boden- und Haltungsverhältnissen gezogen werden, formen sich mit der Zeit zwar stammbuchmäßig nicht erfaßte, aber in sich ausgeglichene *Schläge* heraus.

Grundsätzlich würde ich das mit Papieren versehene, rein gezogene Pferd einer bestimmten, profilierten Rasse allen anderen deshalb vorziehen, weil für den Freizeitreiter größtmögliche *Gewißheit über das, was sein Pferd an Pflege braucht und an Sicherheit gibt*, notwendig ist. Entscheidet er sich für ein papierloses Pferd oder für eine registrierte Kreuzung, so ist jedes Mehr an exakter Information über das Pferd von Nutzen.

Wählt ein erwachsener Reiter ein kleines Pferd zum Reiten aus, so kommt nur ein Pferd der stabilen, robusten, in sich gefestigten kalibrigen Rassen in Frage.

7. Vorteile - Nachteile: Entscheidungskriterien für die Rassenwahl

Nach diesem knappen Überblick über den Markt ist die Frage, für welche Rasse man sich entscheidet, natürlich nicht gelöst. Dennoch soll versucht werden, die Anforderungen, die die einzelnen Rassen an Reiter und Halter stellen, einmal abzuwägen. Robuste Rassen sind am einfachsten, sehr hochblütige am schwierigsten zu halten. Sind wir bereit, die Konsequenzen daraus zu ziehen, so reicht - von der Rasse aus gesehen - die Skala möglicher Familienpferde vom Shetlandfohlen bis zum Vollblutwallach.

Das sieht dann etwa so aus:

Rasse:
Shetlandpony.
Vorteile:
Klein, handlich, genügsam, langlebig, robust und einfach zu halten. Anschaffung erschwinglich, Unterhalt sehr preiswert: Eigenweide, schon 1000 m Garten mit Unterstand für ein Einzeltier. In Größe, Charakter und Statur idealer Spielkamerad für Kinder.
Nachteile:
Kinder wachsen schnell darüber hinaus (ca. 11 Jahre). Für Erwachsene nur zum Fahren geeignet. Bei Weidehaltung im Winter lange Haare. Einzelhaltung nicht zu empfehlen.

Rasse:
Reinrassige Ponys bis 125 cm (I):
Dartmoor, Exmoor, Dülmener (klein).
Genügsam, gesund, charakterlich zuverlässig, langlebig, fruchtbar.
Haltung: Weide mit Offenstall, Heu im Winter, Kraftfutter nur bei entsprechender Arbeit (Turnier, Reitstall, Trekking, Ponyhotel).
Höchstens für Kinder bis zu 12 Jahren geeignet, also normalerweise schnell wieder auf dem Markt. Bei Weidehaltung im Winter lange Haare. Einzelhaltung nicht zu empfehlen.

Rasse:
Reinrassige Ponys bis 125 cm (II):
Welsh-Mountain, New Forest (klein), Bosniaken (klein)
Vorteile:
Im Exterieur kleinen Reitpferden ähnlich. Welsh-Mountain oft von bestechender Eleganz. Turnier- und Rennponys für Kinder bis zu 12 Jahren, schnittige Fahrpferde für Erwachsene
Nachteile:
Freiheit von Einkreuzung nicht immer gewährleistet. Sowohl in England wie auf dem Balkan läuft viel Araberblut in diesen Rassen um. Haltung und Temperament deshalb nicht so problemlos unkompliziert. Stallhaltung bei Turnierverwendung wegen des "schöneren Aussehens"; in Verbindung damit und mit Kraftfuttergaben oft "kleine Vulkane". Dann für Kinder nur unter fachlicher Aufsicht zu empfehlen.

Rasse:
Reinrassige Robustpferde bis 150 cm (I):
Connemara, Dülmener (groß), Isländer,
Norweger, Haflinger, Camargue u.ä.
Haltung:
Weide mit Offenstall ausreichend, Heu im Winter, Kraftfutter nur bei entsprechender Leistung: Trekking, Mietstall, Ferienritte, Schauen, Sport, Zucht. Genügsam, gesund, charakterlich gefestigt, langlebig, widerstandsfähig, verträglich (zumal bei Aufwachsen in der Herde).
Vorteile:
Erstklassige Freizeitpferde für die ganze Familie einschließlich Erwachsener aller Altersstufen, da infolge Weidehaltung weithin scheufrei, mit Wind und Wetter vertraut, in sich gefestigt und verständig. Reiten auch in größeren Abständen möglich, da auf der Weide ausreichend Eigenbewegung. Isländer mit Zusatzgangart Tölt.
Nachteile:
Bei Weidehaltung Dreiviertel des Jahres langes Haar, im Sommer häufig Grasbauch: dadurch verminderte Eleganz des Aussehens. Einzelne Exemplare sehr temperamentvoll, andere eher phlegmatisch. Einzelhaltung nicht zu empfehlen, Stallhaltung auch nicht. Zum richtigen Einreiten noch wenige qualifizierte Reiter/Lehrer vorhanden. In traditionellen Reiterkreisen weitverbreitete Vorurteile. Pferde für Individualisten. Bei nicht regelmäßiger Nutzung Neigung zu Fettansatz.

Rasse:
Reinrassige Robustpferde mit "Blut"anteil,
Höhe bis 150 cm (II): Bosniaken (groß),
Huzulen, New Forest (groß), Welsh (groß)
Vorteile:
Reitpferdmäßigeres Aussehen, dem "normalen" Bild vom Pferd mehr
entsprechend, deshalb weniger Abneigung in traditionellen Kreisen
zu erwarten. Bei genügend Kaliber sind gute, schnelle und zuverläs-
sige Pferde auch für Erwachsene darunter.
Nachteile:
Haltung und Temperament nicht immer problemlos. Offenstallhaltung
im Winter in nassen, kalten Gegenden nur bei ständiger
Gesundheitskontrolle möglich. Bei Stallhaltung regelmäßige Bewe-
gung. Je mehr Blut, um so geübtere Reiter erforderlich.

Rasse:
Kreuzungsprodukte bis 150 cm Höhe.
Vorteile:
Durch Einkreuzung von Vollblut und Araberblut gelegentlich schnittiger
im Aussehen. Geeignet als Sportpferde für Kinder; im besten Falle
schnell und springfreudig.
Nachteile:
Je höher sie im Blut stehen, um so schwieriger sind sie zu halten und
zu reiten. Häufig gerade dann keine Erwachsenenpferde für
gewichtigere Reiter. Bei Stallhaltung mit Kraftfutter tägliches Bewegen und Putzen, auch und gerade im Winter, erforderlich. Zureiten
oft nicht einfach, da die Eigenheiten kleinwüchsiger Pferde in
unseren Fachkreisen wenig bekannt sind. Charakter manchmal a)
infolge des Blutanteils, b) infolge der Stallhaltung schwierig.

Rasse:
Quarterhorse, Appaloosa, Pinto (Paint),
Palomino u.ä. bis 155 cm.

Vorteile:
Handliche Größe an der oberen Mittelgrenze, mit dem Volumen des Großpferdes; infolge bewußter Selektion über lange Zeit sehr gelassen, bei überdurchschnittlicher Geschwindigkeit, intelligent auf vernünftige Weise, geeignet zum Reiten mit gebißlosem Kopfstück (Hackamore). Bei den meisten Importen Offenstallhaltung möglich, da ganzjährig im Freien großgeworden. Infolge Aufwachsens in großen Herden meist umgänglich und verträglich. Sie stellen den größten Teil der Freizeitpferde der westlichen Welt.

Nachteile:
In Europa noch wenig bekannt und infolgedessen auch nicht anerkannt. Pferde für Individualisten. Keine Fachleute für richtiges, fachgerechtes Einreiten vorhanden (noch nicht!). Zur Zeit keine Teilnahme an normalen Turnieren möglich. Ausreichende Erfahrung in der Haltung liegt noch nicht vor. Preis: Mittelklassewagen.

Rasse:
Warmblüter robusterer Art: unter anderem
nicht zu hoch im Blut stehende Westfalen,
Holsteiner, Hannoveraner, Polen,
Ungarn, Lipizzaner.

Vorteile:
Reitpferde traditioneller Art, zu jeder hiesigen Sportart verwendbar (Ausländer von sportlichen Wettbewerben jedoch weithin ausgeschlossen), von jedem Reitlehrer einzureiten und zu trainieren. Dem Auge vertraut, überall akzeptiert. Temperamentsmäßig manchmal sogar gelassener als kleinere Rassen. Offenstallhaltung (je nach Gewöhnung) zumindest über weite Strecken des Jahres möglich.

Nachteile:
Bei Verwendung im Sport Stallhaltung wegen unerwünschten Winterhaares. Dadurch ziemlich pflegeaufwendig: 3 mal täglich füttern, 1 mal täglich putzen, täglich mindestens 1 Stunde reiten. Stallpflege. Infolge der Größe unhandlicher und nur ausnahmsweise von Kindern und älteren Familienmitgliedern zu pflegen. Schon wegen der größeren Kraft Reiter mit Erfahrung nötig. Bei Unterbringung im Vereinsstall teuer. Bei Offenstallhaltung Beobachtung des Gesundheitszustandes (Erkältungen).

Rasse:

Hochblütige Rassen: alle obigen mit viel Blut sowie Trakehner, Vollblüter, Traber.

Vorteile:

Elegante Reitpferde mit oft weiten, räumenden Gängen, zum Teil stattlicher Größe (bis 178 cm), voll akzeptiert in traditionellen Reiterkreisen, nervig, feinfühlig, zum großen Stort in allen Sparten geeignet, über die Nutzung hinaus Prestigeträger beträchtlicher Grades.

Nachteile:

In der Haltung am teuersten und aufwendigsten: Stall, 3 mal täglich größere Mengen Kraftfutter, dadurch erregbarer und hitziger im Umgang, sorgfältige, ruhige Behandlung erforderlich. Voraussetzung: Erfahrung mit hochblütigen, temperamentvollen und nervösen Pferden bei Halter und Reiter. Täglich regelmäßige Arbeit erforderlich, da sonst leicht stallmütig, schreckhaft. Setzen einfühlsamen, guten, unerschrockenen Reiter voraus. Für Jugendliche nur unter Reitlehrer-Aufsicht geeignet.

Rasse:

Araber

Vorteile:

Handlich, flüchtig, elegant, nur bis 162 cm hoch (selten größer, häufig kleiner). Entfalten ihren vollen Charme außerhalb der Reitbahn: geborene Gelände- und Langstreckenpferde. Offenstallhaltung bei Gewöhnung zumindest Dreiviertel des Jahres möglich. Entwickeln beste Charaktereigenschaften bei gemeinsamer Haltung in der Herde.

Nachteile:

Können, wie alle hochblütigen Pferde, Temperamentsschwierigkeiten- vor allem bei Stallhaltung - entwickeln. Reagieren sehr oft mit Hysterie auf zu starkes Zusammenstellen unter dem Reiter. Infolge blitzschneller Reaktion unter dem Sattel guter, feinfühliger Reiter erforderlich.

Abschließend sei ausdrücklich vermerkt, daß es bierruhige Vollblüter, sehr elegante Connemaras, rasante Hannoveraner usw. gibt. Eine solche Übersicht kann nur Mittelwerte berücksichtigen. Alle Angaben sind für den Freizeitreiter und seine Bedürfnisse gedacht; der Sportreiter, der von ganz anderen Voraussetzungen ausgeht, wird Vor- und Nachteile anders bewerten. Außerdem ist dieser Überblick nur im Zusammenhang mit dem ganzen Text zu lesen.

Die Schalen der Waage halten sich weitgehend im Gleichgewicht: In dem Maße, in dem die Anforderungen an Größe, Nerv, Turniereignung steigen, steigen auch die Anforderungen an den Halter und an den Reiter. Das gleiche gilt für den Blutanteil: je höher er beim einzelnen Pferd ist, um so mehr Können wird beim Halter und Reiter vorausgesetzt.

"Und welche Rasse lieben Sie selbst am meisten? Welche ist Ihrer Ansicht nach die beste?" werde ich oft gefragt. Weil ich so viele Rassen gesehen habe, so viele unter dem Sattel erproben durfte, meint man, ich müsse darauf eine eindeutige Antwort geben können. Nun gut: *Das beste Pferd ist immer dasjenige, das sich für die jeweilige Situation am besten eignet.*

Die Frager erwarten eine andere Antwort, aber diese bestätigt sich mir mit jeder weiteren Reise und Rasse. Was soll ein Turnierreiter mit meiner "Pinky" (Abb. 89)? Was fange ich mit einem Holsteiner Olympiasieger an? Für den Dressurreiter ist meine alte Isländerin "Héla" Hundefutter - mir ist sie seit sechzehn Jahren hochgeschätztes Reitpferd. Um den Fino-Fino (siehe Abb. 132), den feinsten, kürzesten, leichtesten Tölt des Paso-Pferdes aus Peru wirklich zu schätzen, darf man nicht mein ungeduldiges Temperament haben. Und der Mann, der sich auf einem wuchtigen Württemberger wohlfühlt, käme sich auf einer zierlichen Araberstute hilflos und vielleicht etwas albern vor.

Selbst wenn ich an Pferde denke, denen ich Augenblicke höchsten reiterlichen Glücks verdanke - dem unscheinbaren Traber "Basilius", der bildschönen Amerikanischen Sattler-Stute "Mattie Haynes", einem Hengst des Königs von Marokko, dem isländischen Hengst "Nökkvi", so hätte ich sie als Privatpferde nicht haben mögen: Meine "Situation" ließe es nicht zu; es paßte ihnen entweder unser Klima nicht oder sie brauchten Stall und gekonnteste Pflege oder viel mehr Training, als ich ihnen in meiner begrenzten Zeit geben könnte. (Abgesehen davon natürlich, daß sie alle nicht zu verkaufen waren.) Die vielen, vielen glücklichen Stunden und Tage im Sattel verdanke ich Pferden, die den verschiedenartigsten Rassen angehörten und die ich nicht nach der Rasse aussuchte, sondern nach allen möglichen anderen Gesichtspunkten. Ich kann Ihnen nur raten: Beginnen Sie Ihr Wunschdenken niemals mit einer bestimmten Farbe, Größe, Rasse. Überlegen Sie, was den Rhythmus Ihres täglichen Lebens am wenigsten stört und was Sie in Ihren Gefühlen am unmittelbarsten bewegt - im Schnittpunkt dieser beiden Voraussetzungen finden Sie, mit ein paar Abstrichen hier oder da, am sichersten das passende Pferd.

8. Praktische Beispiele für die Rassenwahl

Seit fünfzehn Jahren hatte ich alle möglichen Rassen geritten und besessen (darunter Angloaraber, Westfalen, Vollblüter, Trakehner, Traber, Dülmener, im Krieg viele Berberhengste), als ich mir nach dem Krieg wieder ein Pferd kaufen wollte. Ich lebte damals neu in der Großstadt, war viel verreist und konnte und kann es nicht ausstehen, wenn meine Pferde von anderen Leuten geritten werden. Welches Pferd paßte sich diesen unabänderlichen Voraussetzungen an? Der aufgestallte, täglich zu arbeitende Vollblüter ebensowenig wie einer der großen Warmblüter. Ich hörte, daß Norweger - damals brandneu - bei einem Stadtrandbauern ganzjährig auf der Weide gehalten werden könnten; niemand mußte sie also während meiner Abwesenheit bewegen. Zwei Voraussetzungen waren erfüllt: sie hätten meinen Lebensrhythmus nicht gestört (mich störte die geringe Größe nicht); und sie bewegten sich selbst. Aber mein höchst persönliches Gefühl beim Reiten sprachen sie nicht an; das hingegen tat "Sóti", ein Isländer, den ich bald darauf kennenlernte und der eine mir damals fremde, brillante Gangart mit lebensgefährlichem Temperament verband. Automatisch rückte er in den Schnittpunkt aller Voraussetzungen: Seine Freiland-Haltung störte meinen Alltag nicht, sein Temperament und seine Gangart bewegten mein Gefühl - das Pferd war gefunden. Der Hof, auf dessen Weiden ich es unterbrachte, beherbergte an die 30 aufgestallte Reitpferde, deren Besitzer mich samt und sonders auslachten. Das ließ und läßt mich kalt. Wichtig sind mir die nunmehr zwanzig glücklichen Jahre mit meinem kleinen, mir so völlig genehmen Pferd.

Vergessen Sie also zunächst die Rasse. Ein Pferd, das Sie in Ihrem alltäglichen und eingefahrenen Rhythmus zu sehr stört, um dessentwillen Sie sich zuviele Unbequemlichkeiten auferlegen müssen, macht Sie auf die Dauer nicht glücklich. Das tut ein Pferd, das Ihnen irgendwie "nicht liegt" auch nicht. Suchen Sie den Schnittpunkt!

Nehmen wir einmal an:

Sie leben absolut ortsgebunden (sind also immer zuhause); Sie sind ein erfahrener und passionierter Reiter. Ihre sechzehnjährige Tochter hat Ihre Leidenschaft und Ihr Talent geerbt und kann von Ihnen gefördert werden. Sie wohnen in der Nähe eines Vereins mit Reithalle; an Ihrem Haus befindet sich bereits ein geräumiger Stall (oder kann leicht erstellt werden); Sie planen Auslauf und entwässerten kleinen Reitplatz. Gefühlsmäßig neigen Sie dem empfindsamen und nervigen Pferd zu (und können es reiten!): Was zögern Sie noch? Auf der nächsten Rennbahn werden Sie am Ende der Saison die Auswahl haben zwischen Vollblutwallachen, die auf den Beinen noch ausreichend gesund, zum Geldverdienen im Rennen nicht schnell genug sind. Ihr Reitpferd wird am Haus von Ihnen und Ihrer Tochter abwechselnd gut gepflegt, dreimal täglich gefüttert und verständig geritten. Weshalb also keinen Vollblüter wählen als Familienpferd?

Oder:

Sie sind viel verreist und wenn Sie heimkommen erschöpft. Nur an den Wochenenden können Sie sich um Ihr Pferd kümmern; zwischendurch würde Ihre Frau nach ihm sehen, wenn es sehr brav wäre und ihr garantiert keine Furcht einflößte. Sie selbst möchten nur Ruhe haben, die Natur vom Pferderücken aus genießen, Rehe beobachten und tief luftholen. Weitere Bedingung wäre ein besonders weicher Gang, da Sie unter Wirbelsäulen-Schmerzen leiden. Das Tier müßte sich in der Woche auf der Weide selber bewegen, also kommt nur ein sehr robustes Pferd in Frage. Bei Gelegenheit hören Sie von einer 6jährigen, gerittenen Norwegerstute. Sie reiten Probe und fühlen sich im Sattel wie im siebten Himmel, während Ihre Frau vom treuen Blick der Ponyaugen schwärmt: Auch Sie werden mit dem Kauf nicht zögern.

Oder:

Sie sind Lehrerin in einer Kleinstadt mit nettem Reiterverein. Eine Kollegin, die Sie schätzen, würde sich an Kauf und Unterhalt eines Pferdes beteiligen. Sie haben beide im Urlaub gute Erfahrungen mit Ungarnpferden gemacht. Der Reitlehrer rät zu: Sie könnten das Tier preiswert in einer Box unterstellen, es umschichtig versorgen und reiten. Es würde in Art und Größe zu den anderen Pferden des Vereins passen; viele schöne gemeinsame Stunden stehen Ihnen vor Augen. Bei einem gut beleumundeten Händler finden Sie einen zähen, zuverlässigen Fuchswallach östlicher Herkunft - und kaufen ihn.

Oder:

Sie erwarten von Ihrem Hobby, daß es Sie zugleich ablenkt und anregt, fühlen sich aber von den herkömmlichen Reitweisen eher gelangweilt. Sie lesen und hören von anderen Reitweisen, anderen Beschäftigungsmöglichkeiten mit Pferden anderer Länder und erfahren, daß völlig fremdartig gerittene Pferde aus den USA zu kaufen sind. Sie schauen sich die Sache ein paarmal gründlich an und sind fasziniert von der Beweglichkeit kompakter, mittelgroßer Pferde, die sich ganz ohne Mundstück, auf ein Fingerzupfen und Gewichtsverlagern hin, drehen und wenden, abschnellen und stoppen. Daß man hier oder da in Reiterkreisen vielleicht "Wildwestmanieren" murmelt, stört Sie - da genügend selbstbewußt - nicht. Und außerdem haben Sie es als Selfmademan im Leben zu etwas gebracht, indem Sie Ihrer eigenen Einsicht folgten: Sie wissen selbst, was Sie wollen. Und kaufen sich ein Westernpferd und vertiefen sich in das Erlernen faszinierender neuer Reitmethoden.

Alle vier werden mit ihrem Freizeitpferd wahrscheinlich so glücklich werden, wie ich mit den meinen: denn die Pferde passen in die Welt ihrer Reiter. Dabei spielt es überhaupt keine Rolle, ob Nr. 2 ein Millionär und Nr. 1 ein Pensionär ist oder umgekehrt. Pferdekauf muß nicht vom Geld abhängen. Es gibt in jeder Rasse preiswerte und kostspielige Exemplare. Sind die Mittel beschränkt, sollte man sich nicht scheuen, bei einem überraschend günstigen Gelegenheitsangebot zuzugreifen, notfalls aber auch ein halbes Jahr länger zu sparen. Wichtiger als Geld sind die erwähnten anderen Voraussetzungen.
Es gibt keine "beste" Pferderasse, und wir haben je gerade deshalb eine so schillernd vielfältige Zahl von Rassen, weil die Reiter, ihre Interessen und die Verwendungswünsche so vielfältig sind!
Ein Pferd muß zu einem passen - wie ein guter Ehepartner. Auch in der Ehe sieht man sich ganz gern einen "blendend aussehenden" Mann im Kino, eine "rassige" Frau in der Illustrierten an. Zuhause aber zählen andere Eigenschaften.

C Größe

1. Meßmethoden

Die Größe *(Höhe)* eines Pferdes wird an seinem *Widerrist* gemessen, und zwar an jener Stelle, wo er am höchsten ist. Es gibt zwei verschiedene Meßmethoden: mit Bandmaß und Meßstock.

Das *Bandmaß* (=bm) (Abb. 97) ist ein zwei Meter langes Zentimetermaß in stabiler, etwa anderthalb Zentimeter breiter Ausführung. Es hat an einem Ende ein Metallplättchen, das man neben den linken Vorderfuß des zu messenden Pferdes legt und mit dem eigenen Fuß festhält. Nun zieht man das straffgehaltene Band am Pferdekörper hoch und legt es auf den Widerrist, wo man die ermittelte Höhe ablesen kann. Der Vorteil des Bandmaßes ist seine Handlichkeit: Man kann es jederzeit in der Tasche bei sich tragen. Sein Nachteil ist eine ziemliche Ungenauigkeit: Das es den Kurven des Körpers folgt, zeigt es bei einem in Weide- oder gar Mastkondition befindlichen Pferd mehr Zentimeter, bei einem heruntergekommenen, abgemagerten Pferd weniger Zentimeter an, obwohl die eigentliche Entfernung des Widerristes vom Boden immer die gleich ist. Selbst bei einem Pferd in durchschnittlicher Kondition weist das Bandmaß gegen das Stockmaß durchschnittlich 7 - 9 cm mehr auf.

Das *Stockmaß* (= stm) (Abb. 97) wird mit dem Meßstock gemessen, einer Art Spazierstock aus schwerem Metall. Den Griff kann man nach oben herausziehen und damit das Maß verlängern; an dieser Verlängerung befindet sich ein herausklappbarer Querstab. Man stellt den

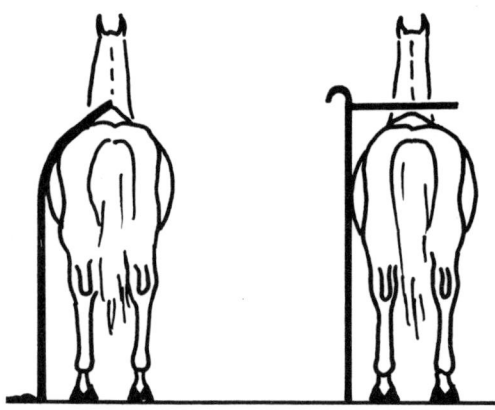

97 *Links: Bandmaß*
Rechts: Stockmaß

Meßstock neben den linken Vorderfuß des Pferdes und läßt die Querleiste vorsichtig auf den Widerrist hinuntergleiten; dann kann man die exakte Stockmaß-Höhe ablesen. Der Vorteil des Stockmaßes ist seine Genauigkeit; Veränderungen der Kondition bleiben bei ihm unberücksichtigt. Sein Nachteil ist a) der beträchtliche Preis, b) seine Schwere. *In diesem Buch sind, der genauen Vergleichbarkeit halber, alle Maße Stockmaße.*

Nun kann man sich aber auch mit sehr geringen Kosten von seinem Schreiner einen praktischen Meßstock selber herstellen lassen: in einen etwa 2 m langen, 3 cm breiten Stab aus leichtem Holz wird eine 1 cm breite Rille gefräst; in diese klebt oder nagelt man ein 2 m langes Zentimetermaß aus Metall. Die Querleiste besteht aus einem ca. 70 cm langen Stab mit breiterem Ende, in welches ein Loch in der exakten Größe des Stabdurchschnitts gebohrt oder geschnitten wird. Man kann diese leichten Teile einzeln mitnehmen (soll der Stab häufig im Auto transportiert werden, empfiehlt es sich, ihn in der Mitte zu teilen und mit einem kleinen Klappscharnier zu versehen); bei Gebrauch ist alles im Nu zusammengesetzt. Dieses handliche Instrument sollte in keinem Stall fehlen: Man mißt bei Fohlen das Wachstum, bei eigenen und Gastpferden die Höhe, nimmt es auf Kaufreisen mit (Abb. 98, 99).

Damit das Höhenmaß korrekt ausfällt, achte man darauf, daß das Pferd beim Maßnehmen immer auf einer ebenen, möglichst festen Fläche steht.

Bei Größenangaben fremder Pferde erkundige man sich stets, ob es sich um Band- oder Stockmaß handelt. Im ersten Fall muß man bei kleinen, dünnen Pferden 5 - 7 cm, bei großen, dicken etwa 9 - 11 cm abziehen, wenn man das ungefähre Stockmaß errechnen will. Der Einfachheit halber sollte man von vornherein nach dem Stockmaß des betreffenden Tieres fragen.

Nun sagt aber die Höhe allein nicht genug über den Körperbau - und das Kaliber - eines Pferdes aus. Um einen Eindruck vom *Kaliber* zu bekommen, mißt man außerdem Brustumfang (Abb. 100) und Röhrbeinstärke (siehe Abb. 15).

Zur Ermittlung des *Brustumfanges* legt man das Meßband knapp hinter den Vorderbeinen einmal um das ganze Pferd herum. Selbstverständlich drückt sich auch hier die Kondition in verschiedenen Zahlen aus: Eine hochtragende Stute mit Weidebauch hat natürlich einen wesentlich größeren Brustumfang als eine Vollblutstute in Rennkondition! Um von diesen schwankenden Maßen möglichst unabhängig zu sein, mißt man möglichst dicht an den Vorderbeinen.

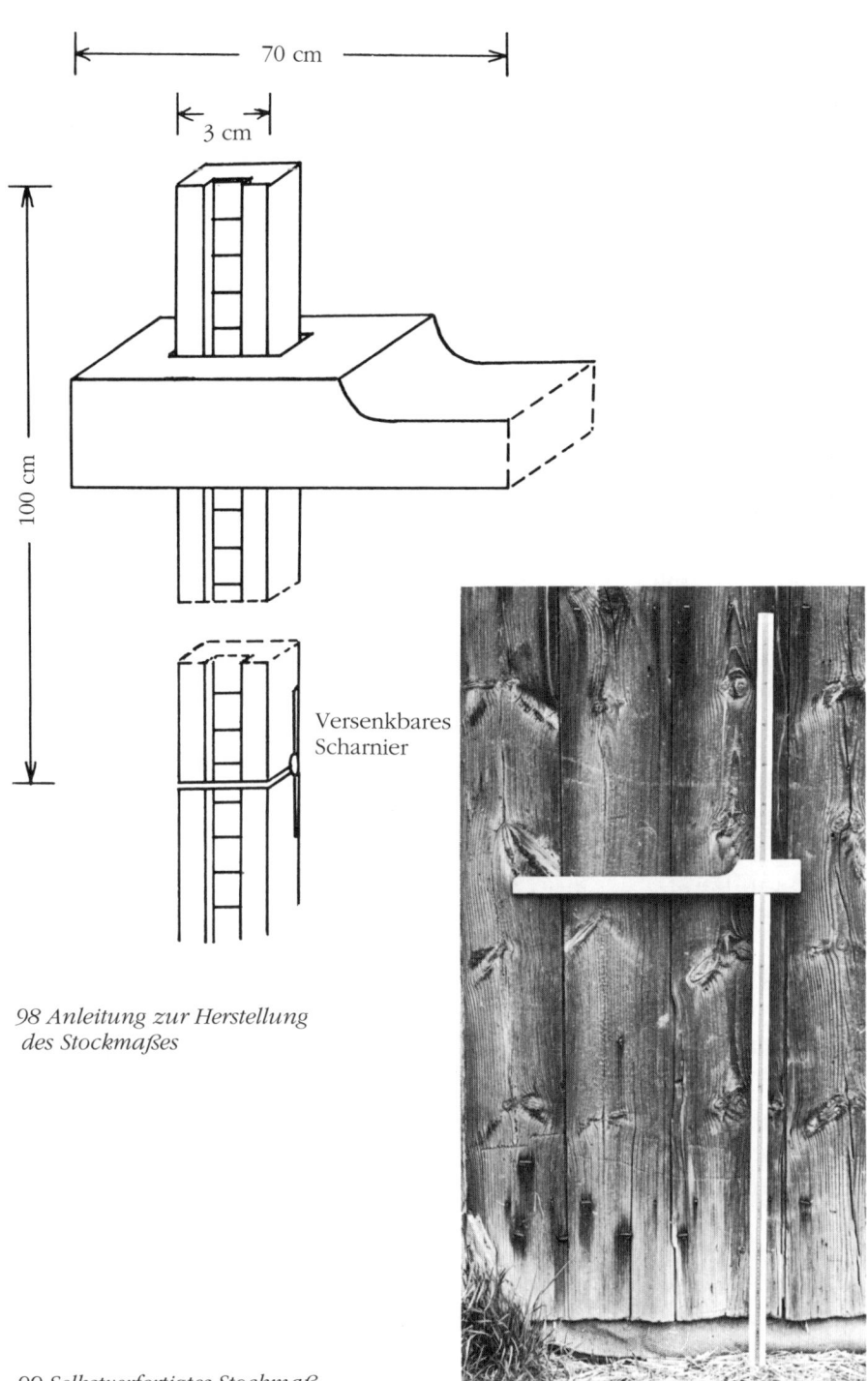

70 cm

3 cm

100 cm

Versenkbares
Scharnier

98 Anleitung zur Herstellung
des Stockmaßes

99 Selbstverfertigtes Stockmaß

132

Trotzdem gilt als echter Brustumfang nur der in Normalkondition gemessene.

Die *Röhrbeinstärke* wird direkt unter dem Vorderfußwurzelgelenk (nicht "Knie") gemessen. Sie sagt Entscheidendes über die Knochenstärke aus und ist für den Freizeitreiter insofern bedeutsam, als sie ihm mehr als alles andere verrät, ob sich ein ziemlich kleines - niedriges - Pferd auch für einen ziemlich großen Reiter eignet. Nur Pferde mit stabilem Fundament und entsprechendem Röhrbeinumfang sind Gewichtsträger. Viele robuste Ponys haben Röhrbeine, deren Umfang die manches großen "Windhundes" übertrifft. Ein im Umfang zartes Röhrbein darf nur der *reinrassige Araber* haben: Die Substanz seiner Knochen ist dichter als die aller anderen Pferde; er allein kann auch bei weniger umfänglichem Röhrbein viel Gewicht tragen. (*Vorsicht bei Kreuzungen*: Hier kann es durchaus sein, daß der Umfang des Röhrbeins vom Arabervater, die Knochensubstanz aber von der Warmblut- oder Ponymutter vererbt ist. Das bedeutet, daß die Tragkraft der Knochen weit unter der jedes einzelnen Elterntieres liegt! Unsere Züchter erachten das als nicht sehr wichtig, da sie lediglich jugendliche Reiter im Sinn haben, wenn sie solche "veredelten" Reitpferdchen produzieren. Erwachsenenpferde entstehen so jeden-falls nicht, selbst wenn die reine Höhe passen würde.)

Und wenn wir schon beim Messen sind, legen wir das Band auch um die *Flanken* noch einmal an (Abb. 100). Sind bei einem Pferd in guter, straffer Gebrauchskondition Brust- und Flankenumfang gleich, so wird das bei Jagdpferden sehr geschätzt. Bei einem normalen Pferd sollte der Flankenumfang etwa 5 cm geringer sein als der Brustumfang; 7,5 cm weniger sind gerade noch akzeptabel; 10 und mehr cm weniger sind ein Fehler, der dem erwachsenen Reiter zeigt, daß es

133

sich um einen "Windhund" handelt. (Meist sind dann auch die Beine zu hoch und zu dünn, die Flanken aufgezogen. Kein stabiles Erwachsenenpferd!)

2. Größe als Maßstab bei der Wahl des Pferdes

Wie groß soll unser Freizeitkamerad sein? Diese Frage sollte nie nach Prestigegründen beantwortet werden, also im Hinblick auf das, was andere Leute - unsere Freunde, Nachbarn, Kollegen aus Beruf oder Verein, der Reitlehrer - darüber denken. Nicht andere Leute sollen ja das Pferd künftig reiten, sondern wir selber! Entscheidend ist einzig die Überlegung, welche Größe für den oder die jeweiligen Käufer am passendsten ist.

Es gibt unter den Pferden Riesen und Zwerge. Englische *Shires,* französische *Percherons* können, wuchtige Kaltblüter beide, bis zu 2 m hoch werden; sie sind die Giganten selbst unter den Schwergewichtlern, langsame, starke Kolosse, die natürlich ebensowenig zum Reiten geeignet sind wie die *Argentinischen Minipferdchen,* die, aus Shetländern herausgezüchtet, ausgewachsen um 65 cm hoch sind. Dazwischen nun verteilen sich die "möglichen" Größen für Reitpferde. Hierzulande können Pferde kaum je zu groß sein: Wegen der immer höheren Hindernisse im Sport werden vom Züchter immer größere (unnatürlich größere) Pferde gefordert. Problematisch ist dabei die Frage nach dem Verbleib jener Pferde, die zwar 170 cm

101 Vom Riesen bis zum Zwerg: Shirehorse 200 cm/ Reitpony 140 cm/ Minipony 65 cm

groß, aber für den Sport nicht talentiert genug sind. Für den Freizeitreiter sind sie zu groß, zu unhandlich und zu anspruchsvoll in der Haltung. Züchtet man uns deshalb praktischere, kleinere Pferde? Beileibe nicht. Es werden wohl Kinderponys gezüchtet - doch den Markt für ungezählte handliche kleinere Reitpferde läßt man sich entgehen! Kleine Pferde sind im deutschsprachigen Raum suspekt - und das nicht nur wegen der Höhe der Hindernisse, die die meisten Käufer ohnehin niemals springen.

In Deutschland sind Pferde von mehr als 165 cm aus der Tradition der Kavallerie heraus beliebt. Seit der Vorliebe des Soldatenkönigs Friedrich Wilhelm I. (1713 - 40) ging der Drang von Garde und Kürassieren "in die Höhe". Dem kam entgegen, daß der Boden hier vielerorts schwer ist und zu seiner Bewirtschaftung schwere, große Pferde erforderte. Überdies besaß Deutschland (wie auch Österreich und die Schweiz) keine überseeischen Kolonien, deren Truppen samt ihnen Offizieren auf kleinen einheimischen Pferden beritten waren. In der Vorstellung der Briten und Franzosen etwa haftet dem 135 bis 155 cm hohen Pferd durchaus kein Makel an: im Gegenteil, ihre Offiziere befehligten z. B. in Nordafrika oder Indien jahrhundertelang Regimenter auf heimischen Pferden von oft nur 130 cm Höhe. So gewöhnten sie sich an das wendige kleine Pferd und lernten seine Vorzüge schätzen. Die Engländer lernten außerdem auf solchen Ponys Polo zu spielen.

Ich selbst erlebte es auf englischen Jagden, wie das Feld bunt gemischt war: Da ritten Erwachsene auf mächtigen Huntern - und auf Cobs von 140 cm; es ritten Kinder auf Vollblütern und der Milchmann auf seinem Fellpony, und niemand kümmerte es, solange alle der Meute folgen konnten. Die Zwangsvorstellung, daß ein großer Mensch auf ein großes Pferd (und ein reicher gar auf ein noch größeres) gehöre, ist aus Unkenntnis der Welt entstanden. Der Erfahrene reitet, was ihm persönlich am besten paßt.

3. Größe und Handlichkeit

Größe an sich ist immer problematisch, die zu hohe wie auch die zu niedrige. Gehen wir davon aus, daß das Familienpferd überwiegend von verschieden alten, verschieden starken, verschieden erfahrenen Familienmitgliedern versorgt wird - sei es nun gleich hinter dem Haus, sei es im ländlichen Gemeinschaftsstall -, dann spielt die *Handlichkeit* eine große Rolle. Ein noch so gutmütiges Riesenroß aber ist weniger handlich: Es liegt beim Führen, Verladen, Satteln, beim Hufereinigen und Beschlagen schwerer "in der Hand", seine Bewegungen sind nachdrücklicher und brauchen mehr Raum; schlägt es aus Angst oder Übermut mit dem Kopf, so kann es ein Kind oder einen älteren oder nicht gar so mutigen Erwachsenen heftig erschrecken, bei einem furchtsamen oder erschrockenen Satz zur Seite kann es sie umreißen. Ein Schlag seiner Hufe hat mehr Wucht, der größere Huf am längeren Bein reicht weiter und trifft härter. Drängt das große Pferd - was auch die umgänglichsten tun - zum Futter in den Stall und drängt dabei den unerfahrenen oder schwachen Führer gegen die Tür, so hat das schwerwiegendere Folgen als bei einem handlicheren Pferd. Bei Untugend oder gar Bösartigkeit des zu großen Pferdes multipliziert sich das alles noch um ein Vielfaches.

Für den Reiter ist der Sturz von einem großen Pferd meist gefährlicher; die Gänge des großen Pferdes sind nicht so leicht auszusitzen, seine Kraft macht dem Reiter rein körperlich mehr zu schaffen, nicht nur beim Zurückhalten der Eifrigen, sondern mehr noch beim Antreiben der Faulen! Mir könnte man ein Pferd von über 155 cm nicht einmal zum Geschenk machen: mein kranker Rücken hielte ihm nicht stand. Einer meiner Freunde, vermögender Chirurg und sehr guter Reiter, lehnte einen wunderbaren großen Vollblüter mit der gelassenen Bemerkung ab, daß er brotlos sei, wenn ihm das temperamentvolle große Pferd auch nur den Daumen zerquetsche. Er ritt genüßlich einen Irländer.

Freilich kann ein kleines und dabei hoch im Temperament stehendes Pferd dem Besitzer gleichfalls gehörig zu schaffen machen.

Größe, Temperament und Rasse sollten stets als Einheit gesehen werden: Nur wenn alle drei "stimmen", hat der Freizeitreiter ein befriedigendes Pferd gefunden.

4. Klein und "klein"

Größenunterschiede können sehr verschiedene Ursachen haben und sich infolgedessen unterschiedlich auswirken. Klein von Natur und von altersher sind jene Urigen, die seit Jahrhunderten, wenn nicht seit Jahrtausenden, in den meist abgelegenen Zuchtgebieten ihrer Heimat- den Bergen und Mooren Englands, Schottlands, Irlands, Islands, Skandinaviens, des Balkans, den Weiten Polens und Rußlands, den Wüsten Arabiens und Nordafrikas selbständig im Herdenverband aufwachsen. Klein von Natur sind auch jene Rassen der außereuropäischen Welt, die unter harten Klimabedingungen im Wuchs zurückblieben: am Äquator wie in Eislandschaften Sibiriens; sie alle pendelten sich zwischen 130 - 140 cm aus. Diese Größe ist, weltweit gesehen, die verbreitetste unter den Pferden. Sie sind aber nicht nur kleiner als unsere heimischen Stallpferde, sie sind *anders:* Sie reagieren anders auf Auswirkungen der Natur, der sie ja so viel enger verbunden sind, sie reagieren oft auch selbständiger, da ja an viel mehr Selbständigkeit gewöhnt; sie sind - menschlich ausgedrückt - im Kern vernünftiger. Je reinrassiger sie bestimmten urtümlichen - nördlichen oder südlichen - Rassen angehören, um so auffallender unterscheiden sie sich von hiesigen Pferden in Körperbau, Lebensgewohnheiten, Reaktionen und Haarkleid. *Nichts ist falscher, als immer wieder zu versuchen, sie durch Kreuzung dem gewohnten Bild des Stallpferdes anzupassen.* Die Ergebnisse solcher Kreuzungsversuche möchte ich dann "falsche" Kleine nennen. Sie entstanden durch menschliches Eingreifen und durch menschliche Willkür: etwa durch Paarung vollblütiger Hengste mit Pony- oder zu klein gebliebenen Warmblutstuten - oft auch durch häufiges Durcheinanderkreuzen von drei oder vier verschiedenen Rassen - und entbehren häufig der in langen Zeitläufen entstandenen inneren und äußeren Gesundheit. "Kleine" solcher Art sind oft launisch, leicht irritiert, neigen zu Stalluntugenden, sind unter dem Sattel übertrieben heftig oder scheu. Und man kann sie nicht einmal dafür strafen, denn es ist ja der Mensch, der sie so werden ließ. Gelangen sie in die Hand des sehr verständnisvollen Halters und Reiters, der sie regelmäßig und überlegt bewegt, so finden sich auch unter ihnen sicher mögliche Kinderpferde. Zum Familienpferd eignen sie sich jedoch nur bedingt, mögen sie noch so kokett aussehen, noch so korrekt gebaut sein, noch so schwungvoll gehen. *Das Äußere kommt beim Familienpferd immer erst nach dem Inneren.*

Auch bei der Größe würde ich stets raten, von Extremen abzusehen und zunächst ein gutes mittleres Pferd mit vernünftigem Temperament und ausreichend Wetterfestigkeit für Offenstallhaltung während mindestens Dreiviertel des Jahres ins Auge zu fassen.

5. Was ist ein mittleres Pferd?

Beginnen wir uns ernstlich mit dem Gedanken zu beschäftigen, ein Pferd zu kaufen, und hören und sehen wir uns dann um, so stoßen wir auf eine Vielfalt nicht eben durchsichtiger Begriffe. Wir hören von

Pferd, Pony, Robustpferd, Kleinpferd, und diese stehen wiederum im *Reitpferdetyp,* im *Kaltbluttyp,* im *Wagenpferdtyp.* Und alle diese Begriffe werden umschichtig lobend oder abschätzend gebraucht - je nachdem, wer welches Tier an den Mann bringen möchte.

Der Käufer aber steht völlig verwirrt da. Kaufen will er - doch je länger er sich mit der Sache beschäftigt, um so weniger weiß er sich zu helfen. Sind denn nicht alle Pferde Pferde? Und reitbar?

Blicken wir auch hier zur Klärung in die Vergangenheit zurück: Zustände sind ja nicht einfach da, sie haben sich entwickelt. Als die Pferde vornehmer und dabei größer wurden, ergaben sich schließlich zwischen den elitären Offiziers- und Sportpferden von 165 cm einerseits und den züchterisch weniger betreuten Pferden zweiten Ranges (etwa in Landwirtschaft und Transportwesen) andererseits Höhenunterschiede von 20 - 40 cm: Man bezeichnete erstere im Sprachgebrauch als Groß-, letztere als Kleinpferde. (Viele von diesen wurden schon damals aus östlichen Ländern importiert.) Kurz vor der Jahrhundertwende tauchten, über England von den Shetlandinseln kommend, noch viel kleinere Pferdchen bei uns auf, die Shetlandpony hießen. Und einige Jahrzehnte lang gab es drei simple Größenbegriffe: Ponys (bis 120 cm), Kleinpferde (mancherorts auch Doppelponys genannt, bis ca. 150 cm) und eben Großpferde.

Mit dem letzten Krieg brach die Verwirrung ein. Auf der schon öfter erwähnten Suche nach dem handlichen Familienpferd mit ausgeprägter Reiteignung begegneten wir praktischen, mittelgroßen Pferden aus England (Dales, Fell, New Forest, Welsh, Cob u.a.), Irland (Connemara), Island (Isländer), dem Balkan (Huzulen, Konik u.a.). Nach englischem Sprachgebrauch handelte es sich auch dabei um *Ponys.* Die Bezeichnung wurde offiziell gern übernommen, da sie das Produkt schon sprachlich einwandfrei vom heimischen Groß*pferd* absetzt. ("Ein deutscher Mann von Ehre wird sich niemals auf ein Pony setzen", schrieb mir mal ein schlechter Prophet.) Sogar die unserem Dezimalsystem widersprechenden Größenbegrenzungen übernahmen wir: Im britischen Einflußbereich gelten Pferde bis zu 14.2 hands (= 147,3 cm) als Ponys - und bei uns auch. Kürzlich erst rangen wir uns zu einer winzigen Korrektur auf 148 cm durch. Unklar blieb dabei indessen, was aus Pferden wurde, die zwar auch häufig kleiner sind als 148 cm, jedoch keinesfalls als Ponys deklariert werden wollen. Aus den Arabern etwa oder jenen Produkten heimischer Rassen, die das Klassenziel in Punkto Höhe nicht erreichten ...

Das Wort Pony wurde und wird also recht willkürlich angewendet. Außerhalb Europas hat es nur in englischsprechenden Ländern

Bedeutung und entfernt sich dort oft weit von Bedeutungsinhalt und Größenbegriff im Ursprungsland. In Amerika etwa ist jedes in der Umwelt des Cowboys gebrauchte Pferd, ungeachtet seiner Größe, ein Cow*pony*, wie auch der Reiter, ungeachtet seiner Jahre, stets ein Cow*boy* bleibt. Das Wort bezeichnet nun einen Verwendungszweck: auch ein vom Cowboy gerittener Vollblüter wird zum Cowpony.

In den ursprünglichen Zucht- und Gebrauchsländern kleiner Pferde weiß man mit dem Begriff Pony nichts anzufangen: Dort ist ein Pferd eben noch ein Pferd. In der Mongolei etwa, wo eines der zähesten und erfolgreichsten Pferde der Kriegsgeschichte nicht höher als maximal 140 cm wird, oder in Island, wo der stämmige Kamerad des Mannes nie etwas anderes ist als ein "hest" - ein Pferd.

In der *Wissenschaft* vom Pferd möchte der eine oder andere Fachmann die Einteilung von Pferd und Pony wieder anders vornehmen. Seit einigen Jahrzehnten besinnt man sich wieder auf die neben der "Edelpferde"-Zucht existierenden kleineren, zum Teil halbwild lebenden Rassen und versucht dabei die Nachfahren der beiden nördlichen Urtypen als Pony, die der südlichen Typen III und IV (siehe Abb. 12) als Pferd zu klassifizieren. In der Praxis ist das jedoch auch verwirrend, da im Laufe der Jahrtausende zuviele Rassen querbeet Blut der entgegengesetzten Urstämme zugeführt bekamen, meist im Verlaufe und in der Folge riesiger Kriegszüge.

So bin ich mit der Zeit und aus der täglichen Praxis als Herausgeberin der Fachzeitung "Freizeit im Sattel", in der diese Probleme immer wieder Durcheinander schafften, dazu übergegangen, möglichst jede Sonderbezeichnung wegzulassen und Norweger zu sagen statt Norwegerpony, Isländer statt Islandpony usw. Wer sagt schon Hannoveranerpferd statt Hannoveraner?

Was nun den Typ angeht, in dem ein Pferd steht, so haben wir auch hier gelernt, vorsichtiger zu formulieren. Als die Pferde für andere Zwecke gezüchtet wurden als heute, versuchten die Züchter natürlich, die Körperformen stärker herauszuzüchten, die für jene Zwecke von stärkerer Wirkung waren. Das Pferd für Zug und Wagen (Wagentyp) bewegte sich anders als das Pferd für den Sattel (Reittyp): Es setzte die Beine kürzer voreinander, hob sie höher an, und um das effektvoll tun zu können, hatte es einen anderen Körperbau mit steilerer Schulter, längerem Rücken, anders gewinkelter Hinterhand. Vom Reitpferd erwartete der Reiter lange, flache Gänge, einen schwingenden Rücken, Raumgriff u.ä. Nach dieser Definition wäre etwa ein Norweger ein Wagentyp und nicht zu reiten - was, wie wir alle inzwischen wissen, nicht der Tatsache entspricht. Ein Norweger

102 Pferd im Wagentyp (Hackney)

ist sicherlich kein Reitpferd für den höheren Dressursport oder für
Materialklassen von internationaler Bedeutung. Als Freizeitpferd ist er
ausgezeichnet. Und das nicht etwa, weil der Freizeitreiter, der sich
diese Rasse erwählt, schlechter reitet und einen schlechteren Geschmack in bezug auf sein Reitpferd hat als der Sportreiter, sondern
weil er *anders* reitet und *andere* Wünsche hat: Der kürzere Schritt ist
ihm angenehm - er will nicht in Rekordzeit die 40 Meter des
Dressurvierecks zurücklegen, sondern bequem 40 Kilometer am
Wochenende im Freien. Überdies können Typen innerhalb jeder
Rasse durch richtige Wahl und Paarung der Elterntiere milde verändert werden: gerade soviel, daß die guten Eigenschaften des "alten"
Typs nicht verlorengehen, einige Annehmlichkeiten des "neuen"
Typs verstärkt zur Wirkung kommen.

Große Verwirrung stiftet immer noch die Festlegung des Isländers auf
einen Typ: Er ist so rumpfig und oft geradezu plump anzusehen - was
liegt näher, als ihn flugs zum "Kaltbluttyp" zu stempeln? Keiner der
Fachleute, die diesen Begriff in Wort und Schrift anwenden, hat jemals
einen solchen "Kaltblüter" geritten. Ich persönlich bin in der Welt

103 Pferd im Reittyp (Sattler)

kaum explosiveren Typen begegnet als meinem "Sóti", meiner "Héla", beides Isländer.

Vergessen wir die ewige Einteilung nach dem Exterieur, die sich für den Freizeitreiter so oft als falsch erweist. Das Äußere eines Pferdes ist nur ein geringer Teil dessen, was es in seiner Gesamtheit - Bau, Wille, Temperament, Gesundheit - darstellt. Praktikabler scheint mir eine Aufteilung nach *Verwendung* und *Haltungsmöglichkeit:* Sie schafft das Problem für den täglichen Umgang weitgehend aus der Welt.

Der Verwendung nach unterscheiden wir:
Freizeit - (Familien-)pferd,
Sportpferd.
Der Haltung nach unterscheiden wir:
Robustpferd.
Stallpferd.
Im besten Falle ist das Familienpferd robust zu halten, während das reine Sportpferd meist wohl der Stallhaltung bedarf.
Von der Größe her ist eine so klare Unterscheidung kaum möglich:

Es gibt Sportkanonen von 150 cm, (z.B. "Stroller", der 1968 die olympische Silbermedaille ersprang) und Familienpferde, die 165 cm oder 170 cm groß sind.

Kommen wir am Ende dieser Betrachtung auf die Frage des Anfangs zurück, so können wir nun sagen: Ein *mittleres Pferd* ist zwischen 130 und 155 cm groß und kann sehr vielen wie auch gar keiner bestimmten Rasse angehören. An gegenwärtig bei uns vorkommenden Rassen schließt der Begriff ein: Dülmener, New Forest und Welsh über 130 cm, Huzulen, Isländer, Connemara, Haflinger, Cob, Norweger (in England noch Fell, Dales, Highländer), polnische, ungarische, rumänische, jugoslawische Landschläge bis 155 cm, Araber, Halbblut-Araber, Anglo-Araber, Renntraber, kleine Warmblüter hiesiger Schläge sowie Kreuzungsprodukte aus allen diesen Rassen, ferner amerikanische Quarters, Palominos, Paints und Appaloosas.

Was über 155 cm hoch ist, würde ich als *großes Pferd* bezeichnen; dazu gehören unsere einheimischen Warmblüter (Hannoveraner, Westfalen, Oldenburger, Ostfriesen, Württemberger usw.), aus der Schweiz Einsiedler und Freiberger, die Lipizzaner Österreichs und des Ostens (über 155 cm), alle östlichen Schläge und Rassen dieser Größenordnung sowie die meisten Vollblüter.

Was unter 130 cm hoch ist, würde ich als klein bezeichnen oder, um es beim geprägten Begriff zu belassen, als *Ponys:* kleine Dülmener und New Forest, Welsh-Mountain, Dartmoor, Shetländer und Kreuzungen. Zum Reiten eignen sie sich nur für Kinder.

6. Welche Größe ist "richtig"?

Selbst wenn wir nun voraussetzen, daß das gewünschte Freizeitpferd am ehesten unter den Mittelpferden zu finden sein wird, muß man in jedem einzelnen Falle doch Reiter und Pferd zusammensehen. Ein zartes Kreuzungsprodukt von 140 cm kann an Sehnen-, Gelenk- und Knochenstärke einem stabilen Norweger, Isländer, Connemara oder ähnlichen von nur 135 cm erheblich unterlegen sein. Hingegen ist ihm der nur wenig größere, gleich zarte aber ungemein viel stärkere Araber mit den harten Sehnen, der dichten Knochensubstanz und dem zähen Willen wiederum überlegen. Ein Kreuzungsprodukt - ich wiederhole es - *kann* die besten Eigenschaften des besten Elternteils geerbt haben, aber das geschieht so selten, daß ich persönlich Kreuzungen aus den soliden obengenannten Rassen mit Araber-

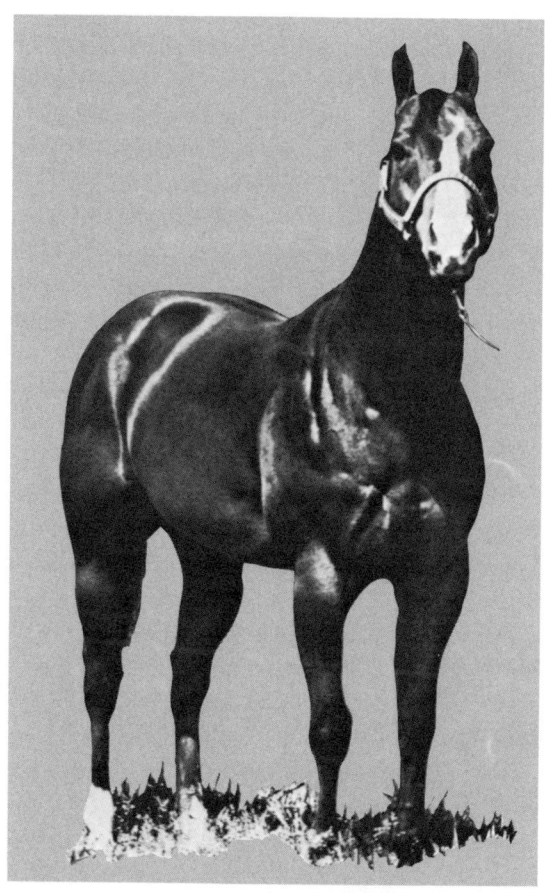

104 Quarterpferd, 145 cm hoch: wuchtig, kalibrig.

(bzw. Vollblut-)hengsten für Reiter mit Gewicht ausschließen würde. Und auch beim Reiter ist die Größe nur einer unter vielen Gesichtspunkten. Ein Mann von 189 cm Größe und 85 kg Gewicht ist erwachsen, eine Dame von 159 cm und 55 kg ist es auch. Welches Pferd paßt also zu wem? Das größere zum Größeren? Weit gefehlt! Vielleicht findet unsere Dame in dem erwähnten Leichtgewichtsträger von 140 cm ein ebenso befriedigendes Reitpferd wie der Mann in einem stabilen Isländerhengst von 137 cm (siehe Abb. 71).

Zum Schluß kommt es dann, wie bei der Rasse, auch bei der Größe darauf an, ein Pferd zu finden, das Ihnen *liegt!* Die Übereinstimmung zwischen Reiter und Pferd hängt beileibe nicht nur von der Größe ab! Ein 155 cm großer Araber kann, schmal gebaut, ein wenig abrupt in der Bewegung, dem Reiter im Sattel vielleicht weniger das Gefühl vermitteln, hoch zu sitzen als ein nur 145 cm großes Quarterpferd, das, nach allen Seiten Muskeln ausladend, mit energischen aber gelassenen Bewegungen Wucht und Substanz repräsentiert (Abb. 104).

Die Frage, welche Größe ich persönlich vorziehe, ist durch das bisher Gesagte wohl schon beantwortet: Mir liegen ganz ausgesprochen Pferde mittlerer Größe. Eine Erfahrung aus weltweiten Reisen und mehr als tausend Sätteln ist, daß Pferde mit den Zentimetern auch die Art wechseln. Die großen (und meist voluminöseren), die man spornieren und wieder zurückhalten, in der Bahn schweißtriefend arbeiten muß, beide Hände am Zügel, die mit wuchtigem Schritt Boden hinter sich bringen, die "Häuser" zu springen vermögen, oft also der Typ des erfolgreichen Turnierpferdes, sind mir einfach "zu viel". Soviel Masse, Schub, Kraft, Höhe möchte ich für mein Vergnügen nicht haben - es ist mir zu (sinnlos) anstrengend. Gewiß sind sie für Reiter mit guter Hand, starkem Kreuz, flexiblem, starkem Rücken, mit viel Kraft und angeborenem Talent für diese Art von Reiten eine echte Freude - nur erfüllen die weitaus meisten Reiter, die das von sich annehmen, diese Bedingungen nicht ...

Das mittlere Pferd liegt von Natur leichter in der Hand. Als Kamerad in der Freizeit paßt es sich handlicher dem Ritt und der Rast an, ist es flinker und trittsicherer auf schmalem Weg, unproblematischer in jeder Lage, weniger kräfteverschleißend und furchterregend. Paart sich die so gewünschte Handlichkeit noch mit genügend Robustheit, um auch ungeschicktere Hände nicht übelzunehmen, mit genügend Stabilität, um mit ungeschickteren Bewegungen des Reiters im Sattel fertigzuwerden, mit genügend innerer Gelassenheit, um dem alltagsstrapazierten Besitzer ungestörten Genuß zu vermitteln, so könnte ich mit kein perfekteres Freizeitmodell vorstellen.

D Gangarten

1. Die Grundgangarten

Ein weiteres wichtiges Merkmal zur Unterscheidung von Pferden ist die ihnen angeborene Veranlagung zu verschiedenen Gangarten. Unsere hiesigen Fachbücher kennen weithin nur Schritt, Trab und Galopp; den - bei unseren heimischen Pferden seltenen - Paß lehnen sie als unreinen Schritt strikt ab. Für den modernen Freizeitreiter aber ist gerade die Tatsache, daß es *weitere Gangarten* gibt, eminent wichtig, und sie spielen beim Kauf immer häufiger eine entscheidende Rolle.

Die Gattung Pferd wurde mit *vier* Grundgangarten ausgestattet; sie kann die Beine bewegen in der Fußfolge von

Schritt
Trab
Paß
Galopp

Nur zwei dieser Gangarten beherrschen *alle* Pferde von Natur aus: Schritt und Galopp. Die Veranlagung zu den mittleren Gangarten Trab und Paß ist unterschiedlich vorhanden. Es gibt Rassen, die außer Schritt und Galopp nur Trab gehen, andere, die außerdem noch den Paß beherrschen, und wieder andere, bei denen der Trab durch den Paß ersetzt wird. Und endlich ist dieser Tatbestand dadurch noch komplizierter, daß viele Pferde von Natur aus oder durch entsprechende Schulung dazu neigen, Trab und Paß zu "brechen" und so Takt und Wirkung nachhaltig zu verändern.

Schritt (Abb. 105 - 108)

Jedes Pferd der Welt beherrscht vom ersten Lebenstag an den Schritt. Er ist die langsamste der Gangarten: Beim Weidetier Pferd ist er die *Gangart der Nahrungsaufnahme*. Die Füße setzen einzeln und nacheinander auf, wobei sich die einzelnen Hufe nur geringfügig vom Boden abheben:

hinten links
vorn links
hinten rechts
vorn rechts

(Wir werden die Schrittfolge bei allen Gangarten stets mit dem linken Hinterfuß beginnen.)

Beim dressurmäßigen Reiten unterscheidet man den versammelten, den Mittel- und den starken Schritt; der Freizeitreiter wünscht sich fürs Gelände den Schritt frei, eifrig und nicht zu kurz. Der Takt des Schrittes ist gleichmäßiges 1-2-3-4. Der Schritt ist dem Pferd am bequemsten: Das Körpergewicht ruht fest auf zwei Hufen, der dritte rollt sich - noch stützend - ab, während der vierte vorgreift. Diese Gangart ermüdet am wenigsten; das frei lebende Pferd bewegt sich überwiegend in ihr fort. Unter dem Reiter fällt es vielen Pferden hingegen besonders schwer, einen eifrigen, räumenden Schritt zu gehen.

Trab (Abb. 109 - 114)

Von der Geschwindigkeit her gesehen ist der Trab eine der mittleren Gangarten: gleich schnell wie der Paß, normalerweise langsamer als der Galopp. Nicht alle Rassen beherrschen den Trab; er kann durch den Paß ersetzt werden. Beim Trab fußen jeweils zwei Hufe zugleich auf - die jeweils *diagonalen* Beinpaare heben ab oder setzen auf:

> hinten links/vorn rechts
> hinten rechts/vorn links

Der Trab ist ein Zweitakter: 1-2, 1-2. Der Dressurreiter unterscheidet Grade der Versammlung und Geschwindigkeit: versammelten Trab, Arbeitstrab, Mitteltrab und starken Trab. Außerdem gibt es den extremen *Renntrab* der Bahn, eine Spezialität der Vollbluttraber-Rasse.

Paß (Abb. 121 - 124)

Der Paß ist ebenfalls eine mittlere Gangart. Er ist sehr vielen Pferderassen der Welt angeboren und ersetzt und/oder ergänzt oft den Trab. Der reine Paß ist eine *laterale* Gangart - das heißt, es bewegen sich jeweils die beiden Beine der gleichen Seite gleichzeitig:

> hinten links/vorn links
> hinten rechts/vorn rechts

Auch der Paß ist ein Zweitakter: 1-2, 1-2. Da er sich dem Gefüge der klassischen Reitlehre nie einpaßte, gibt es keine ausdrücklichen Unterschiede der Versammlung mit vorgeschriebenen Abständen des Auffußens. Seine leicht schaukelnde Seitwärtsbewegung läßt auch keine starke Versammlung zu. Hingegen ist er in der Geschwindigkeit beträchtlich zu steigern. In Amerika werden, gleich denen im Trab, auch Wettrennen im Paß (pace) veranstaltet.

Galopp (Abb. 115 - 120)

Jedes Pferd der Welt vermag schon ganz kurze Zeit nach der Geburt zu galoppieren. Der Galopp ist die schnellste Gangart: die *Gangart der Flucht* - und deshalb für alle Pferde lebensnotwendig. Jede Phase beginnt mit einem Hinterfuß - es folgen gleichzeitig: der andere Hinterfuß und der zu diesem diagonale Vorderfuß - dann setzt der verbleibende Vorderfuß auf. Der Galopp ist ein Dreitakter: 1-2-3, 1-2-3. Da das Pferd den Bewegungsablauf mit jedem der beiden Hinterfüße beginnen kann, unterscheiden wir den Rechts- und den Linksgalopp. Verwirrend ist dabei, daß sich die Bezeichnung nicht auf den Hinterfuß bezieht, der den Bewegungsablauf beginnt, sondern auf den Vorderfuß, der ihn *beendet*. Die Fußfolge ist für

Rechtsgalopp
hinten links
hinten rechts/vorn links
vorn *rechts*
Linksgalopp
hinten rechts
hinten links/vorn rechts
vorn *links*.

Auch beim Galopp unterscheidet die Dressur versammelten, mittleren und starken sowie Arbeitsgalopp. Auf der Rennbahn wird er zum *Renngalopp* gesteigert.

2. Andere Gangarten

Seit 40 Jahren sammle ich alles, was ich über "andere" Gangarten nur finden kann. So bin ich auf weltweiten Reisen zwei weiteren Möglichkeiten der Pferde, den Takt und das Aufsetzen der Hufe zu ändern, begegnet. (Es mag weitere geben.) Die mir bekannten gehen mit zahlreichen Varianten - alle auf Veränderungen der mittleren Gangarten - Trab und Paß - zurück: wenige auf den Trab, überwältigend viele auf den Paß. Sie bestehen darin, daß die in den Grundgangarten gleichzeitig auffußenden diagonalen (Trab) oder lateralen (Paß) Beinpaare hintereinander auffußen: Trab oder Paß werden gebrochen, aus ihrem Zweitakt wird mehr oder weniger ein Viertakt.

Der gebrochene Trab (Abb. 136)

Er kommt, wie gesagt, selten vor. Mit der Fußfolge

    hinten links
    vorn rechts
    hinten rechts
    vorn links

ist mir nur der *Trocha* bekannt, den einige Rassen in Südamerika gehen. In der Fachliteratur wird behauptet, auch der *Missouri Foxtrot* aus Nordamerika habe diese Fußfolge. Auf allen Zeitlupen-Filmaufnahmen von dieser Rasse sowie bei den Foxtrottern, die ich selber sah und ritt, stellte ich jedoch fest, daß der Vorderfuß eher aufsetzte als der ihm zugeordnete diagonale Hinterfuß. Ich beginne die Schrittfolge deshalb ausnahmsweise mit dem linken Vorderfuß:

    vorn *links*
    hinten rechts
    vorn rechts
    hinten links

Dabei sieht es aus, als knicke das Pferd jeweils vorn ganz leicht ein. Auch trugen die meisten Missouri Foxtrotter den Kopf nicht ganz so hoch wie bei den gebrochenen Gangarten üblich.

Der gebrochene Paß (Abb. 125 - 135 und 137)

Unter allen Gangarten ist der herabmindernd als "Kamelgang" abgetane Paß die variabelste. Die Fußfolge des gebrochenen Passes ist die des Schrittes:

    hinten links
    vorn links
    hinten rechts
    vorn rechts

Damit ist es aber bei weitem nicht getan. Der gebrochene Paß ermöglicht mit dieser Grundfolge eine Fülle unterschiedlichster Gangarten. Seine Bewegungen können sich in Rhythmus, Länge der Einzelschritte und der Pausen zwischen dem Aufsetzen der einzelnen Hufe so sehr unterscheiden, daß die meisten dieser *paßähnlichen Gangarten* nicht einmal mehr an den Paß erinnern. Das geht einwandfrei aus unserer Bildfolge hervor. Den reinsten Paß gehen unter anderem die Rennpasser der Mongolei und Islands (Abb. 121, 123, 124) sowie die amerikanischen Standardbred-Pacer (Abb. 122). Beim gebrochenen Paß setzen die Füße einzeln auf: auch er wird zum Viertakter. Die Phasen zwischen den einzelnen Takten können

148

jedoch sehr unterschiedlich lang sein. Das gilt vor allem für den Wechsel von einer Seite zur anderen.

Beim *Slow Gait* des Five Gaited American Saddle Horse (Abb. 135) ist der Takt z.B. so: 1,2 -- 3,4 -- 1,2 -- 3,4; Fuß 1 und 2 (hinten links, vorn links) folgen einander normal schnell; dann aber entsteht beim Wechsel zur anderen Seite, zwischen 2 und 3 vorn links, hinten rechts, eine Pause. Dadurch entsteht ein leicht unregelmäßiger Gang mit hochzuckender Bewegung der Vorhand und betontem Untersetzen der Hinterhand, ein wenig schaukelnd, langsam und erhaben, aber in sich - also in der Abfolge des eigenen Taktes - klar akzentuiert.

Hingegen ist der *Tölt*, die faszinierendste Gangart des fünfgängigen Isländers (Abb. 126) wie auch des Five Gaited American Saddle Horse (Abb. 137), ein deutlicher Viertakter ohne Pause: 1 - 2 - 3 - 4 - 1 - 2 - 3 - 4 geht es unaufhörlich weiter; Fuß um Fuß setzt auf, hebt ab, greift weit vor oder schlägt weit aus - immer im gleichen Rhythmus: vorwärts, vorwärts ohne Pause; darin Trab und Galopp mit ihren Schwebemomenten (Abb. 113, 115) ganz unähnlich. Identisch mit dem Tölt sind viele in anderen Ländern mit anderen Namen bezeichnete Gangarten wie: Rack, Trippel, Paso, Marcha, Ambladura, Kathiawar, Ahtha-cha.

Der im Renntempo ausgeführte *Rack* (Abb. 129) gilt als die schnellste der Paß-Variationen, der *Fino Fino* des Paso-Pferdes aus Lateinamerika als die kürzeste, zarteste (Abb. 131, 132).

Dazwischen sind den Möglichkeiten einzelner Rassen und Pferde wenig Grenzen gesetzt. Der *Tennessee-Walker* (Abb. 133, 134) zieht das Vorderbein hoch unters Kinn, während der Hinterfuß lange am Boden haftet, dann über den Zeh langsam abgerollt und, flach über dem Boden schleifend, bis zu 120 cm über die Spur des Vorderhufes gezogen wird. Es sieht aus, als befänden sich drei Hufe fest am Boden, einer in der Luft; beim Rack hingegen ist es genau umgekehrt: ein Huf ist fest am Boden und trägt das Körpergewicht, während drei auf- und abfußen oder sich in der Luft befinden. Die Auffassung, der Paß sei "rein", wenn die Hufe einer Seite gleichzeitig den Boden berühren, und der gebrochene Paß sei nur "rein", wenn der Abstand zwischen Aufsetzen und Wegstrecken aller vier Hufe exakt gleich lang sei, stimmt nicht. Zur richtigen Ausführung der jeweiligen Gangart gehört, daß sie ganz klar *dem ihr eigenen* Rhythmus folgt.

Es gibt Rassen, denen eine etwas schaukelnde Seitwärtsbewegung natürlich ist; es gibt solche, die von Natur aus die Hufe im flüchtigen Regelmaß nur auf den Boden tupfen; manchen eignet Erhabenheit und Versammlung, andere entfalten sich schöner im flüssig-flachen

Dahingleiten; von manchen erwartet man, daß sie die Füße nur wenig heben, von anderen, daß sie in gewaltigem Schwung ausgreifen.

Als ich vor 40 Jahren erstmalig vom *Tölt* importierter Isländer hörte und unverzüglich an ihren Standort fuhr und sie ausprobierte, verschlug mir die Andersartigkeit noch den Atem. 15 weitere Jahre galt es in unseren Fachkreisen als absolut verrückt zu behaupten, es gebe außer Schritt, Trab und Galopp noch reine, klar definierbare andere Gangarten. Universitätsprofessoren diagnostizierten den Tölt als Beinkrankheit und Lahmen; Doktorarbeiten zum Thema wurden als unwissenschaftlich zurückgewiesen.

Ja - und nun können wir sie im eigenen Lande sehen, die Tölter aus Island (Abb. 123, 124, 126), die Paso Finos (Abb. 131, 132) aus Zentralamerika, Bolivien, Kolumbien, Puerto Rico und Peru mit den differenziertesten Unterarten des Paso: *Fino Fino, Fino Corto, Paso Corto, Paso Largo*, die Vollbluttraber mit dem kraftvoll-eleganten Tölt (Abb. 130). Wir sehen weitere auf Reisen, daheim auf Bildern, vor allem auf dem Bildschirm, bei Berichten aus fremden Ländern: die Pferde mit dem Trippel aus Südafrika (Abb. 127, 128) und Lesotho, mit *Marcha* (Brasilien), *Ambladura* (Argentinien), aus den USA und Kanada mit *Stepping Pace, Running Walk* (Abb. 133, 134), *Slow Gait* (Abb. 135), *Single Foot* und *Rack* (Abb. 129), mit dem *Kathiawar-*Gang (Indien), dem *Ahtha-cha* (Birma). Ich selber ritt Paßähnliche in der ganzen Welt: in Marokko und Syrien, Arabien und den Randstaaten Chinas, in Südafrika und Amerika. Studien und Berichten entnahm ich, daß auch die Achal-Tekkiner, Turkmenen, Kasacks, Viatkas und andere mehr in Rußland, die Turkmenen und Jafs in Persien sowie viele weitere türkische, mongolische, sibirische Rassen den gebrochenen Paß gehen. In zahlreichen weiteren Rassen schlummern diese Anlagen zu "anderen" Gängen noch, weil man sie zugunsten des Trabs bewußt oder unbewußt unterdrückt. In Südafrika zum Beispiel sah und ritt ich - hierzulande undenkbar - Vollblutaraber mit Slow Gait und Rack (Abb. 128).

Inzwischen interessiert sich auch die Wissenschaft lebhaft für die Gangartenprobleme; eine Habilitationsschrift zum Thema ist geschrieben; neueste elektronische Meßmethoden geben immer ge-

---

105 Fohlen (Andalusier): Freier, leichter, ganz natürlicher Schritt
106 Dressurpferd (Hannoveranerhengst "Liostro"): Stark versammelter Schritt bei tiefer Handhaltung
107 Freizeitpferd (Isländer): Williger Schritt am leicht anstehenden Zügel mit Stangengebiß
108 Dressurpferd (französischer Anglo-Araber): Gelöster Schritt am langen Zügel

106

105

107

108

109 Zuchthengst
(Westfale "Bariton"):
Schwungvoller freier
Trab ohne Reiter, Nase
weit vorgestreckt

110 Dressurpferd
(Hannoveranerstute
"Ariadne"): Mitteltrab,
versammelt

111 Freizeitpferd
(Vater Westfälisches
Warmblut/Mutter
Fjordpferd): Freier Trab
am durchhängenden
Zügel

112 Freizeitpferd (Huzule): Kurzer, etwas strammer Trab am langen Zügel, Nase weitestmöglich vorgestreckt

113 Rennpferd (Traberhengst "Ewalt"): Schwebephase im Trab, alle vier Beine vom Boden; gewaltiges Ausholen bei extrem weit vorgestreckter Nase

114 Wagenpferd (Hackney-Pony): Trab mit hoch angezogenen Beinen, durchgedrücktem Rücken, leicht vorgewölbtem Unterhals, hochgenommenem Kopf

115 Rennpferd (Vollblut-
hengst "Fanfar"): Schwebephase im Galopp, alle vier
Beine vom Boden, Kopf
sehr hoch

116 Rennpferd (Vollblut-
hengst "Athenagoras"):
Gestörter Galopp-Viertakt,
mittleres Beinpaar setzt nich
gleichzeitig auf, Kopf sehr tie

117 Freizeitpferd (Vollblut-
Araberstute "El'shaa"): Frei
gelöster Galopp ohne Reiter,
Kopf hoch und frei getragen

118 Freizeitpferd (Islandhengst "Hrappur"): Rechtsgalopp in der Streckphase am mittellangen Zügel

119 Dressurpferd (Schwedischer Warmblüter "Helios"): Stark versammelter Rechtsgalopp am kurzen Zügel, Nase knapp vor der Senkrechten, Hinterhand untergeschoben

120 Polopferd (Ire): Räumender Galopp aus der stark untergesetzten Hinterhand und am langen Zügel, Kopf frei hochgenommen

121

122

123

124

121 "Fliegendes Pferd" (farbige Tonfigur, China, Han-Periode, 25 - 220 n. Chr.): Der Fußfolge nach ein Paßgänger; Haltung und Habitus nach eher ein Töltgänger

122 Rennpferd (Pacer, American Standardbred-Stute "All Alert"): Schwebephase im Paß, alle vier Füße vom Boden

123 Freizeitpferd (Islandwallach "Glaesir"): Rasanter Paß unter dem Reiter

124 Freizeitpferd (Islandstute "Gletta"): Die "Wunderstute", hier 22 Jahre alt, in gewaltig ausgreifendem Paß, die Nase weit vorgestreckt

125 Falkner: Zelt/Tölt in höfischer Vollendung

126 Freizeitpferd (Islandwallach "Dagür"): Anmutig fließender, schneller Tölt mit sehr hoch getragener Nase

127 Freizeitpferd (Buren-
hengst "Casino Star", Südafrika): Trippel (Tölt) "auf den
Zehenspitzen"

128 Freizeitpferd (Vollblut-
Araber, Südafrika): Trippel
(Tölt) in ausgewogener Vollen-
dung, ein Huf am Boden, drei
Hufe schwebend, weit ausgrei-
fend, weit nachschwingend

129 Schaupferd (Five Gaited
American Saddle Horse, USA):
Sehr akzentuierter, energischer
Rack (Tölt) des nervigen Pferdes

130 Freizeitpferd (Tra-
berhengst "Degen"):
Beschwingter, lebhafter
Tölt des ehemaligen
Rennpferdes

131 Freizeitpferd
(Kolumbianischer Paso
Fino-Wallach, USA):
Zarter, schwebender
Paso (Tölt) mit relativ
kurzen Schritten; locker
durchhängender Zügel

132 Schaupferd
(Peruanische Paso-
Stute, USA): Ganz sanf-
ter Paso Fino (Tölt)

133 Schaupferd (Tennessee Walker-Hengst "Midnight Sun", USA, Weltchampion 1945): Markanter, flacher Walk, drei Hufe am Boden, ein Fuß hochgezogen, Hals mäßig aufgerichtet

134 Schaupferd (Tennessee Walker-Hengst "Handshaker's Delight", USA, Weltchampion 1973): Moderner Schau-Walk mit extrem weiten und hohen Bewegungen, Hals stark aufgerichtet

135 Schau- und Freizeitpferd (Five Gaited American Saddle Horse "Friend Beau", Südafrika, südafrikanischer Reitpferdchampion 1965): Slow Gait; sehr deutlich ist die Verwandschaft mit dem Paß zu sehen, doch fußen die Hufe mit klarem Abstand voneinander auf; die Haltung entspricht mit der hohen Aufrichtung und dem sehr tiefen Untersetzen der Hinterhand dem Slow Gait in idealer Ausführung

136 Freizeitpferd (Missouri Foxtrotter, USA): Foxtrot = gebrochener Trab mit diagonalem Fußwechsel; die Vorhand ist deutlich tiefer als die Hinterhand

137 Fußfolge des Tölt (Rack, Trippel, Paso) in 6 Phasen

naueren Aufschluß über Abfolge, Auffußen, Rhythmus und Takt. Kaum ein Fachmann mag sich erinnern, daß er zwei Jahrzehnte lang nicht sah, nicht sehen wollte, was doch so klar zutage lag.

Manchen Pferden kann man den Paß künstlich beibringen, indem man beim Training die Beine jeder Seite aneinanderfesselt. *Das ist im Vorhergehenden nicht gemeint.* Alle erwähnten Rassen besitzen eine so starke natürliche Veranlagung zu Trab- oder Paßvariationen, daß diese vom Reiter nur entwickelt und gefördert werden müssen, so, wie etwa auch ein starker Trab oder ein versammelter Galopp erarbeitet werden. Viele Fohlen laufen schon neben der Mutter auf der Weide im späteren Spezialgang.

Weshalb wissen wir so wenig von den "anderen" Gangarten?

Zur Beantwortung dieser Frage gehen wir, wie schon öfter in diesem Buch, in die Vergangenheit zurück: in jene Zeit vor Straße und Kutsche, moderner Kavallerie und dressurmäßigem Reiten, die wir bereits als eine Zeit des Umbruchs für die Pferdehaltung kennenlernten. Jahrtausendelang war damals das Pferd schon wichtigstes Beförderungsmittel in Krieg und Frieden gewesen; wer schneller als zu Fuß fortkommen wollte, *mußte* es benutzen - auch wenn er alt, krank, schwach, sportlich unbegabt oder am Pferd völlig uninteressiert war. Und dazu waren in den ersten Jahrtausenden der Nutzung des Pferdes als Reittier Sattel und Steigbügel unbekannt; man saß auf blankem Pferd oder allenfalls auf einem Fell.

Die Tatsache, daß man ohne Sattel und schon gar ohne Bügel nur tief "im" Pferd sitzen kann, unterstützt bei Pferden mit der leisesten Veranlagung dazu die gebrochenen Gangarten. Wenn durch das Gewicht des Reiters der Rücken nach unten gedrückt wird, fehlt dem Pferd der zur Diagonalbewegung im Trab erforderliche Schwung; es arrangiert dann seine Beine so, daß die Hufe einzeln hintereinander aufsetzen und, so rotierend, das Reitergewicht gleichmäßig verteilt tragen. Für den Reiter ist das bequem; anstatt vom sich wölbenden Rücken im Trab gestoßen zu werden, bleibt er nahezu erschütterungsfrei im Gleichgewicht sitzen. Auch schwächere oder unsportliche Reiter oder solche mit einem anderen Verhältnis zum Sinn des Reitens, wie im Eingangskapitel dargestellt, können dann ohne große Anstrengung längere Strecken überwinden.

Wem fiele bei diesen Überlegungen nicht sofort ein Beispiel aus unseren eigenen Landen ein: der *Zelter* des Mittelalters, von den Dichtern der Romantik zum milchweißen Roß edler Damen hochstilisiert? Und von den Dichtern früherer Zeiten so geschildert: "Isôten pferd gieng schône im zelt" (Gottfried von Straßburg, um 1210) oder "Sanftecliche und doch im vollen zelt, kom si ritende über velt" (aus dem Parzival des Wolfram von Eschenbach, ca. 1165 - 1220). Ein Zelter war also ein Pferd, das die Gangart "zelt" höfisch-vollendet beherrschte.

Unsere Wörterbücher geben dazu die Erklärung, daß der Zelter Paß gegangen sei; diese Annahme ist indessen falsch. Die Wörterbücher entstanden zu einer Zeit, in der es die mit "zelt" gemeinte Gangart in den meisten westeuropäischen Ländern überhaupt nicht mehr oder nur in weltabgeschiedenen Gegenden (Island, Nordspanien) gab. Wären sie dem Wort bis ins 17. Jahrhundert nachgegangen, so hätten sie entdeckt, daß damals die Bezeichnung "stapf, drab, paß, zelt" jede für sich gebraucht wurden und somit *verschiedene* Gangarten bezeichneten. Wer jemals selbst den Paß im Sattel erfühlte, weiß zudem, daß der langsame Schaukelpaß nicht "schône", der schnelle "volle" Paß alles andere als "sanftecliche" ist (Abb. 124). Paßgehende Pferde strecken, der Mechanik des Ganges entsprechend, zudem die Nase stets vorwärts-abwärts, was einem von Statur kleinen Fürstenpferd des Mittelalters sicher nicht gut angestanden hätte.

Die moderne Sprachforschung hilft uns, der Gangart auf die Spur zu kommen. Um die Zeit, in der in mittelhochdeutschen Texten der "zelt" auftaucht, begegnet uns im Niederdeutschen der "telt". Und im Norwegischen ein "tyltan", das "auf den Zehenspitzen gehen" bedeutet. Im Isländischen schließlich, das direkt auf jene Sprachen zurückgeht, die die Wikinger im 8. und 9. Jahrhundert aus dem skandinavischen und niederdeutschen Raum mitnahmen, wird mit "Tölt" eine Gangart bezeichnet, die schön und sanft ist und auf den Beschauer sehr oft den Eindruck macht, als gehe das Pferd auf Zehenspitzen (Abb. 127, 128). Über die Lautverschiebung führt der Weg schnurgerade vom "zelt" über den "telt" zum "tölt". Der frühmittelalterliche Zelter ist also identisch mit dem heute noch in Island - und anderswo gezüchteten Tölter.

Diese Folgerung wird von der zeitgenössischen mittelalterlichen Kunst bestätigt. Das Bild des "Fuggerpferdes" mit dem fürstlichen Falkner (Abb. 125) zeigt künstlerisch vollendet genau die gleiche Bewegungsphase, die auch Burenpferd (Abb. 127), Araber (Abb. 128), American Saddle Horse (Abb. 129) und Isländer (Abb. 126) zeigen. Vom reinen Paß (Abb. 122 - 124) ist sie weit entfernt.

Alle diese Pferde bieten überdies den exakt gleichen, dem an heutiger europäischer Reitweise geschulten Auge eher befremdlichen Anblick. Der Kopf ist hochgeworfen, der Unterhals stark herausgedrückt, der Rücken weggedrückt, die Nase dicht an der Waagerechten. Im Typ ähnelt das Fuggerpferd am ehesten dem ihm nahe verwandten Isländer: mit bäuerlich-runder Kruppe, kurzem Hals, kräftigen Gelenken und dichtem Fesselbehang. Gleichzeitig ist es dem Künstler gelungen, die sprühende Leichtigkeit wiederzugeben, die den durchgerittenen und gut trainierten Tölter überall auf der Welt auszeichnet. Die Beine zucken kraftvoll hoch, der Kopf nickt, die Vibration des Körpers setzt sich sichtbar in der welligen Kaskade des Schweifes fort.

Damenpferd, Jagdpferd - daneben war, bis zur Neuzeit, der Zelter/ Tölter auch das Reisepferd schlechthin. Selbst die streitbaren Ritter des Mittelalters und der Renaissance bedienten sich seiner unterwegs und ließen den trabenden Kampfhengst vom Knappen an der Hand mitführen.

Die "anderen" Gangarten sind also nicht heutiger fremdartig-exotischer Import, sondern heimischen Ursprungs und nur lange Zeit vergessen gewesen.

Wie aber konnte es zu solchem völligen Vergessen kommen?

Mehrere Faktoren trafen zusammen. Jahrtausende war das "bequem" gehende Pferd in der Überzahl. Erst als im beginnenden Mittelalter aus den Nachkommen des Typ-III-Pferdes (siehe Abb. 12) schwere und immer schwerere Gewichtsträger für Ritter und Rüstung gezüchtet wurden, legte man zunehmend Wert auf stramme Rücken mit großer Tragfähigkeit. Der stramme Rücken aber biegt sich nicht zum bequemen Gang - das Pferd muß traben. Der damit verbundenen Unbequemlichkeit entging man Jahrhunderte dadurch, daß man diese Pferde nur im Schritt oder - beim Turnier - im Galopp ritt. Dies schwere Pferd unserer schweren Böden beherrschte mit der Zeit Landwirtschaft, Transportwesen und Teile der Truppe. Die leichteren Regimenter machten sich im Osten beritten; im gesamten deutschsprachigen Raum gibt es - nach dem Verlust Ostpreußens - überhaupt keine eingeborenen leichten Rassen; unser heutiges Sportpferd wird erst seit kurzem aus mittelschweren bis schweren Landwirtschaftsschlägen durch Einkreuzung von Vollblütern und Arabern herausgezüchtet. Einige Jahrhunderte früher schon hatte sich in der höfischen Reiterei die auf Schritt, Trab und Galopp basierende Hohe Schule durchgesetzt, entwickelte die Kavallerie das Taktieren in geschlossener Formation, die exakt im Gleichschritt gehende Pferde brauchte. Und der um diese Zeit (zwischen dem 17. und 19. Jahrhundert) entwickelte Vollblüter veränderte das Reiten zunächst in seinem Ursprungsland, England, dann auch in den Ländern Kontinentaleuropas sehr einschneidend. Das Tempo wurde nicht nur auf der Rennbahn sondern auch auf der Jagd immer schneller: beim rasanten Querfeldein blieb die Behaglichkeit alter Jagden auf der Strecke - Reiten wurde zum *Sport*. Und in den gleichen Jahrhunderten wurde das Straßennetz in den Ländern Europas grundlegend verbessert; die Kutsche - zumal die mit immer besserer Federung - machte den Gebrauch bequem gehender Pferde weithin überflüssig: in ihren Polstern saß der Reisende noch bequemer. All dies kam zusammen, um den Zeitgeschmack zu wandeln; das trabende Pferd ersetzte das töltende.

In Italien, England, Spanien und Frankreich lagen die Dinge hinsichtlich der Zucht anders. Hier gab es eingeborene leichte Schläge mit genügender Behendigkeit für die bequemen Gangarten. Der spanische Jennet, der britische Ambler, die Paß und gebrochenen Paß gehenden Pferde der Normandie - sie alle hatten eine jahrhundertealte Tradition als komfortable Reisepferde, als sie in die damals besiedelten Länder neuer Welten - nach Amerika und Südafrika - mitgenommen wurden und bei uns verschwanden.

Die Siedler nämlich, die im 17. Jahrhundert aus Westeuropa nach Nord-, Latein- und Südamerika sowie nach Südafrika auswanderten, hatten für höfisches Reiten keinen Sinn; sie kämpften weiterhin in lockeren Scharmützeln, erkundeten und besiedelten riesige Landstriche zu Pferd und brauchten zum Bau eines einigermaßen engen Straßennetzes mehr als 200 Jahre. Sie nahmen die besten Pferde ihrer Zeit in die Kolonien mit: bequeme Pferde, die sie bis heute kennerisch weiterzüchten. Während des amerikanischen Sezessionskrieges zwischen den Nord- und Südstaaten (1861 - 65) etwa rief es im Süden fassungsloses Kopfschütteln und Gelächter hervor, daß sich die Soldaten des Nordens im Sattel ständig auf- und abwerfen ließen. In den Stüdstaaten wurden und werden elegante, große, feurige Rassen mit herrlich bequemen Gangarten gezüchtet, in deren Sattel sich der spanisch-französisch-kreolische Plantagenbesitzer als "Caballero", als "Grandseigneur", als wahrer "Herr" fühlen konnte: Tennessee-Walker (Abb. 133, 134), Saddle Breed (Abb. 129), Plantation-Horse, Missouri Foxtrotter (Abb. 136) und viele andere mehr.

Ich selbst begeisterte mich am Tölt des Islandpferdes und brach 25 Jahre lang eine Lanze für ihn; heute kommen zu den töltenden Isländern töltende Vollblüter hinzu: Traber der Rennbahnen, die sich nach Jahren im Sulky zu sehr spritzigen und leichtfüßigen Töltgängern umschulen lassen (Abb. 130). Das Wissen um die anderen Gangarten ist zurückgekehrt und um ein Vielfaches gründlicher geworden. Wir wissen heute eindeutig und genau, welche Variationen es gibt, wie die Fußfolge ist, welches Gefühl sie dem Reiter vermitteln.

3. Folgerungen für den Freizeitreiter

Zunächst einmal sollte der moderne Freizeitreiter die Gangarten der Pferde, deren Schrittfolge und die vom Gang verschieden geprägte Haltung der Pferde kennen und zudem - wo und wie immer möglich - eigene Erfahrung im Sattel unterschiedlich gehender Pferde zu sammeln versuchen.

Auf dieses Ziel hin habe ich - meines Wissens erstmalig - im Vorangegangenen die Schrittfolge aller zur Zeit bekannten Gangarten definiert und eine möglichst übersichtliche Bildfolge der erwähnten Gänge zusammengestellt. Unvollkommenheiten lassen sich dabei gegenwärtig nicht vermeiden. Sicher werden wir, nachdem sich nun die Forschung erst einmal dafür interessiert, in künftigen Jahren immer exaktere Ergebnisse zum Thema Gangarten erwarten dürfen. Die Bilder sind so ausgewählt, daß sie so klar wie möglich unterschiedliche Gangphasen bei unterschiedlich großen und kleinen Rassen zeigen; wenn dabei einige Rassen häufiger, andere gar nicht vorkommen, so hat das mit Bevorzugung oder Diskriminierung nichts zu tun, - es lagen mir einfach keine anderen Dokumentationen vor. Alle Fotos wurden im Laufe vieler Jahre in aller Welt von mir aufgenommen oder von Freunden dort besorgt.

Gehen und Gehen ist sehr verschieden

Wir Menschen haben nur zwei Füße. Das vermindert die Möglichkeiten, sie aufzusetzen, gegenüber dem vierfüßigen Pferd beträchtlich. Dennoch: Wir können bummeln, schlendern, laufen, rennen, können die Füße mit Grazie oder wie ein Trampel aufsetzen, können voller Energie ausschreiten oder lustlos stolpern. Dicke bewegen sich anders als Dünne, Lange anders als Kurze, Sportler anders als Stubenhocker, Willensstarke anders als Faule.

Das alles trifft auf das Pferd vermehrt zu. Hinzu kommt, daß den Menschen seine Laufweise nur selber angeht, wohingegen sie beim Pferd noch einen zweiten unmittelbar betrifft: den Reiter auf seinem Rücken. Davon daß der Reiter

1. die Gangarten technisch beherrscht (sie also reiten kann) und

2. ein Pferd findet, dessen spezielle Art, die einzelnen Gangarten auszuführen, ihm angenehm ist,

hängt Entscheidendes für die Freuden im Sattel ab. Die Technik des Reitens hat er sich entweder vor dem Pferdekauf angeeignet oder erlernt sie im Laufe der Zeit; das Gefühl, ein ihm angenehmes Pferd gefunden zu haben, sollte beim Kauf den Ausschlag geben.

Die Fußfolge der einzelnen Gangarten besprachen wir zu Beginn dieses Kapitels. Betrachten wir sie nun auf den Bildern, so erkennen wir sofort, daß die in der Abfolge fixierten Gänge eine Fülle unterschiedlichster *Ausführungen* ermöglichen. Sie hängen ab vom Körperbau des Pferdes, Art und Grad seiner Ausbildung, von Rasse und Temperament.

Beginnen wir mit jenem Pferd, das hierzulande als Ideal gilt: Die Abbildungen 106, 110 und 119 zeigen es in jeweilig hoher Vollendung des gleichfalls angestrebten "klassischen" Reitstils. Alle drei Pferde sind groß, elegant, mit schöner Halsung und so durchtrainiert, daß die Nasenlinie kurz vor der Senkrechten verläuft und die Hinterbeine versammelt untertreten. Ohne hier schon auf die Reitweise einzugehen, stellen wir doch fest, wenn wir sie mit den Abbildungen 105, 109, 117 frei in den gleichen Gangarten laufender Pferde vergleichen, daß diese sichtbar *kürzer* geworden sind: Aus der Verkürzung (Versammlung) soll bei dieser Art des Reitens der Schwung zu schönen, erhabenen, flüssigen Gängen und zum eleganten Einklang zwischen Reiter und Pferd gewonnen werden. Hier sind Gipfelformen erreicht, die Kunstwerke sind und anderen Künsten vergleichbar; in der Musik mag ihnen etwa ein schwieriger Operngesangspart, ein meisterlich dargebotenes Klavierkonzert entsprechen - wobei der Vergleich klarmacht, daß man sie mißversteht, wenn man sie als das einzig erstrebenswerte Ziel der Reiterei ansieht. Millionen von Menschen hören zwar gerne eine Oper, ein schwieriges Konzert, ohne selbst singen oder spielen zu können - und ebensoviele mögen sie nicht einmal hören. So ist auch die klassische Dressur als Sonderleistung anzusehen, nicht als einzig richtiges Reiten; die Ausbildung sämtlicher Pferde und Reiter hierzulande nach ihr auszurichten, ist zumindest ein Irrtum. Wer ein Wanderliedchen pfeifen will, muß nicht auf dem Konservatorium ausgebildet werden - und fürs simplere Reiten gibt es in der Welt simplere Vorbilder.

Betrachten wir daraufhin, wie die Hufe ungezwungener und simpler gerittener Pferde aufsetzen, so sehen wir, daß es sich - Abb. 107: Schritt; 111, 112: Trab; 120: Galopp - stärker dem Auffußen frei laufender Pferde - Abb. 105, 109, 117 - nähert. Diese Pferde gehen weniger "versammelt", die Reiter lassen ihnen vorn "mehr Luft", d.h. sie geben den Zügel nach und treiben die Hinterhand (erforderlichenfalls mit touchierender langer Gerte) an. Dem entspricht dann die Kopfhaltung mit weniger senkrechter Nasenlinie. Beim Galopp des Polopferdes (Abb. 120) trägt das Pferd sich gar so, als laufe es reiterlos frei. Und alle die unkomplizierter gerittenen Pferde bieten einen durchaus harmonischen und erfreulichen Anblick und fühlen sich sichtbar wohl. Die Abbildungen 107 und 111 zeigen, wie sich Anlehnung und Schwung auch bei Pferden, die am längeren, loseren Zügel geritten werden, mit zunehmender Übung steigern lassen.

Bild 112 steht dann stellvertretend für alle jene Rassen und Einzelpferde, denen es *infolge ihres Körperbaues* gar nicht möglich ist, in "klassischer" Haltung zu gehen. Der rundliche Huzule mit der etwas steilen Schulter, dem kurzen, dicken Hals, der hier ganz passabel vorwärtstrabt, würde zusammengestellt jene kurzen, harten Tritte produzieren, die man als "Nähmaschinentrab" so gern allen kleineren Kompaktrassen nachsagt. Läßt man sie jedoch frei vorwärtstreten und den Schwung der eigenen Bewegung als Antrieb nutzen, so treten sie für den normalen Gebrauch vieler Freizeitreiter genügend weit und flach vor. Alle diese Vergleiche zeigen dem Freizeitreiter deutlich, daß sich die Zahl der für ihn geeigneten Pferde stark vergrößert, wenn er lernt, andere Maßstäbe an die Gänge anzulegen als bisher üblich.

In diesem Zusammenhang mag man überlegen, daß immer dort, wo es um Rekorde und viel Geld geht, die klassische Haltung ohne Federlesen aufgegeben wird. Der Renntraber (Abb. 113) könnte seine extreme Geschwindigkeit ohne weit vorgereckten, der Hackney (Abb. 114) seine exaltierte Beinhaltung ohne stark hochgenommenen Kopf gar nicht erreichen. Und hier wird die von der sonst so strengen Regel abweichende Haltung auch nicht kritisiert. Was den Rennpferden recht ist, sollte den Freizeitpferden billig sein: daß sie nämlich eine *ihrer Verwendung entsprechende Haltung* einnehmen dürfen und nicht allesamt in das beengende Korsett einer Reitweise gezwängt werden, die weder ihnen noch ihren Reitern wirklich behagt. Was wir hier für die "klassischen" Gangarten Schritt, Trab und Galopp fordern, wird dann ganz unumgänglich beim Paß und seinen Variationen. Dort ist die gänzlich andere Haltung nicht nur von der Verwendung, sondern auch von der *Art des Auffußens* her unbedingt erforderlich. Es ist schlechterdings unmöglich, Paß, Tölt, Rack und so weiter in der Haltung der klassischen Schule zu reiten.

Beim Paß schiebt sich die rechte und die linke Körperhälfte abwech-

selnd vor; dadurch entsteht eine flache Längsbewegung mit starrem Rücken und gerade vorgeschobenem Hals (Abb. 123/124). Der Rennpasser (Abb. 122) müßte, um seine volle Geschwindigkeit zu erreichen, den Kopf mindestens so weit und flach vorstrecken wie sein Vetter, der Renntraber (Abb. 113). Die Haltung, die das herrlich modellierte "fliegende Pferd" aus China zeigt (Abb. 121), ist mir noch bei keinem Paßgänger der Welt begegnet; es fragt sich also, ob der Künstler jener frühen Zeit - vor Film und Foto - dem korrekt paß-gehenden Pferd aus ästhetischen Erwägungen ein stolzeres Aussehen verleihen oder ob er ihm eigentlich die Fußfolge des Tölt geben wollte (wofür die Haltung spricht) und die ein wenig andere Phase verfehlte. Sicher aber ist, daß der Paß nicht mit klassisch unter-geschobener Hinterhand und nahezu senkrechte Nase zu reiten ist. Beim gebrochenen Paß und all seinen Variationen wird, wie bereits gesagt, der Rücken nach unten weggedrückt; die Folge davon ist das Hochwerfen des Kopfes mit herausgedrücktem Unterhals. Diese urtypische Haltung finden wir auf allen Bildern dieser Gangvariationen. Der schwingende, nach unten vibrierende Rücken ist ihr allgemeines Kennzeichen, wie auch der sich wellenförmig bewegende Schweif. In jenen Fällen, in denen Pferde sowohl den Tölt als auch den Trab beherrschen, wird das Umspringen zum Trab oft dadurch erreicht, daß der Reiter die Hinterhand zum Untertreten anregt und den Kopf herunternimmt: der Rücken verfestigt sich, das Pferd geht Trab!
Wir sehen also, daß die für Paß und Tölt, Walk und Slow Gait (und andere mehr) typische Haltung *von der Gangart bestimmt ist.* Auf unseren Bildern unterscheiden wir dabei vier Grundvariationen: *Tölt*, mit den Fremdnamen Trippel (Abb. 127, 128), Rack (Abb. 129), Paso (Abb. 131, 132): ein Fuß befindet sich fest auf der Erde, einer fußt ab, zwei sind in der Luft; *Tennessee Walk* (Abb. 133, 134): drei Hufe mehr oder weniger fest am Boden, einer in der Luft; *Slow Gait* (Abb. 135): zwei Beine am Boden, zwei in der Luft; und *Missouri Foxtrot* (Abb. 136), der eine diagonale gebrochene Gangart ist.
Lassen Sie sich also vom ungewohnten Anblick nicht zu dem Schluß verführen, es müsse nur mal ein "guter Reiter" in den Sattel der Tölter kommen, um sie flugs "richtig" zu reiten! Die meisten der hier im Bild gezeigten Pferde tragen berühmte Reiter im Sattel, Spezialisten, die ihre Pferde so reiten, wie sie geritten werden *müssen*. Je langsamer die Gangart, um so eher kann die Nase heruntergenommen werden, je schneller das Tempo, um so höher fliegt auch der Kopf - die Abbildungen 126 und 130 verdeutlichen es; bei beiden handelt es sich um den Tölt im Renntempo. Der Burenhengst aus Südafrika (Abb.

169

127) huscht wie auf Zehenspitzen dahin, ganz gleichmäßig aus-
schwingend läuft der Vollblutaraber (Abb. 128), sanft und flink tupfen
die Hufe des Paso-Pferdes aus Peru auf den Boden: seine Gangart ist
die verhaltendste dieser Gruppe (Abb. 132).

Wie sich im Laufe der Jahre der Geschmack ändert und Gangarten
um- beziehungsweise ausformt, zeigen zwei Tennessee Walker, die
beide zu ihrer Zeit Weltchampion waren: der Beste von 1945 (Abb.
133) zeigt den Walk in uriger, wuchtiger und eminent bequemer
Form; bis auf den operierten Schweif, dem eine Sehne durchschnitten
wurde, damit er steil hoch getragen wird, zeigt er keinerlei Verfremdung;
er ist noch jenes Pferd, das sich - wie wir schon hörten - die
Plantagenbesitzer des amerikanischen Südens züchteten, um maximal angenehm lange Arbeits- wie auch Feiertage im Sattel zu
verbringen. 1973 hat sich das Bild entscheidend gewandelt: Der
Champion dieses Jahres (Abb. 134) wird vom professionellen Vor-
führer geritten; weit und schwingend und bis zum Exzeß gedehnt und
gestreckt und angezogen bewegen sich die Beine. Pferde dieser
Kategorie sind in der Zuspitzung der Leistung den Spring- und
Dressurpferden höchster Klasse, den Königen unter den Rennpferden, den brillantesten Schaukünstlern vor dem Wagen zuzuordnen;
wie alle diese sind sie beileibe keine Freizeitpferde mehr und alles
andere als bequem zu reiten. Zum Glück ist die größte Zahl der
Walker Freizeitkamerad geblieben.

Im Gegensatz dazu ist der *Slow Gait* auch in der Schau-Form (Abb.
135) noch ein Genuß für den Reiter, der wohlig-gewiegt getragen
wird, von einem Rücken, so breit und gemuldet wie ein Sessel.
"Friend Beau", ein nur 147 cm großer Hengst der Rasse der American
Five Gaited Saddle Horses, gilt als das Pferd mit dem prachtvollsten
Slow Gait der Welt. Die Hinterbeine treten breit und kraftvoll unter,
die Vorderbeine setzen leise stampfend auf, stolz wird der Hals
zurückgeworfen und hoch getragen, die Nase wippt nach oben. Der
Slow Gait ist, wie sein Name sagt, ein langsamer Gang: erhaben,
erschütterungsfrei, doch voller Schwung und vibrierender Energie.
Der *Missouri Foxtrot* schließlich ist ein bequemer Freizeit-Gang. Was
als seine Besonderheit bereits genannt wurde, nämlich daß der
jeweils *vordere* der diagonalen Füße zuerst aufsetzt, verdeutlicht
unser Bild (Abb. 136): Die Körperlinie verläuft von der Kruppe
abwärts zur Schulter. Fußt die Hinterhand zuerst auf, so verläuft sie
von der Kruppe *aufwärts* zur Schulter (z.B. Abb. 135).

Abschließend ist festzuhalten, daß drei der gezeigten Gangarten
jeweils einen *Schwebemoment* haben, in dem sich kein Fuß mehr auf

dem Boden befindet: Trab (Abb. 113), Galopp (Abb. 115) und Paß (Abb. 122, 123). Die übrigen Gangarten kennen keine Schwebephase. Beim Galopp kann es vorkommen, daß - bei Übermüdung, schlechtem oder falschem Reiten oder beim Anhalten aus großer Schnelligkeit (Abb. 116) - aus dem Dreischlag ein *Vierschlag* wird: das mittlere Beinpaar setzt nicht mehr gleichzeitig, sondern deutlich hintereinander auf. - Bei Trab und Paß kommt es häufig vor, daß die gleichzeitig aufsetzenden lateralen oder diagonalen Beinpaare nicht absolut gleichzeitig aufsetzen, sondern der jeweilige Hinterfuß einen Sekundenbruchteil früher den Boden berührt. Das ist aber meist so geringfügig, daß Takt und Klang sich nicht ändern.

Der Reiter soll sich wohlfühlen

Der erste Satz dieses Buches heißt: "Reiten macht Spaß", und durch das ganze Buch zieht sich die Warnung, diesen Spaß nicht durch die Wahl des falschen Pferdes zu verderben. Deshalb stellen wir zu Rasse, Farbe, Größe, Alter und Geschlecht gründliche Überlegungen an und sollten uns vor dem Kauf auch über die Gangarten Gedanken machen. Bis nach dem Zweiten Weltkrieg gab es da nur zu überlegen, ob Schritt, Trab und Galopp des ins Auge gefaßten Pferdes angenehm waren. Seither aber kommt die Erwägung hinzu, ob wir nicht lieber ein Pferd haben möchten, das außer diesen Gangarten auch noch Paß und/oder Tölt geht oder aber als mittlere Gangart nur Paß und Tölt beherrscht: zur Zeit also ein Isländer oder Renntraber (Vollbluttölter), in der Schweiz auch ein lateinamerikanischer Paso.

Wer unbedingt in Halle und Viereck und mit dem Ziel herkömmlicher Ausbildung zur gelegentlichen Teilnahme an Turnieren reiten will, hat die Qual dieser Wahl nicht: Für ihn kommt - wie eh und je - nur ein Pferd in Frage, das Schritt, Trab und Galopp geht. Je besser es dafür gebaut ist - je länger und leichter der Hals, je schräger die Schulter, je schwungvoller der Tritt, je weiter der Raumgriff ist -, um so eher wird es ihm zum gewünschten Erfolg verhelfen. Außerdem muß es dann natürlich ein "Inländer" sein, also ein im Lande geborenes Pferd.

Wer keinen Turnierehrgeiz hegt (oder mit seinem ausländischen Pferd nicht hegen kann), aber die herkömmlichen Gangarten bevorzugt - sei es, weil die Pferde seiner Wahl nichts anderes gehen, sei es, weil er guten Unterricht darin genießt und einem Freundeskreis angehört, der ebenso beritten ist, oder weil er ganz einfach Spaß am Traben hat -, der kann, was das Äußere seines Wunschpfterdes angeht, getrost weniger penibel sein. Haflinger, Connemara, Fjordpferd und

Isländer etwa, mittlere Ungarn und Polen (und wie sie sonst noch alle heißen mögen) haben vielleicht den Raumgriff nicht, der zum Sieg in einer L-Dressur erforderlich ist, und nicht den Schub, der sie über 1,40m hohe Hindernisse trägt, doch kann ihr Trab durchaus weich, angenehm und zugleich ausdauernd sein: lauter Vorzüge, die der Freizeitreiter ohnehin höher einschätzt.

In der Gebrauchsreiterei, die in vieler Hinsicht dem neuen Freizeitreiten Vorbild gewesen ist, versucht man auf verschiedene Weise, den Trab zu umgehen. Den amerikanischen Cowboy-Pferden - Quarter, Appaloosa, Pinto, Palomino - züchtet man den "Jog" an, einen kurzen, verwischten "Hundetrab", den der Reiter, fest in den langen Bügeln stehend, ohne Anstrengung aussitzen kann. Ein weiter, schwungvoller und energischer Trab ist für tagelange Arbeit wie für tagelange Wanderritte viel zu anstrengend. Für den Rinderhirten Nordamerikas sind der Schritt und der kurze, schnelle Galopp am wichtigsten. Der Gaucho hingegen, der Hirte Südamerikas, bevorzugt den "Lope", einen langsamen, flachen, weder Pferd noch Reiter anstrengenden und über Stunden beizubehaltenden Galopp am langen Zügel. In anderen Weltteilen - Asien, Süd- und Mittelafrika - umrundet man die Herden in jener Gangart, die wir unter dem Sammelbegriff Tölt kennenlernten. Wie bei so vielen Gesichtspunkten zur Beurteilung von Freizeitpferden werden also auch die Gangarten anderswo ganz anders eingeschätzt als bei uns.

Schritt und Galopp sind insofern problemloser, als sie den Reiter im Sattel nicht werfen. Beim sehr schnellen Galopp soll der Reiter zwar den Sattel entlasten und sich in die Bügel stellen, doch sollte das perfekte Freizeitpferd zum sehr schnellen Galopp nur ausnahmsweise und nur vom geschulten Reiter (und absolut niemals zu Wettrennen!) gefordert werden. Seine Domäne ist in aller Welt der erhabene, runde, anmutige Schaukelgalopp, der den Reiter gleichmäßig und behaglich fortträgt und der leider hierzulande noch viel zu wenig bekannt ist.

Werden Tölter oder Passer zum Kauf angeboten, so muß der Käufer - das sei wiederholt - bedenken, daß sie ihn weithin von der Teilnahme an Turnier-Wettbewerben ausschließen. Jagden zu reiten ist jedoch möglich, da töltgehende Pferde auch galoppieren und aus dem Galopp heraus Hindernisse überwinden können. Somit kann auch der vereinsgebundene Freizeitreiter den Erwerb etwa eines Vollblutölters vom Gebrauch her durchaus erwägen. Zudem sind Bestrebungen im Gange, das Angebot an offiziellen Wettbewerben für Freizeitreiter zu erweitern und auf ihre speziellen Wünsche abzustellen. Die Islandreiter haben sich schon seit Jahren selbständig gemacht und veranstalten eigene Treffen mit Ausschreibungen bis hin zu Europachampionaten für Tölter und Passer, Vier- und Fünfgänger.

Tölter aller Art erobern sich den Markt für Freizeitpferde in ganz Amerika, Afrika und Teilen Vorderasiens. Vom Tennessee Walker schreibt ein Allround-Pferdemann in den USA, was von den Isländern und Vollbluttöltern hierzulande auch gilt: "Nichts hat je einen ängstlichen, zögernden Reiter schneller beruhigt und wieder zuversichtlich gemacht, als der Ritt auf einem Walker; keine Gangart hat der Pferdewelt eine größere Zahl treuer Bekehrter zugeführt als diese. Ängstliche Neulinge oder Reiter, die im Banne unglücklicher früherer Erlebnisse eine Scheu vor Pferden haben, oder auch geübte, erfahrene Reiter, die vielleicht einen gefährlichen Sturz erlebten oder infolge von Krankheiten nicht mehr reiten möchten oder die es infolge fortschreitenden Alters nicht mehr zu können glauben: sie alle erleben zunächst ein wundervolles Gefühl der Sicherheit und bald auch das wiedererwachende Vergnügen an einem Sport, den viele schon verzweifelt aufgegeben hatten. Und das alles wegen der flüssigen Bewegung und des stoßfreien Rittes, den der Walker ihnen schenkt." Das ist der Vorzug aller Tölter.

Was so beruhigend und sichermachend beginnt, muß beileibe kein bloßes Sich-tragen-lassen sein; mit zunehmender Sicherheit des Reiters und zunehmendem Training des Pferdes kann der Tölt exquisites reiterliches Vergnügen bereiten. Sein Rhythmus ist sowohl erregend als auch - in langer, gleichmäßiger Wiederholung - entspannend: sehr neu, sehr erfrischend. Weit entfernt von jeder Eintönigkeit, bietet die Gangart je nach Temperament, Größe oder Veranlagung des Pferdes eine Fülle von Unterschieden: die Füße können stoßend, leise stampfend ode fast vibrierend flüchtig, kräftig oder gleichmäßig kreiselnd aufsetzen, der Rhythmus kann eilig oder fast träge sein. Immer aber sollte ein guter Tölt ein Lächeln ins Gesicht des Reiters zaubern ...

Die Entscheidung darüber, ob man einen Tölter kaufen will, sollte unbedingt erst dann fallen, wenn man einen, oder besser noch, mehrere, geritten hat! Nur im Sattel erfährt man den eigenartigen und hohen Reiz dieser Gangart. Sich beim bloßen Zuschauen über töltgehende Pferde und die Weise, wie sie fremdartig und ungewohnt (sehr häufig mit den Vorderbeinen bügelnd) die Beine bewegen, zu mokieren, ist töricht. Keine andere Gangart ist so bequem, kaum eine andere so von Pferd zu Pferd verschieden - weshalb man, wie gesagt, stets mehrere Tölter ausprobieren sollte. Ein guter Tölter sollte ohne sichtbare Anstrengung eine mittlere Geschwindigkeit längere Zeit durchhalten; gerade dafür wurde er in all seinen Varianten ursprünglich gezüchtet: angefangen vom Isländer, auf dem *lange Strecken* überwunden werden mußten, bis hin zum Walker und Sattler, auf denen der Reiter *lange Zeiten* seine Felder inspizierend zubringen mußte. Hohe Geschwindigkeiten werden nur bei Wettbewerben verlangt. Der Freizeitreiter sollte größeren Wert auf Taktklarheit und Reinheit des Tölt legen als auf Schnelligkeit.

Daß ich persönlich diese Gangart liebe, ja, sie allen anderen vorziehe, geht aus dem Gesagten wohl hervor. Ich werde es seit über 40 Jahren nicht müde, ihren Reizen in der ganzen Welt nachzuspüren, der Musik des Auffußens zu lauschen, dem flinken Klicken der Hufe oder dem entschiedenen Aufsetzen von Fuß um Fuß in klar akzentuierter Folge, und dabei mit dem ganzen Körper zu spüren, wie brisanter Vorwärtsdrang so überaus leicht zu bändigen ist, wie Pferd und Reiter sich spielerisch einigen. Natürlich gehört dazu ein gut trainiertes Pferd und ein einfühlsamer Reiter; doch hat mich jahrelange Erfahrung gelehrt, daß gerade der unvoreingenommene Freizeitreiter sich in den Tölt schnell einfühlt.

Ein Pferd, das nur oder vornehmlich Paß geht, ist unter dem Sattel weniger erfreulich. Infolge der gangbedingten Längsrichtung seines Körpers ist es nur schwer zu biegen; im langsamen Tempo wird der Reiter unangenehm geschaukelt; der flach geradeaus gestreckte Hals läßt sich kaum aufrichten, und der Reiter hat "wenig vor sich". Der Paß im Renntempo wird zwar von einigen Spezialisten dieser Gangart sehr geschätzt, doch kenne ich persönlich kaum einen Rennpasser, der sich angenehm lenken ließe; zudem ist der Rennpaß nur über ganz kurze Strecken durchzuhalten. Bei einigen Pferden läßt sich der Paß zu einem angenehmen Tölt umschulen.

Zum Schluß möchte ich gerade hinsichtlich der Gangarten den dringenden Rat geben, *alle Pferde*, die man zu kaufen erwägt, *selber im Sattel auszuprobieren*. Dazu braucht man kein guter Reiter zu sein, ja, man muß überhaupt nicht reiten können. Es gibt Beziehungen zwischen Reiter und Pferd, die sich unmittelbar übertragen und für das künftige Wohlbehagen beider wichtig sind.

Selbst der Nichtreiter merkt, auf welchem Pferd er am angenehmsten sitzt, welche Rückenbreite für seine Beine am passendsten, welche Höhe ihm am wohligsten ist; er merkt, ob sich das Pferd willig in Bewegung setzt, ob es träge ist oder davonstürmen möchte; er merkt, ob es ihm Vertrauen einflößt oder ihn nervös oder ängstlich macht.

Und er sollte sich auf diese Empfindungen verlassen. Auch wenn er Trab und Galopp nicht richtig reiten kann, sollte er zuversichtlich spüren, daß er es auf diesem bestimmten Pferd vertrauensvoll lernen möchte.

Ein Beispiel nur aus langer Praxis:

Vor vielen Jahren war ich dem Vater einer kinderreichen Familie beim Aussuchen passender Pferde behilflich. Wir suchten lange, und die Pferde wurden mehrfach getauscht. Stets traf der Vater die letzte Entscheidung. Als dann für das siebenjährige Nesthäkchen, das sich grad gut und wohl im Sattel halten konnte, auf die gleiche Weise ein Pferd gesucht wurde, stellte ich die Bedingung, daß es allein entscheiden sollte. Nach mehrfachen kurzen Ausflügen ins Gelände wählte es einen eher mickrigen Fuchs, der den Vater veranlaßte, die Hände zu ringen, dem Kind aber offensichtlich spontan Zuneigung einflößte. Dieses Pferd wurde nicht wieder umgetauscht; das heute bereits große Mädchen reitet es immer noch mit der gleichen Liebe.

Alle Gangarten haben eine große Variationsbreite: Sie können kurz oder ausgreifend, schnell, weit, schwingend oder bummelnd sein, abgehackt oder rund, und ein sehr guter Reiter kann innerhalb der dem einzelnen Pferd angeborenen Fähigkeiten Schritt, Trab, Galopp, Tölt oder Paß verbessern. Nur sind die meisten Freizeitreiter - zumindest in den ersten Jahren - keine sehr guten Reiter. Sie sollten sich stets vor Augen halten, daß *Reiten zu 90 Prozent Bewegung ist* und *daß beim Reiten zwei Körper in der Bewegung miteinander harmonieren* müssen. Deshalb ist es so eminent wichtig für sie, vor dem Kauf auszuprobieren, ob die Gangarten so, wie das Pferd sie von sich aus anbietet, dem eigenen Körper angenehme sind oder nicht. Kein noch so erfahrener Fachmann, kein bester Freund kann diese Entscheidung für uns treffen! Und das schönste, eleganteste, bestgezogene, teuerste Pferd taugt nichts, wenn sich sein Reiter nicht wohl darauf fühlt.

E Geschlecht und Zuchttauglichkeit

1. Der Hengst

Der Hengst ist das männliche Pferd. Etwa die Hälfte aller neugeborenen Fohlen sind Hengste; doch von diesen werden später nur
die besten der Rasse zur Zucht zugelassen.

Körvorschriften

In Deutschland bestimmen strenge Körvorschriften der Tier-
zuchtgesetze der Länder, daß alle nicht zur Zucht zugelassenen
Hengste kastriert, das heißt auf operativem Wege (durch Entfernung
der Hoden oder Unterbindung des Samenstranges) an der Fortpflan-
zung gehindert werden müssen.* Dafür gibt es zwei Gründe:
1. Es geht im Interesse gutgeführter Zuchten mit einem ganz
bestimmten Zuchtziel nicht an, daß außer den dazu gekörten
(ausgewählten) Hengsten auch andere, schlechtere, Stuten bedek-
ken. Die Nachkommen würden entweder keine Papiere erhalten -
oder falsche (wenn etwa ein gute Freund oder Nachbar den Namen
seines gekörten Hengstes hergibt). Daß damit jede Kontrolle über die
tatsächliche Nachzucht gekörter Hengste verlorengeht, ist klar.
2. Die Haltung von Hengsten bringt Gefahren mit sich. Gibt es in
weitem Umkreis "rossige", also zur Liebe bereite Stuten, so kann der
sanftmütigste Hengst seinem Besitzer gefährlich werden, aus der
Weide ausbrechen, unter dem Reiter durchgehen und so weiter. Das
mag in der Wüste noch angehen - in unseren dichtbesiedelten
Lebensräumen mit einem engen Netz von Autostraßen, vielem
Verkehr und Mengen von Fußgängern wäre es allein versiche-
rungstechnisch unmöglich, alle männlichen Fohlen als Hengste
aufwachsen zu lassen. Für den Freizeitreiter gilt darüber hinaus, daß
ein Hengst mehr an Beschäftigung verlangt und größere Erfahrung
beim Halter voraussetzt.

---

* Es sei nochmals daran erinnert, daß die Körvorschriften von Land zu Land
verschieden sind. Teilweise werden Zucht- und Körvorschriften von Zuchtverbänden
festgelegt, ohne daß ein staatlicher Körzwang besteht.

Gemäß den gesetzlichen Körvorschriften müssen alle Hengste mit 2 1/2 Jahren (spätreife Rassen können auf Antrag entsprechend zurückgestellt werden) einer Landes-Kommission vorgestellt und im Falle einer Ablehnung umgehend kastriert werden. Für Hengste, die nur im Reitsport eingesetzt werden, sind auf Antrag Ausnahmen möglich.

Kastration

Vernünftige Freizeit-Züchter lassen ihre Hengstfohlen bereits zu Beginn des zweiten Sommers, also nach vollendetem erstem Lebensjahr, vom Tierarzt kastrieren. Der Eingriff ist in diesem Alter völlig problemlos; es muß nur dafür gesorgt werden, daß er *vor* der Fliegenzeit mit ihrer erhöhten Infektionsgefahr vorgenommen wird (Mai, Anfang Juni).

Leider bringen erschreckend viele Hobbyzüchter diese simple Vernunft nicht auf. Jeder hält *seinen* kleinen Hengst für ideal; jeder glaubt, gerade der Sohn seiner geliebten Stute müsse ein erstklassiges Vatertier werden. Ganz Harmlose schrecken davor zurück, "in die Natur einzugreifen", ohne zu bedenken, daß das ganze fernere Leben eines nicht zur Zucht zugelassenen Hengstes ein ständiger Eingriff in seine Natur ist! Da ist die kleine Operation das weitaus geringere Übel - bestimmt auch für den Junghengst. Romantische sind fasziniert von der Idee, einen wilden, starken jungen Hengst zu besitzen: Das Wort allein hat für sie magischen Klang; uralte Vorstellungen werden geweckt - ein Hengst, das ist geradezu ein Symbol für die eigene Männlichkeit! Und die Schlauen haben irgendwo gelesen, daß jedes Jahr, welches das Jungpferd als Hengst aufwächst, auch dem späteren Wallach mehr Figur, Temperament, Kraft und bessere Haltung einbringe.

Sie alle wissen nicht, was sie tun.

Aufzucht

Die Aufzucht eines Junghengstes ist schwierig und nicht selten sehr teuer. Er muß vom zweiten Sommer ab (wenn auch sein Besitzer ihn noch für ein Pferde*kind* hält) sowohl von gleichaltrigen Stutfohlen wie auch von älteren Stuten ferngehalten werden - und zwar nicht nur durch den Zaun einer Nachbarweide! Er darf die Stuten weder sehen noch wittern können! Das bedeutet, daß er dem Herdenverbnd entzogen wird und der wertvollen - für den späteren Besitzer und Reiter wertvollen! - Erfahrung des Herdenlebens mit seinen strikten Forderungen nach Anpassung, Unterordnung, Gehorsam und so weiter verlustig geht. Außerdem ist die Einzelhaltung für einen jungen

Hengst sinnlos: Er soll sich ja, nach dem Wunsch des Züchters, besser entwickeln als ein Wallach - und es liegt auf der Hand, daß kein noch so hengstiger Hengst Figur, Muskeln, Temperament und Kraft entwickelt, wenn er jahrelang für sich allein auf der Weide herumbummelt. Er muß laufen können, raufen können, treiben und getrieben werden - lauter Dinge, die ihm nur die gemeinsame Aufzucht mit einem oder mehreren anderen jungen Hengsten beim Züchter oder in einer Aufzuchtgemeinschaft gewährt. Also müssen Spielkameraden dazugekauft und dazugefüttert werden - kein billiges Vergnügen. Und um dann mit diesen täglich stärkeren und übermütigeren - und angriffslustigeren - Hengsten fertigzuwerden, bedarf es der Erfahrung des Fachmannes, nicht der Träume des Laien. Allzu rauh ist überdies oft das Erwachen aus solchen Träumen: Innerhalb von zwei Jahren erlebte ich es in meiner eigenen Umgebung, daß ein junger Hengst ein Kind angriff und nahezu lebensgefährlich verletzte, ein anderer aus seinem Stall entwich, zwei Zäune übersprang und mit voller Wucht in ein Auto sprang - mit dem entsetzlichen Ergebnis, daß der Fahrer und der Hengst tot waren, das Auto völlig demoliert wurde und der Halter für alle Schäden aufzukommen hatte. (Grausame Ironie im letzteren Falle: Der Hengst war in den Stall genommen worden, um - dreijährig - anderntags doch kastriert zu werden.)

Wird der Junghengst mit drei Jahren nicht angekört und muß kastriert werden, hat man einen Wallach mit zu schwerem Kopf und zu viel Hals, der sich schwer reiten läßt. Dem Hengst sieht man's, seiner Funktion halber, nach - aber weshalb soll man sich mit einem unproportionierten Wallach herumschlagen? Beim Einreiten ist, wie der Hengst, sehr häufig auch der zu lange Hengst gebliebene Wallach abgelenkt, wenn Stuten in der Nähe sind. Eine klassische Stätte des Hengstreitens ist die Spanische Reitschule in Wien. Dort sind ausschließlich Hengste versammelt, meilenweit von der nächsten Stute entfernt. Ein Hengst ist oft lange Zeit gutartig, plötzlich aber wird er widersetzlich - und dann ist er stark und intelligent. Deswegen treffen wir im Turniersport kaum je Hengste an (obwohl es, wie erwähnt, eine Befreiung von der Kastration gibt, für Hengste, die nur im Sport eingesetzt werden). Was ein erfahrener Turnierreiter nicht schafft, sollte sich ein Freizeitreiter sicher nicht zumuten!

Ich weiß, wovon ich rede. Ich importierte meine erstklassige Islandstute "Héla" tragend und versprach dem Züchter, der sie mir überließ, ein eventuelles Hengstfohlen in der Zucht einzusetzen. Das Fohlen wurde tatsächlich ein Hengst, den ich "Gladur" nannte. Mit einem dazugekauften zweiten Hengstfohlen brachte ich ihn bei einem pferdelieben älteren Ehepaar auf dem Lande unter; direkt ums Haus zog sich schier endloses Weideland hin, am Rande stand eine Hütte, in der im Winter Heu beigefüttert wurde. Die zwei Hengstchen wuchsen paradiesisch auf, von keiner Menschenhand berührt, bis beide knapp fünfjährig waren. Dann ließ ich den einen dem Aufzüchter zurück und gab dem meinen, nach erfolgter Körung, 10 Stuten, mit denen er zwei Sommermonate zusammenlebte und die 10 gesunde Fohlen zur Welt brachten. Damit hatte ich mein Versprechen erfüllt und ließ "Gladur", da ich mir wegen ungenügender Weideaufsicht keine weitere Hengsthaltung leisten konnte, kastrieren. Nun besaß ich einen temperamentvollen, gutgewachsenen Wallach mit stolzer Haltung und viel Hals: der Inbegriff eines schönen Burschen, um den ich allenthalben beneidet wurde.

Wie habe ich mein Versprechen schon bereut! Jahrelang kämpfte ich gegen den schweren Hals, der jeden Jugendstarrsinn so effektvoll unterstützte. Jahrelang fürchtete ich mich vor dem Sommer, wenn das Rufen nach den Stuten beginnt. Grasten Stuten und Wallache gemeinschaftlich, mußte und muß ich "Gladur" ausschließen. Das ist technisch zur Zeit unmöglich - also verzichte ich manchesmal aufs Reiten, wenn eine der Stuten rossig ist. Ich kann ihn dann unterwegs einfach nicht mehr halten, weil er das Gebiß zwischen die starken Zähne nimmt und querbeet abbolzt - schnurstracks zurück zu "seinen" Stuten. Er ist jetzt 16 Jahre alt und ich liebe ihn; er ist ein exzellentes Reitpferd - perfekt wäre er, wenn er mit einem Jahr kastriert worden wäre. So aber muß ich meine Pferdehaltung unnötig verkomplizieren um seinetwegen und zeitweilig echte Gefahr im Sattel durchstehen.

Wem ist mit seinem Hengsthals, seinen Hengstmanieren geholfen? Mir nicht.

Strafe ist in solchen Fällen sehr problematisch, denn er folgt ja seiner Natur. Er ist gutartig wie ein Hund, vertrauensvoll, ein lieber Kerl; aber bei den Stuten ist er schlimmer als ein Hengst, der sich seiner Stuten und seiner natürlichen Funktionen ja instinktiv sicher ist.

Soviel zur Aufzucht eines Junghengstes.

Einen ausgewachsenen Hengst sollte man sich nur zu wohlüberlegten Zuchtzwecken kaufen - und dabei erwägen, daß er "ausgedeckt" hat, wenn vier Jahre später seine Töchter in die Herde eingestellt werden. Was dann? Wird man bereit sein, den Freizeitkameraden zu verkaufen? Zu verleihen? Man sollte sich dieses Problem tunlichst nicht erst aufladen.

2. Der Wallach

Ein kastrierter (oder "gelegter") Hengst ist ein Wallach. Er ist das ideale Freizeitpferd: gelassener im Temperament - was nicht temperamentlos heißt, sondern nur von einem anderen, nicht vom Ruf der Natur ständig abgelenkten Temperament -, verträglich, ausgeglichen, keineswegs aber langweilig. Schließlich sind die Erfolgspferde im großen Sport überwiegend Wallache! Er ist, alles in allem, das zufriedenere Pferd, denn wie viele Hengste sind heute noch freier "Herr der Herde", wie viele bekommen genügend Stuten zugeführt? Gerade in der Hobbyzucht gibt es viel zu viele Hengste - je kleiner die Rasse, um so mehr Hengste (da die Züchter sicher sind, "schon mit ihnen fertig zu werden" - als ob das ein Standpunkt sei!) Der kleine Hengst, der Stuten wittert, denen er sich nicht nähern darf, ist bestimmt weniger glücklich als der Wallach, der sich um Stuten gar nicht kümmert.

Ich habe Stuten, Hengste und Wallache besessen und geritten. Am zuverlässigsten waren stets die Wallache: patente Kameraden durch dick und dünn, die besten Futterverwerter, gesund anhänglich und vernünftig (und gegenüber Hengsten meist etwas größer, da bei ihnen die Röhrbeine stärker wachsen). Bei einem Erstpferd würde ich immer zu einem gutgerittenen, soliden Wallach raten.

3. Die Stute

Das weibliche Pferd ist die Stute. Sie ist bei den meisten Rassen zierlicher als Hengst und Wallach gleicher Art. Sie "trägt sich" meist von Natur aus weniger; ihr Hals ist nicht so gewölbt, ist flacher und leichter als der des Hengstes, der Reiter hat "weniger vor sich". An Gesundheit, Willen und Widerstandkraft übertrifft die Stute die männlichen Tiere oft; sie kann - vor allem während der Rosse, also der Tage der Empfängnisbereitschaft - launisch und reizbar sein. Andererseits findet man unter Stuten häufig betont anhängliche Tiere. Beim Reiten gibt es keinen grundlegenden Unterschied. Stute und Wallache können problemlos zusammen gehalten werden.

Dem Freizeitreiter, der seine Liebhaberei erst beginnt, sei nur davon abgeraten, eine Stute zum Reiten und zur Zuchtnutzung zugleich zu kaufen: Er beginnt damit nicht ein Hobby sondern zwei. Und er sollte sich mit einem von beiden vertraut gemacht haben, ehe er das andere dazu anfängt.

4. Die Zucht

Deckalter von Hengst und Stute - der Deckvorgang

Hengste aller Rassen sind sehr früh geschlechtsreif; meist interessiert sich schon das anderthalbjährige Fohlen lebhaft für rossige Stuten; es kann zu ersten Deckversuchen kommen, die durchaus zur Befruchtung führen können. Das ist selbstverständlich unerwünscht (ganz abgesehen davon, daß es gemäß den gesetzlichen Körvorschriften auch verboten ist). Hengstfohlen müssen deshalb im zweiten Sommer von den Stuten getrennt werden.

Erst nachdem sie einer Körkommission vorgeführt und von dieser angekört wurden und einen *Deckerlaubnisschein* erhielten, dürfen sie als Vatertiere eingesetzt werden.* Sie sind dann in der Regel drei Jahre alt. Bei Hengsten spätreifer Rassen (Isländer) wartet man besser ein oder zwei weitere Jahre. Das Alter der Stuten, die ein Junghengst decken soll, spielt keine Rolle, vorausgesetzt nur, daß auch sie volljährig sind, also ebenfalls mindestens dreijährig.

Belegt ein Hengst eine nahe Verwandte - Mutter, Schwester, Tochter, so nennt man das *Inzucht*. In freier Wildbahn kommt sie natürlich öfter vor; in kontrollierter Zucht ist sie meist unerwünscht. Deshalb muß ein Hengst ausgetauscht werden, wenn seine eigenen Töchter zuchtreif sind.

Der *Deckvorgang*: Stuten werden bei uns auf zweierlei Art gedeckt (belegt): an der Hand und in der Herde. Die erste Form ist mit der Zeit die gebräuchlichere geworden, wenngleich ihre Ergebnisse weniger günstig sind.

Beim *Decken an der Hand* wird der Hengst der am Halfter gehaltenen Stute zugeführt. Das ist für Hengst- und Stutenbesitzer bequem: Der Deckvorgang steht unter Kontrolle, der Hengst wird nicht mehr angestrengt, als erforderlich, die Stute kann wieder mit heimgenommen werden. Damit man sichergeht, daß der Zeitpunkt für eine Belegung der günstigste ist, läßt man den Hengst die Stute zunächst "probieren". Um Verletzungen während der oft heftigen Reaktionen beider Tiere bei diesem Vorgang zu vermeiden, benutzt man einen Probierstand, der sie durch eine brusthohe Holzwand trennt (Abb. 138). Der Hengst beschnobert nun Widerrist, Bauch, Geschlechtsteile der Stute (Abb.

---

* Die hier und nachfolgend angestrichenen Ausführungen betreffen die Reihe der offiziellen Zuchtbescheinigungen bis zum Vollpapier, dem sozusagen amtlich gesiegelten Stammbaum.

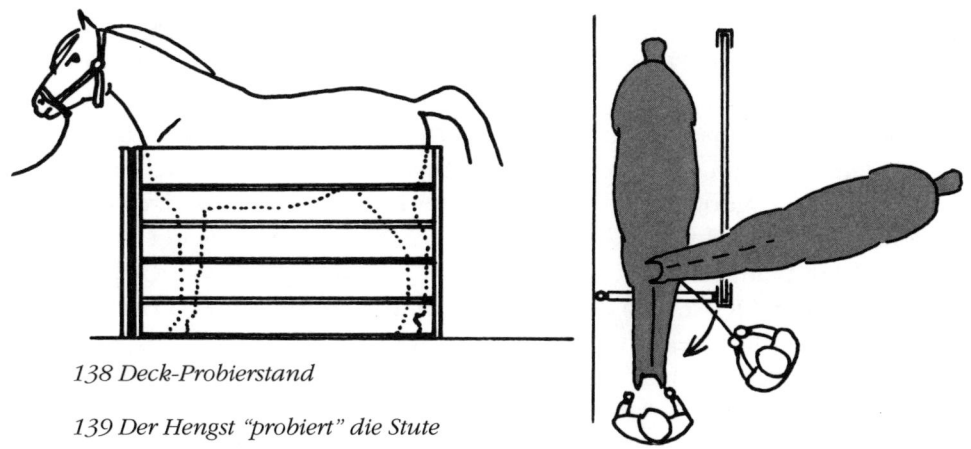

139). Schlägt diese dabei mehr oder weniger heftig aus und gibt unwillige, quietschende Laute von sich, ist es zum Belegen noch zu früh. Der Besitzer bringt die Stute dann am nächsten oder übernächsten Tage noch einmal zum Hengst. Steht die Stute bei dessen Annäherung jedoch still, sondert sie gar Schleim oder Wasser ab, ist der Zeitpunkt zum Decken gekommen. Sicherheitshalber läßt man den Hengst dann in den nächsten Tagen noch ein- oder zweimal nachdecken. Drei Wochen später wird die Stute dem Hengst abermals zugeführt. Schlägt sie ihn nun deutlich ab, kann angenommen werden, daß sie tatsächlich befruchtet wurde und nun trächtig ist.

Beim Decken an der Hand kann der günstigste Zeitpunkt für die Belegung nur durch wiederholte Versuche ungefähr erreicht werden. Die Unfruchtbarkeitsrate liegt deutlich höher als beim Decken in der Herde.

Das *Decken in der Herde* ist der naturgemäßere Vorgang: Die Stuten und der Hengst leben in ständigem nahem Kontakt auf der gemeinsamen Weide; der Hengst treibt die Stuten, wodurch die hormonalen Geschehnisse in ihrem Körper angeregt werden; sie ist maximal vorbereitet auf die Bedeckung, die im exakt richtigen Augenblick erfolgt. Aufgrund langer Erfahrung gibt man dem Hengst robuster Rassen pro Deckperiode (ca. 3 - 5 Wochen) bis zu höchstens 15 Stuten; führt man ihm mehr Stuten zu, sinkt im allgemeinen die Befruchtungsrate.

Die Stuten werden am besten auf der Weide versammelt, ehe man den Hengst zu ihnen läßt. Später noch Stuten in die Herde zu geben, ist nicht so günstig; Unruhe in der Herde führt oft zu bösen und gefährlichen Kämpfen der Tiere untereinander; dieser Umstand hat das Decken in der Herde weithin "aus der Mode" gebracht. Die einander fremden Tiere schlagen und beißen manchmal, auch der Hengst kann durchaus nicht alle Stuten leiden. Einzeln aufgewachsene Stuten, die nie ein richtiges Herdenverhalten lernten, sind dabei am gefährdetsten. Aber auch der Hengst kann von eifersüchtigen Stuten übel zugerichtet werden. Ein alter Kämpe nimmt das bewundernswert gelassen hin, doch riskiert nicht jeder Hengsthalter mögliche Verletzungen.

Sowohl beim Decken an der Hand wie in der Herde müssen Hengst und Stuten alle Eisen abgenommen werden.

Ein Hengst kann bis ins hohe Alter hinein decken. Jeder Hengst sollte so gut erzogen sein, daß er sich auch während der Deckperioden anstandslos reiten läßt - viele sind es aber nicht und können dann für den nicht sehr erfahrenen Hengsthalter durchaus ein Problem darstellen.

Ob der Hengst während des restlichen Jahres mit den übrigen Pferden seines Besitzers zusammenleben kann, liegt am Charakter des Hengstes und dem der eventuell vorhandenen Wallache. Meist treten keine Probleme auf, solange keine Stuten dabei sind. Alle drei aber leben nur in Ausnahmefällen (und wenn die Stuten tragend sind) friedlich zusammen. Am ehesten verträgt sich der Hengst noch mit Stuten.

Der Hengsthalter bekommt vom Verband ein *Deckbuch,* in das jede Paarung datengenau eingetragen wird. Beim Decken in der Herde wird die gesamte Zeitspanne, während der Hengst und Stute zusammen waren, vermerkt.

Stuten aller Rassen werden im zweiten Sommer geschlechtsreif, das heißt, eine Bedeckung ist nun möglich. Sie zuzulassen ist natürlich so kriminell, wie ein zwölfjähriges Mädchen Mutter werden zu lassen. Ausgewachsen und wirklich zuchttauglich sind sie frühestens mit drei, bei spätreifen Rassen erst mit vier Jahren. Erst dann sind sie innerlich und äußerlich darauf vorbereitet, die Vorgänge um Trächtigkeit und Geburt neuen Lebens unbeschadet zu überstehen und gesunde, große Fohlen in die Welt zu setzen.

Der Einwand, daß auch im freien Herdenleben frühe Bedeckungen vorkommen, ist sachlich richtig. Nur - die Ergebnisse sind da, wo sie beobachtet werden können, abschreckend. Während der Arbeit an meinem Dülmen-Buch unterhielt ich mich mit dem Betreuer der etwa zweihundertköpfigen freilebenden Herde, Oberförster Düssel, ausgiebig über dieses Thema. Die Fohlen von zu früh gedeckten Jungstuten sind die häufigsten Opfer der Winter- und Frühjahrswitterung; ihre Mütter werden durch die Geburt so geschwächt, daß sie im folgenden Jahr meist nicht aufnehmen. Natürlich kann man in der kontrollierten Zucht Stuten und Fohlen vor Witterungsschäden schützen, aber die angeborene Schwäche wird sich ein Leben lang hindernd bemerkbar machen. Man schaltet diese Risiken dadurch aus, daß man Junghengste und -stuten nach dem ersten Lebensjahr trennt und die Stute erst ausgewachsen zum Hengst bringt.

Gerade hier aber wird unendlich viel gesündigt. Menschen, denen alles am Profit, nichts an dem Lebewesen Pferd gelegen ist (den Namen Züchter verdienen sie nicht), bringen Jungstuten im zweiten Jahr zum Hengst, um möglichst schnell mit der Nachzucht Geld zu verdienen. Daß die Stute selber dadurch im Wachstum zurückbleibt, kümmert sie nicht: Sie benutzen sie ja nur als Produktionsmaschine (und verkaufen sie nach ein paar Geburten dem schon mehrfach erwähnten ahnungslosen Freizeitreiter). Daß die Fohlen solcher unausgewachsenen Mütter ebenfalls oft in Wuchs und Entwicklung zurückbleiben, kümmert sie erst recht nicht: Sie werden ja nur zum schnellen Weiterverkauf produziert. Der ahnungslose Käufer (wer Ahnung hat, kauft sowas nicht) sieht nur ein winziges, niedliches Fohlen - und wundert sich viel später erst, weshalb es trotz bester Pflege nicht gedeihen will.

"Jeder Züchter, der eine Stute decken läßt, übernimmt eine hohe sittliche Verantwortung für das Fohlen" (Dr. Uppenborn). Wenn doch daran nur mehr gedacht würde!

Daß es Menschen gibt, die eine spätreife Robuststute (z.B. Isländer) mit drei Jahren decken lassen, *damit* sie klein bleibt, sollte man nicht für möglich halten, doch habe ich auch das schon erlebt.

Was das Alter der Zuchtstute angeht, so sind der Bedeckung nach oben hin keine Grenzen gesetzt, solange die Stute gesund ist, bisher gesund abfohlte und wieder aufnimmt. Früher hatte man Bedenken, Stuten erstmals zum Hengst zu führen, wenn sie über 10 Jahre alt waren, doch hat das beim Stand unserer Tiermedizin kaum noch Bedeutung. Selbst Sportkanonen wie "Halla" (Springen) oder "Antoinette" (Dressur) brachten nach Ablauf anstrengender und erfolgreicher Karrieren mit 18 beziehungsweise 14 Jahren noch mehrere gesunde Fohlen zur Welt.

Beim erstmaligen Abfohlen sehr alter Stuten können sich gelegentlich Schwierigkeiten hinsichtlich ausreichender Milchproduktion ergeben. Einige alte Züchter warnen auch davor, Stuten nur alle paar Jahre, also mit Unterbrechungen, zum Hengst zu bringen. Ich habe dabei nie Nachteile gesehen. "Héla" zum Beispiel kam achtjährig tragend aus Island, mit 9 Jahren fohlte sie "Gladur" ab, mit 15 "Ràn", mit 17 "Assa", jetzt ist sie, mit 24, abermals beim Hengst.

Wichtig ist, daß man alle Stuten, die kein Fohlen bei Fuß haben - also Jungstuten und solche, die entweder nach der letzten Bedeckung verfohlten, d.h. die Frucht während der Trächtigkeit verloren, ein totes Fohlen zur Welt brachten oder ein oder mehrere Jahre nicht gedeckt wurden -, vom Tierarzt untersuchen läßt (Tupferprobe). Außerdem sollten Stuten, die zum Hengst gehen, nicht zu fett sein, weil dadurch die Aufnahme erschwert wird.

Die Rosse der Stute

Stuten sind zyklisch, nämlich in ziemlich regelmäßigen Abständen von 21 - 23 Tagen empfängnisfähig. Individuelle Verschiebungen nach unten oder oben sind möglich. Man nennt die 4 - 10 Tage dauernde Periode die Rosse und erkennt sie am häufigen "Blitzen". Dieser Ausdruck bezeichnet einen Vorgang nach dem Urinieren: wenn die Schamlippen der Scheide sich zuckend öffnen und den weißen Innenrand nach außen kippen (um auch das letzte Wassertröpfchen von den Geschlechtsteilen abzuschütteln). Während der Rosse erfolgt das Blitzen häufig auch ohne vorheriges Wasserlassen. Die Schamlippen sind in dieser Zeit oft etwas geschwollen und sondern einen weißlichen Schleim ab.

Das Verhalten während der Rosse ist unterschiedlich; einige Stuten sind reizbar, nervös, kitzlig, bleiben beim Reiten häufig stehen und blitzen oft und deutlich, anderen merkt man kaum etwas an. Stuten in Gesellschaft von sehr "männlichen" Wallachen rossen meist ausgeprägter.

Den Höhepunkt der Rosse - den Eisprung - erkennt am sichersten der Hengst. Wird von Hand gedeckt, so führt man ihm die Stute mehrmals zum "Anprobieren" vor. Große Gestüte halten sich dafür einen eigenen Probierhengst. Auf der Weide weicht ein erfahrener Hengst den Schlägen der noch nicht ausreichend rossigen Stute meist geschickt aus - oder erträgt sie mannhaft. Zum rechten Zeitpunkt treibt er die Stute, bis durch die natürliche Erregung die Hormonzufuhr verstärkt wird und sie sicher aufnimmt: Sie ist dann tragend (oder trächtig).

Der Stutenbesitzer erhält, wenn er die Stute abholt oder sie den Hengst abschlägt, vom Hengsthalter einen genau ausgefüllten *Deckschein*. Er muß sorgfältig aufbewahrt werden, ist er doch später der einzige Beweis dafür, daß das Fohlen diesen Hengst zum Vater hat!

Nachweis und Dauer der Trächtigkeit

Schlägt die Stute den Hengst nach 21 Tagen deutlich ab, so kann man zunächst annehmen, daß sie befruchtet wurde und aufgenommen hat. Es bedeutet aber nicht, daß sie die Frucht auch behält! Krankheit, Aufregung, Transporte und anderes können ein frühes Verwerfen oder Verfohlen (Verlust der Frucht) zur Folge haben; in den letzten Jahren nimmt aus noch ungeklärten Ursachen das Verfohlen stark zu. Die Stute kann vor dem Decken dagegen geimpft werden. Der Besitzer bemerkt das Resorbieren und das Verfohlen (den Abort) im frühen Stadium nur sehr selten. Er sollte sich also zwischendurch Gewißheit verschaffen, ob die Stute noch tragend ist. Dafür gibt es unterschiedliche Methoden:
1. Hormonnachweis im Blut: Kann zwischen dem 45. und 125. Tag nach dem Belegen vorgenommen werden. Der Tierarzt entnimmt dazu 50 ccm steriles Blut.
2. Hormonnachweis im Urin: Kann ab 125. Tag vorgenommen werden. Der Tierarzt benötigt dazu 100 ccm Morgenharn.
3. Untersuchung von Hand durch den Tierarzt, der oft schon am 21. Tag die Trächtigkeit feststellen kann. Für eine erneute Bedeckung ist diese frühe Feststellung oft entscheidend. Freilich ist Spezialerfahrung des untersuchenden Arztes erforderlich. Bei mittleren und kleinen Pferden ist die Untersuchung wegen der Enge des Darmes nur einem besonders geschickten Tierarzt anzuvertrauen.
Eine Trächtigkeitsuntersuchung ist auch bei Reitstuten wichtig. Sonst schont man sie vielleicht monatelang, obwohl nichts als Gras und Heu den Bauch zum Runden brachte!
Die Tragzeit der Stute beträgt rund 11 Monate, das heißt ziemlich genau 333 Tage. Hengstfohlen kommen bis zu anderthalb Tagen später zur Welt. Verzögerung oder Verfrühung der Geburt bis zu 10 Tagen sind durchaus möglich; infolge schlechter Haltung oder Fütterung sowie durch störende äußere Einflüsse kann die Geburt auch noch länger hinausgezögert werden.

Zeitpunkt der Bedeckung

In der freien Natur setzt die Rosse der Stuten mit dem späten Frühjahr ein; dadurch wird sichergestellt, daß elf Monate später die Fohlen in die Zeit des besten Futters und reichlicher Sonnenbestrahlung hineingeboren werden. Sie leben dann bis zum Anbruch des Winters - den sie ja im Freien überstehen müssen - ein halbes Jahr und länger unter den allergünstigsten Wachstumsbedingungen: Grünfutter und

Sonne! Der Mensch hat es durch Stallhaltung, Wärme auch im Winter und Zufutter so weit gebracht, daß die Stuten hochblütiger Rassen schon viel früher gedeckt werden können. Auch ihre Fohlen werden durch Stall, Schutz vor Witterungsunbilden und Zufutter geschützt und den Naturbedingungen entfremdet. In der Vollblutzucht, in der aus den Notwendigkeiten des Renngeschehens heraus alle Fohlen offiziell am 1. Januar Geburtstag haben, bemüht man sich, den tatsächlichen Geburtstag so nah wie möglich an dieses Datum heran zu verlegen. Sinn und Unsinn dieser Methode gehen den Freizeitreiter wenig an. Schlimmer wird es schon, wenn auch in den Landeszuchten - deren Produkte ihm ja als mögliche Freizeitpferde angeboten werden - ein Wettrennen um möglichst frühe Geburten einsetzt: damit bei Schauen und Prämiierungen die Fohlen und Jährlinge "mehr darstellen", die Dreijährigen möglichst früh im Sport eingesetzt werden können. Daß ihnen dadurch unendlich viel an natürlicher Robustheit und Widerstandsfähigkeit verlorengeht, interessiert offenbar eine Zuchtrichtung wenig, deren Blick auf ein reines Stallpferd fixiert ist: im Stall geboren, im Stall lebend, im Stall sterbend ...

Der Freizeitzüchter kann nichts Besseres tun, als mit *allen Rassen* möglichst zu dem zurückzugehen, was die Natur ihm Jahrtausende erfolgreich vormachte. Ich würde keine meiner verschiedenen Stuten früher als Ende Mai decken lassen: Die Fohlen werden dann frühestens Ende April geboren, um welche Zeit sie bereits keine Schwierigkeiten mehr mit der Witterung haben. Natürlich gibt es keine Garantie dafür, daß die Stute sofort aufnimmt; wird sie erst bei der nächsten Rosse, also Ende Juni, tragend, kommt im nächsten Jahr das Fohlen Anfang Juni auch noch früh genug zur Welt.

Ergibt ein möglichst früh durchgeführter Trächtigkeitstest, daß eine Stute güst geblieben ist (d.h. nicht aufgenommen hat), so kann man Weidepferde bis Ende Juli, Stallpferde bis Ende August nochmals zum Hengst bringen. Später sollte man Weidepferde nicht mehr belegen lassen. Fohlen, die erst im Juli zur Welt kommen, haben von Anfang an mit Hitze und Fliegenplage zu tun; es fehlt ihnen gegenüber den Maifohlen ein Vierteljahr Sonne und Licht! Somit gehen sie mit einem bedenklichen Nachteil in den Winter hinein, der durch Futter allein nicht ausgeglichen werden kann. Kälte und Lichtmangel verlangsamen später im Jahr das Wachstum ohnehin; spätgeborene Fohlen bleiben sehr oft zu klein. Dann ist es schon vernünftiger, ein Jahr auszusetzen und die Stute im nächsten Mai dem Hengst zuzuführen, um ein frühgeborenes Fohlen zu erhalten, das mit bestmöglichen Entwicklungsaussichten zur Welt kommt.

Alle Fohlen brauchen in den Jahren ihrer frühen Entwicklung so viel Bewegung wie überhaupt nur möglich. Sind wir, wegen ungeschickter oder gleichgültiger Planung des Decktermins, später gezwungen, sie im Stall aufzuziehen, so schädigen wir sie gegenüber den Jahrgangskollegen, die draußen aufwachsen können, ganz erheblich. Fohlen, die Sommer und Winter bei jeder Witterung im Freien lebten, sind ein ganzes Pferdeleben lang gesünder und robuster.

Die Pflege der trächtigen Stute

Eine gesunde Stute kann während der ersten acht Monate der Trächtigkeit nahezu normal weitergearbeitet werden. Im Winter sollte man sie nicht besonders schweißtreibend anstrengen: weder zu schnell reiten noch überhaupt springen (Jagd); sie darf auf keinen Fall ausrutschen oder hinfallen, da beides sofortiges *Verfohlen* nach sich ziehen kann. Ausgiebiger Weidegang ist für die werdende Mutter die gesündeste Hilfe. In den letzten Monaten vor dem Abfohlen reitet man nur noch im leichten Trab (bzw. Tölt) oder Schritt; in den letzten Wochen ist Weidegang die beste Vorbereitung.

Zusätzliche Fütterung ist bei guter, frischer Weide nicht erforderlich; Stallstuten erhalten Mineralstoff- und Vitaminzugaben. Sollte der Allgemeinzustand ungewöhnlich schlecht sein (nach Erkrankung, bei neugekauften vernachlässigten Tieren o.ä.), so füttert man - je nach Bedarf 1 - 3 mal wöchentlich - einen Masch (z.B.: 3 Teile Weizenkleie, 1 Teil Quetschhafer, 2 Eßlöffel Salz und 3/4 Tasse Melasse gut vermischen, mit so viel kochendem Wasser übergießen, daß ein leichter Brei entsteht. Mit einem Sack fest zudecken, 1/2 Stunde ziehen lassen, handwarm verfüttern).

Weidestuten sind häufig zu fett. Das ist schädlich, da fette Stuten schwerer gebären als solche in normaler Verfassung.

Das Abfohlen

Die Geburt des Fohlens geht im allgemeinen um so unkomplizierter vor sich, je gesünder und robuster die Elterntiere selbst sind. Einige Zeit vorher rundet sich der Bauch der Stute, in den letzten Wochen schwillt das Euter an, einen, manchmal zwei Tage vor der Geburt (hin und wieder auch eher) zeigen sich an den Zitzen weißliche Tropfen, die Harztröpfchen (Abb. 140). Hat man Gelegenheit, die Stute im darauffolgenden Stadium zu beobachten, so erkennt man, daß sie unruhig wird, sich oft nach dem Bauch umschaut, sich hinlegt und wieder aufsteht. Eine meiner Stuten beginnt einen halben Tag vor dem Abfohlen jedesmal am Zaun entlang zu laufen, ja zu rennen. Alles dies scheint die eigentliche Geburt zu erleichtern und ist ein weiterer Grund, werdende Mütter möglichst nicht in den Stall zu sperren. Die meisten instinktstarken Stuten lassen sich bei der Geburt nicht gern beobachten und fohlen vornehmlich bei Nacht. Bei manchen selbständige Stuten, die sich durch ängstlich beobachtende Menschen beunruhigt fühlen, verzögert sich die Geburt um einen oder mehrere Tage. Je mehr eine Stute ihr ganzes Leben lang umhütet und umsorgt wird, je mehr Blut und Empfindlichkeit sie besitzt, um so eher bedarf sie bei der Geburt der Hilfe des Menschen.

Stuten der hier im wesentlichen besprochenen Freizeitrassen fohlen am liebsten und am leichtesten auf einer ihnen vertrauten, stillen, ebenen Weide (Abb. 141); solche mit starken Hängen oder durchlaufendem Bach eignen sich natürlich wegen der damit für das Fohlen verbundenen Gefahren des Abrutschens oder Hineinfallens nicht. Man kann die fohlende Stute fast immer sich selbst überlassen; Eingriffe in den Verlauf der Geburt sind kaum je erforderlich.

Und auch das Wetter ist ab Mai ziemlich gleichgültig; viele gesunde Fohlen werden im strömenden Regen geboren. Das Risiko ist dabei jedenfalls geringer, als wenn man eine freiheit- und naturgewohnte Stute gerade in dieser Situation, in der alle ihre Instinkte auf die vertraute Sicherheit der *gewohnten* Umgebung gerichtet sind, in die Fremdheit und Enge eines Stalles bringt!

Muß die Stute aber im Stall abfohlen, so braucht sie eine große,

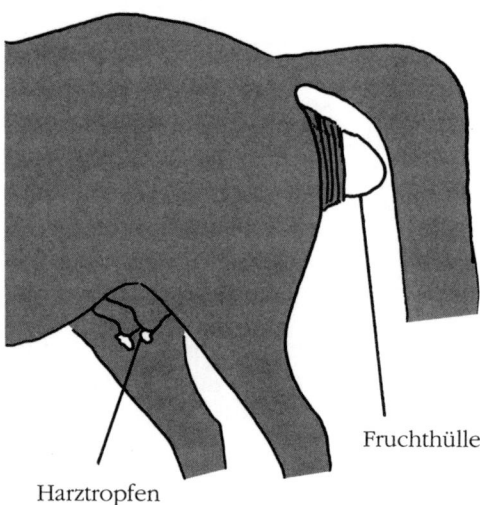

Fruchthülle

Harztropfen

140 Harztropfen am geschwollenen Euter (Zeichen des bevorstehenden Geburtstermins; fallen manchmal erst bei der Geburt ab) und Austritt der Fruchthülle (Beginn der Geburt)

geräumige Box, die zuerst gründlich gereinigt und dann dick mit frischem Stroh ausgefüllt wird, das man an den Wänden zu Polstern hochzieht (Abb. 142). Gebärboxen sollen wegen des Staubens nicht mit Torf oder Sägespänen eingestreut werden. Selbstverständlich dürfen keine Ecken, Kanten oder spitzen Gegenstände (Nägel in der Wand!) Stute oder Fohlen verletzen können. Da bei Geburten im Stall die Gefahr, daß etwas passiert - daß die Stute sich festlegt, das Fohlen eingeklemmt wird oder ähnliches - viel größer ist als im Freien, hält am besten ein vertrauter Mensch ganz unauffällig Wache.

Der Geburtsvorgang

Die eigentliche Geburt setzt mit Wehen ein, die einer Kolik gleichen: Die Stute legt sich hin, ist unruhig; dann kommt zwischen den leicht geschwollenen und eröffneten Schamlippen die Wasserblase zum Vorschein, die die durch das Einfallen der Beckenbänder vorbereiteten Geburtswege eröffnet. Sie platzt beim Erreichen des Scheideneingangs und läßt die nachfolgende Fruchtblase sichtbar werden. Diese enthält das Fohlen, welches im Normalfall (Abb. 143) mit dem Kopf auf den ausgestreckten Vorderbeinen liegend die Scheide passiert (Abb. 144). Haben Kopf und Schultergürtel das Becken passiert, ist das Schwerste vorüber: noch ein paar Wehen, und das Fohlen liegt hinter der Mutter! Manche Stuten gebären im Stehen. Das hat im Normalfall nichts zu bedeuten.

141 Geburt im Freien

142 Gebärbox

Die Fruchtblase ist zu diesem Zeitpunkt entweder von selbst gerissen oder von der Mutter aufgebissen worden. Geschieht dies in Gegenwart eines Helfers einmal nicht, so öffnet er sie schnell, damit das Fohlen nicht erstickt. (In Island sagte mir einmal ein alter Züchter, daß er in einem solchen Falle weder die Mutter noch das Fohlen je wieder zur Zucht benutzen würde: Die Erfahrung habe gezeigt, daß diese Instinktlosigkeit beim Geburtsgeschehen sich in manchen Stutenfamilien vererbe.) Mangels eigener Erfahrung kann ich nur raten, Stuten, denen so etwas einmal geschieht, künftig bei jeder Geburt im Auge zu behalten.

Springt die Mutter auf, so reißt die Nabelschnur an der richtigen Stelle ab. Alte Züchter pflegen hier häufig (und zu früh) nachzuhelfen. Inzwischen setzt sich die moderne Erkenntnis durch, daß beim letzten Zusammenziehen der Gebärmutter eine Menge sauerstoffreichen Blutes durch die Nabelschnur in den Fohlenkörper gepumpt wird, das manchem schwächlichen Tier zu Leben und besserem Start verholfen hat. Abbinden ist also kaum je erforderlich.

Wirklich gefährlich wird eine Geburt nur, wenn sie völlig anders als geschildert verläuft - wenn also das Fohlen nicht mit den Vorderbeinen zuerst erscheint oder wenn trotz heftiger Wehen gar kein Fohlen kommt. Der züchterische Laie benachrichtigt unverzüglich seinen Tierarzt (der von der bevorstehenden Geburt ohnehin unterrichtet sein sollte und nun die notwendigen Anweisungen erteilen kann). Dasselbe gilt für den Fall, daß die Nabelschnur zu kurz abreißt oder

143 Normallage kurz vor der Geburt (die das Fohlen umgebende Fruchthülle ist in der Zeichnung der Deutlichkeit halber fortgelassen)

144 Der Kopf ist geboren

zu lange blutet; man drückt dann die Wunde bis zur Ankunft des Arztes mit einem sauberen Tuch zu.

Wir sollten uns jedoch stets vor Augen halten, daß bei einer gesunden Stute der Geburtsvorgang etwas ganz Normales ist, das zwar unter Schmerzen, aber nicht krankhaft verläuft. *Je gesünder, normaler, naturnäher beide Elternteile sind und gehalten werden, um so weniger Komplikationen bereitet eine Geburt.*

Auch hier wieder liegt es weithin an uns, von Anfang an das richtige Pferd, die richtige Rasse zu wählen, wenn wir als Laien züchten wollen. Mit jeder Zunahme an Blut nimmt die Mühe zu, die wir in normalen und schon gar in Krisen-Situationen unserem Pferd widmen müssen. Hochgezüchtete Stuten gehören in die Hand des Fachmanns.

Sehr bald geht bei der Mutter die *Nachgeburt* ab, im Regelfalle eine halbe bis einige Stunden später. Viele Stuten fressen sie sogleich auf. Ist sie nach 6 - 8 Stunden noch nicht zum Vorschein gekommen, muß auf jeden Fall der Arzt gerufen werden.

Das Neugeborene

Das Neugeborene liegt zunächst, von oben bis unten mit nassen Ringellocken bedeckt, schnaufend am Boden und läßt sich von der Zunge der Mutter sauberlecken. Das ist zudem eine wichtige Massage, die das Blut im kleinen Körper zum Kreisen bringt; auch etwaige Eihautreste werden dabei noch entfernt (Abb. 145). Nach einigen Minuten, spätestens nach einer Viertelstunde, beginnt sich das kleine Wesen zu regen: Die Spinnenbeine suchen Halt, stützen sich auf, klappen wieder zusammen - bis es endlich wacklig dasteht und nach dem Euter der Mutter sucht. Dauert das eine Weile, so juckt es dem zuschauenden Besitzer vielleicht in den Fingern, ihm zu helfen. Der Laie sollte das unterlassen: Ein Fohlen wird mit einem fertigen Verhaltensprogramm geboren, das ohne Hilfe von außen abläuft. Auch vom Euter der Mutter (vielmehr vom Winkel, in dem es zu finden ist) hat es eine programmierte "Vorstellung" und findet es sicherlich; dann beginnt es sofort zu saugen.

Diese allerersten Schlucke sind für das Fohlen lebenswichtig. Die Kolostral-(Erst-)milch der Stute enthält für das Fohlen lebenswichtige Schutzstoffe und hilft, das den Darm verstopfende Darmpech abzuführen. Bei Unglücksfällen (Tod der Mutter während der Geburt) ist diese Milch schnell abzumelken und dem Fohlen unverzüglich mit der Flasche einzugeben; die Darmwand des Neugeborenen ist für die mütterlichen Antikörper nur kurze Zeit durchlässig.

Milch/Kunstmilch

Jede normale Mutterstute säugt ihr Fohlen mit großer Geduld;
dennoch kommt es - gottlob selten - vor, daß eine Stute ihr Fohlen
abschlägt und nicht ans Euter lassen will. Das geschieht am häufigsten
bei zu früh belegten Jungstuten, deren mütterliche Instinkte noch
nicht ausgereift sind. Auch ein zu pralles und schmerzendes Euter
kann die Abwehr der Stute hervorrufen. Wenn sie innerhalb der
ersten zwei Stunden das Fohlen nicht ans Euter läßt, zäumt man die
Stute unter beruhigendem Zureden auf und hält sie fest - eventuell
unter Aufnahme eines Vorderfußes -, bis das Fohlen erstmalig trinkt.
Meist folgt die Mutterliebe dem ersten Entleeren des Euters sozusagen
auf dem Fuß.

Gibt eine Stute gar keine Milch oder stirbt sie während oder nach der
Geburt, muß das Fohlen, wenn nicht zufällig eine Amme aufgetrieben
wird (also eine Stute, deren eigenes Fohlen eingegangen ist oder die
ein zweites zum eigenen annimmt), mit der Flasche aufgezogen
werden. Das ist heute nicht mehr schwierig, seitdem es
Kunstmilchpräparate in der Zusammensetzung der Muttermilch zu
kaufen gibt. Für alle Fälle kann man sich vor der Geburt einen kleinen
Notvorrat davon hinlegen.

Die Kinderstube

Die für das Neugeborene einwandfrei beste und natürlichste
Kinderstube ist die Weide. Jeder Stall bedeutet Entfremdung von der
Natur, bedeutet Verlust der allerwichtigsten ersten Erfahrungen im
Fohlenleben. Ein Fohlen, das sich den Gegebenheiten und Härten der
Natur, und sei es strömendem Regen, eisigem Wind, mit den
frühesten Atemzügen schon anpaßt, ist "schlauer" als (Einzel-Etagen)
Stallkinder. Es lernt früher und länger laufen. Es lernt Boden-

unebenheiten, hohes Gras, Steine und Sträucher kennen. Fohlen, die ihre ersten Wochen im Stall verbringen müssen, sollten wenigstens täglich einige Stunden mit der Mutter hinausgelassen werden. Auch hier hat der Züchter eine Verantwortung gegenüber dem späteren Halter und Reiter des Fohlens: *Je natürlicher es aufwächst, um so unkomplizierter wird es ein Leben lang sein.*

Erholung der Stute

Zeigt sich in den ersten Tagen bei der Stute ein schleimiger Afterausfluß, so ist das ganz natürlich: die Gebärmutter regeneriert sich wieder. Nach etwa 9 Tagen roßt die Stute erneut. (Diese sog. Fohlenrosse äußert sich beim Fohlen, über die Milch, häufig in ungefährlichem Durchfall.) Zu diesem Termin kann man die Stute erstmalig wieder dem Hengst zuführen.

Die Stute kann nach einer Erholungzeit von etwa 4 Wochen vorsichtig wieder im Zug oder unter dem Sattel genutzt werden.

Die Geburtspapiere

Möglichst bald nach der Geburt füllt der Besitzer der Stute die *Geburtsbescheinigung* aus, die sich auf der Rückseite oder auf einem Anhang des Deckscheines befindet: Er macht genaue Angaben zu Geburtsdatum, Geschlecht, Farbe und Abzeichen des Fohlens und schickt die Bescheinigung sofort an das zuständige Stammbuch ein. Dieses stellt - oftmals erst nach Identitätsbescheinigung des noch saugenden Fohlens durch einen Zuchtbeauftragten - den *Fohlenschein* aus. Der Fohlenschein begleitet das Fohlen so lange, bis es mit 3 Jahren ins Stutbuch eingetragen wird und dann seine *Vollpapiere* bekommt. Alle diese Papiere sind unersetzliche Dokumente; sie müssen sehr gut aufbewahrt werden.

Das Saugfohlen

Das Fohlen ist in den ersten Monaten gänzlich der Obhut seiner Mutter zu überlassen: sie weiß am besten, wann es trinken, schlafen, laufen muß. Der Besitzer sorgt lediglich für eine stets saubere, trockene Box beziehungsweise einen stets gereinigten, mit sauberer Einstreu versehenen Offenstall und/oder eine ausreichend große, frische, gepflegte Weide.

Auf Sauberkeit und Pflege der Umgebung ist noch mehr als sonst zu achten, denn wo eine erfahrene Stute Hindernisse wie verrosteten Stacheldraht, Blechbüchsen, hervorstehende Nägel, alte Plastiktüten umgeht, wird ein neugieriges Fohlen geradezu magisch von ihnen angezogen und kann sich dabei sehr leicht verletzen, oder, im Falle der mit Recht so gefürchteten Plastiktüten, vergiften. Es genügt schon das Anknabbern und Verschlucken der Plastikmasse (Abb. 146), es elend zugrunde gehen zu lassen.

Ferner darf der Lebensraum eines Saugfohlens selbst jene giftigen Pflanzen nicht enthalten, die ausgewachsene Pferde erfahrungsgemäß gar nicht beachten. Fohlen sind mit einer natürlichen, unersättlichen Neugier ausgestattet, die sie brauchen, um sich in ihrem Lebensraum zurechtzufinden. Ihr Warninstinkt ist jedoch noch nicht ausgewachsen. Sie schnuppern an allem, knabbern an allem, können schönen bunten Blüten schon gar nicht widerstehen (Goldregen, Schneeglöckchen) und sterben einen schrecklichen Tod.

Gewarnt werden muß - so albern das vernünftigen Menschen klingen mag - vor der Verfütterung von Süßigkeiten. Ich selbst war Zeuge, als ein Fohlen nach dem zu reichlichen Genuß von Weinbrandkirschen einging! Passanten hatten sie am Zaunrand verfüttert; wir fanden noch den leeren Karton.

Gesunde Fohlen beginnen sehr bald, die Mutter nachzuahmen und am Gras zu nibbeln, ein wenig zerkleinertes Brot zu nehmen, ein paar Halme Heu zu kauen. Einige Wochen vor dem Absetzen sollte man sie an die Kraftfutter-Mischung gewöhnen, die sie den Winter über erhalten sollen. Dazu werden Mutter und Kind aus getrennten Schüsseln gefüttert, die Mutter wird angebunden. Eine Handvoll Futter ist ausreichend.

Ich muß gestehen, daß ich alle meine Islandfohlen ein Jahr lang bei der Mutter laufen und saugen lasse. Meine Zuchtstuten hatten immer sehr viel Milch, und im Interesse des Fohlens sollte man dieses nicht eher absetzen, als bis die Stute keine Milch mehr gibt. Der Tierzüchter

146 Lebensgefahr für das Fohlen: Plastiktüten

weiß, daß noch der letzte Liter Muttermilch wichtig ist. *Die Säugeperiode sollte aber in keinem Fall weniger als sechs Monate dauern!* Die Milchmenge der Mutter kann natürlich durch entsprechendes Futter, Mineralecksteine oder -gemische (die auch die Fohlen bald gern lecken) oder Vitaminzugaben beeinflußt werden. Wieder muß ich sagen, daß ich meine prächtigen isländischen Mütter niemals mit Kraftfutter zur Milchproduktion anregen mußte; sie beißen ihre Fohlen erst im späten Frühjahr weg, wenn ihnen die Zähne der lieben Kleinen zu scharf werden.

Diese Form der Fohlenhaltung ist selbstverständlich nur dann möglich, wenn die Stute nicht wieder tragend ist!

Während der Säugeperiode läßt man das Fohlen möglichst in Ruhe. Wächst es im Herdenverband heran, bringen ihm die Mutter und die älteren Weidegefährten mehr an Gehorsam und Unterordnung unter den Stärkeren (zunächst in der Herde, später in der Arbeit) bei, als wir es je vermöchten. Man macht es lediglich handzahm (Abb. 147), lehrt es, die Hüfchen herzugeben, sich neben der Mutter anbinden zu lassen (Abb. 148, 149) und ihr artig zu folgen (Abb. 150, 151), eventuell auch beim Ausritt mitzulaufen. Wichtig ist diese Ausbildung für den Tag der Stutenschau, an dem Stute und Fohlen der Eintragungskommission vorgeführt werden. Die reibungslose, gefällige Vorführung beeinflußt unter Umständen die Beurteilung des Fohlens. Der Schmied schaut einmal im Monat nach dem Stand der kleinen Hufe und korrigiert, wo nötig, wobei gleich anzumerken ist, daß gewaltsame Korrekturen nur um einer äußerlichen "Schönheit"

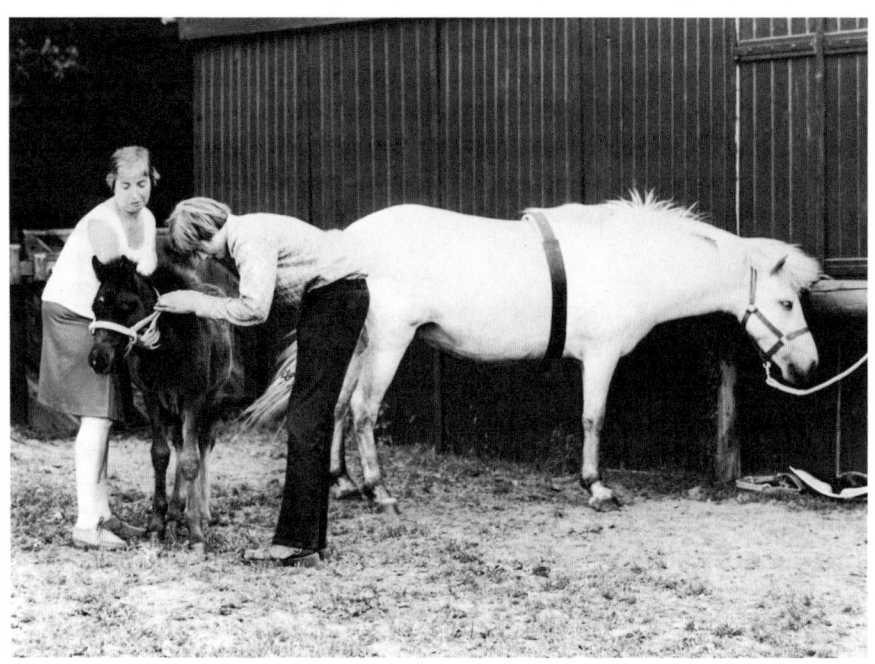

148 Fohlen nur in Gegenwart der Mutter aufzäumen ...

149 und dicht an der Mutter anbinden

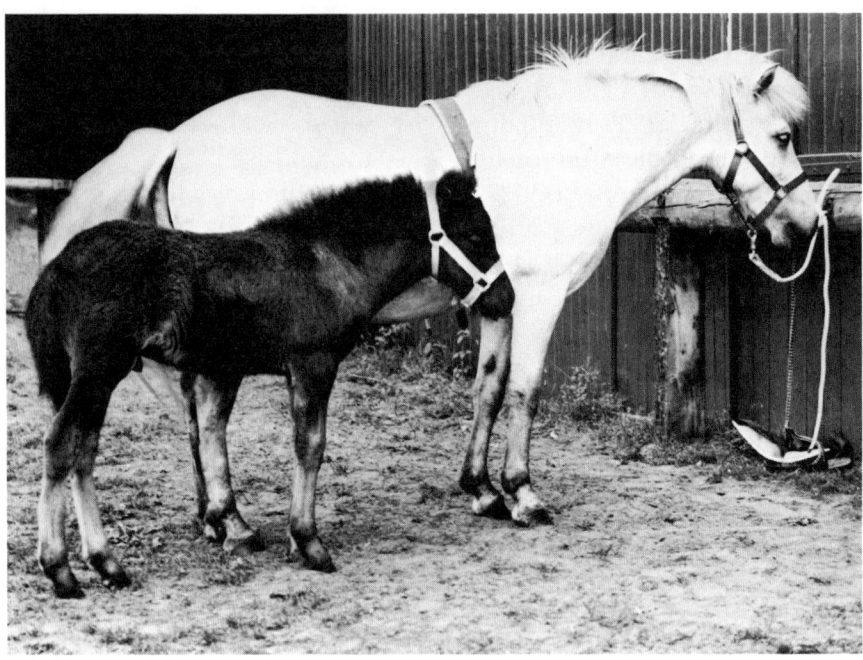

150 Durch vorsichtiges Antippen mit der Gerte ...

151 wird das Fohlen gelehrt, brav neben der Mutter zu laufen

willen nicht vorgenommen werden sollten; es geht lediglich darum, Auswüchse und Schiefheiten zu bereinigen.

Das Absetzen

Die eigentliche Beziehung zum Menschen wird erst später, nach dem Absetzen (d.h. der Trennung von der Mutter) hergestellt. Es sollte, wie schon gesagt, *frühestens mit 6 Monaten* erfolgen. Zu früh abgesetzte Fohlen leiden in ihrer gesamten Entwicklung. Auch vom praktischen Standpunkt ist das späte Absetzen problemloser: Die Milchproduktion läßt bei vielen Stuten im Frühwinter nach, die Fohlen nehmen gern und zunehmend das vom Menschen gereichte Zusatzfutter an; sie werden mit jeder Woche selbständiger und bedürfen des mütterlichen Schutzes immer weniger; dadurch löst sich die enge Bindung zwischen Mutter und Kind viel schmerzloser.

Hat man sich für einen Absetz-Termin entschlossen, so geht man radikal und entschlossen zu Werke: das heißt, man trennt Stute und Fohlen mit einem Male und so, daß sie sich *weder sehen, wittern noch hören* können. Daß dazu ein 50 Meter entfernter Stall oder die übernächste Weide nicht genügen, ist jedem Verständigen klar. Beide werden einander vielleicht eine Weile rufen; doch je älter das Fohlen zu diesem Zeitpunkt ist, um so kürzer ist der Trennungsschmerz bei beiden. Einer Stute, die sehr viel Milch hat, gibt man die Tage vor der Trennung weniger Futter und Wasser; das bedeutet unter Umständen, daß man beide Tiere auf einen kleineren Auslauf treiben muß.

Werden gleichzeitig mehrere Fohlen aus einem Herdenverband abgesetzt und weggebracht, so erleichtert das den Vorgang wesentlich. Im Kreis der gewohnten Spielkameraden, gut versorgt mit Futter und Auslauf, legt sich der Trennungsschmerz bald.

Für den weiteren Lebensablauf unseres *Absetzers* gibt es drei praktikable Möglichkeiten:

1. man verkauft ihn an einen Platz, wo er bestimmt gleichaltrige Gesellschaft findet;

2. man läßt ihn den Winter in Gesellschaft eigener anderer Fohlen und älterer Wallache verbringen;

3. man bringt ihn zur Aufzucht in ein Gestüt oder an einen Aufzuchtort, wo er die nächsten Jahre unter besten Bedingungen: reichlich Gesellschaft, viel Auslauf und gutes Futter, heranwächst.

Bei 1. ist das Problem des Absetzens am einfachsten gelöst: Das Fohlen ist mit einem Schlag weit weg. Die neue Umgebung hilft ihm über seinen Kummer fort.

Fall 2 ist angebracht, wenn man selbst über ausreichend Platz, Futter und jugendliche Gesellschaft verfügt.

Von 3. wird immer noch zu wenig Gebrauch gemacht. Ich habe alle meine Fohlen in Gestüten großwerden lassen (mit Ausnahme des erwähnten "Gladur"). Sie sind mit zwanzig oder mehr Gleichaltrigen rennend, futternd, rangelnd groß und stark geworden - das schiere Gegenteil von Hinterhof-Einzelfohlen. Es ist vielleicht im Moment ein wenig teurer (muß es aber auch nicht sein), doch wenn man ein Fohlen überhaupt selbst aufzieht, möchte man es ja später einmal für sich haben - und das künftige Reitpferd sollte man doch unter den bestmöglichen Umständen großwerden lassen.

Ob die Stute nach dem Absetzen abgemolken werden muß, entscheidet im Zweifelsfall der Tierarzt. Bei Weidepferden ist es meist nicht erforderlich; Stallpferden sollte man rechtzeitig vorher die Rationen gekürzt haben.

Die Absetzer werden entwurmt; der Hufschmied kontrolliert die Hufe; dann beginnt endgültig ihr eigenes Pferdeleben.

5. Allgemeine Betrachtungen zur Zucht des Freizeitpferdes

Vorbedingungen

Hier ist zunächst eine entschiedene Warnung angebracht: Wir sprechen in diesem Buch stets vom Freizeitpferd, hier also von der *Freizeitpferde-Zucht*. Wenn ich nun sage, daß eine Stute am 9. Tag nach der Geburt wieder belegt werden kann, und zwei Seiten später bemerke, daß meine Fohlen ganzjährig saugen, und zwischendurch erwähne, daß die Stuten bis wenige Wochen vor der Geburt geritten werden können und einige Wochen danach wieder, so ist keinesfalls gemeint, daß *dieselbe Stute*

1. jedes Jahr ein Fohlen bringt,
2. dieses Fohlen ganzjährig säugt,
3. außerdem geritten wird, oder gar
4. ihr Geld in einem kommerziellen Reitbetrieb - Hotel, Trekking, Reitschule - verdient.

Arbeit schadet nicht - Extreme schaden immer! Eine Stute, die gelegentlich ein Fohlen bringt, nebenbei vernünftig zu reiten, ist durchaus in Ordnung. Das Fohlen den Winter über saugen zu lassen, wenn man das Reiten gleichzeitig stark einschränkt und die

Milchproduktion der Stute kontrolliert, geht auch. *Aber es geht nicht an, eine Stute viermal nebeneinander einzusetzen und sie auszupressen* wie eine Zitrone!

Wir halten unsere Pferde zur Freude - aber nicht nur zu unserer!

Eine Stute im Privatbesitz, von der man unbedingt ein Fohlen haben möchte, hat ein Recht auf Rücksichtnahme: Wir reiten sie im Hinblick auf ihren Zustand mit Bedacht. Und keinesfalls bringen wir sie Jahr um Jahr zum Hengst: Reguläres Reiten und reguläre Zuchtnutzung ist zuviel.

Eine Stute, die in einem Saison-(Ferien-)betrieb eingesetzt wird, um Geld zu verdienen, kann nur dann - und auch das *nicht jedes Jahr* - ein Fohlen zur Welt bringen, wenn der Geburtstermin so früh liegt, daß sie sich bis zum Einsatz wieder erholt hat.

Insgesamt ist zur Zucht zu sagen, daß sie nur bei sehr *viel Weideland*
1. zu rechtfertigen ist,
2. lohnt.

Die armen Fohlen, die ihre Jugend buchstäblich nur "hinter dem Haus", im Stall mit kleinem Auslauf und vielleicht noch einem Stückchen Weide verbringen müssen, können jedem Fühlenden leid tun - und sie sind ihr ganzes Leben lang benachteiligt. Fohlen brauchen
1. viel, viel Bewegungsraum,
2. gleichaltrige Gesellschaft.

Einzelkinder in kleiner Etagenwohnung sind entwicklungsgeschädigt, wie wir wissen; doch kann man bei ihnen mit Phantasie, Verstand und richtiger Beschäftigung einen gewissen Ausgleich schaffen. Einzelfohlen in zu kleinem Auslauf aber sind *absolut entwicklungsgeschädigt.* Pferde brauchen gut entwickelte Knochen, Muskeln, Sehnen, Organe, einen geübten Bewegungsapparat. Alles das kann sich ohne viel Raum nicht bilden. Außerdem werden allein aufwachsende Fohlen häufig zu eigenbrötlerischen, leicht schnappenden oder ausschlagenden, ungeselligen Pferden, die stets ein Problem bilden werden.

Die Wahl der Elterntiere

Wer Hengst und Stute paart, um ein Fohlen zu erhalten, übernimmt im gleichen Augenblick die Verantwortung für ein neues Lebewesen, und zwar für essen ganzes Leben! Das wird viel zu wenig bedacht. Man sollte sich von vornherein ganz klar sein, ob man züchtet, um
1. das Fohlen zu behalten,
2. das Fohlen zu verkaufen.

Im ersten Fall sollte man wissen, wie man sich das Idealbild des gewünschten Pferdes vorstellt und mit welchen Nachteilen man am ehesten fertig wird. Im andern Fall sollte man bedenken, daß die meisten Freizeitreiter Sicherheit, gutes, ruhiges Temperament und kernige Gesundheit dem bloßen hübschen Aussehen vorziehen.

Sehen wir uns ein Beispiel an: Sie besitzen eine Warmblutstute hiesiger Zucht mit angenehmem mittlerem Temperament, die halbjährig auf die Weide geht und auch sonst wenig Umstände in der Haltung macht. In der Nähe stehen zwei Hengste: ein Warmblüter gleicher Rasse und ein Vollblüter. Sie wünschen sich das Fohlen etwas eleganter, mit mehr Schwung und der Aussicht, im Sport ein wenig mitzuspielen. Der Vollblüter als Vater lockt Sie. Nun ist es an der Zeit, sich ganz klar zu fragen: Nehme ich um dieser Wünsche willen ein beträchtliches Mehr an Temperament in Kauf? Kann ich mit mehr Temperament fertigwerden? Können es die übrigen Familienmitglieder? Bin ich (sind sie) bereit, das künftige Pferd intensiver zu versorgen? - das Einreiten und Trainieren mich mehr kosten zu lassen? Antworten Sie ehrlich! Sie betrügen ja gegebenenfalls nicht nur sich selbst, sondern auch ein Wesen, das ohne Ihren Entschluß gar nicht zur Welt käme! - Wenn Sie aber ein Pferd so ruhig oder noch ruhiger wünschen, als Ihre Stute es ist: paßt dann der Warmblüter? Oder wird es Ihnen später leidtun, wenn das Feuer fehlt? Auf die ehrliche Antwort auf solche Fragen kommt es an, welchen Hengst Sie für Ihr Fohlen zum Vater wählen.

Wollen Sie für den Markt züchten, so müssen Sie wiederum wissen, ob Ihre Stute gut genug ist, um ein Sportpferd zu produzieren, das Sie einmal in geübte Hände verkaufen können. Ist sie das nicht, so bedenken Sie, daß andere Freizeitreiter auch keine Probleme wünschen. Züchten Sie nicht "modisch". Erstens ändern sich Moden zu schnell, und zweitens geht es um ein Lebewesen, das durch Ihren Entscheid glücklich oder unglücklich werden kann.

Die Beispiele lassen sich beliebig vermehren. Insgesamt ist dazu zu raten, stets den praktikabelsten Kompromiß zu schließen.

Welche Stute?

Sie haben eine Stute, die so recht kein Fleisch ansetzt, sich unter dem Sattel nicht gut macht, dauernd lahmt, weil die Gelenke zu schwach sind, mit der Sie also eigentlich nichts mehr anfangen können? Oder die nach anstrengendem Arbeitsleben nun zum Reiten zu alt geworden ist? Oder die zwar gesund ist, aber so erregbar, so aus dem inneren Gleichgewicht gebracht, daß man sie kaum benutzen kann? Das ist Pech, aber gottlob, so werden Sie hoffnungsfreudig meinen, nur ein halbes, denn ein Rat, den man Ihnen bestimmt erteilen wird, heißt "Dann lassen Sie sie doch decken - ein Fohlen bringt sie immer noch." Ich kann nur sagen: Tun Sie's um Himmelswillen nicht! Wie wollen Sie aus einer kranken oder völlig verbrauchten oder hysterischen Stute ein gesundes Fohlen ziehen? Wollen Sie ein neues Pferd mit den Fehlern des alten in die Welt setzen - zum Problem für Sie und den Käufer?

Bedenken Sie: Die Mutter ist für Sie, die Sie sie genau kennen, der wichtigere Partner! Nur aus wirklich guten, kerngesunden Stuten mit perfektem Temperament sollte man Nachwuchs ziehen. Im Idealfalle sollten sie eingetragen sein, Vollpapiere haben, reinrassig sein und dem Rassentyp möglichst gut entsprechen. Auf dieser Forderung kann man natürlich so lange nicht bestehen, wie die Praxis der Stutbuchführung ausschließlich die traditionellen Rassen berücksichtigt und gesunde Stuten anderer Rassen nicht beücksichtigt werden (siehe dazu Kapitel "Vorgeschlagen: ein neues Papier - der Zuchtpaß"). Selbstverständlich müssen Stuten bei der ersten Belegung *mindestens drei Jahre alt* sein, Islandstuten vier! Die Stute hat auch auf das Größenwachstum den bedeutenderen Einfluß: Je größer die Stute ist, um so größer ist im allgemeinen auch das Fohlen. Und Fohlen, die bei der Geburt schon größer (und kräftiger) sind, behalten diesen Vorsprung meist auch gegenüber den Altersgenossen.

Sehr gewagt ist es immer, Fehler der Stute durch Vorzüge des Hengstes ausgleichen zu wollen. Das Leben läßt sich nicht mathematisch berechnen - allzu leicht erbt das Fohlen dann die *Fehler* beider Eltern.

Welcher Hengst?

Über Hengste sprachen wir schon verschiedentlich. Das Vatertier sollte beim Familienpferd möglichst der gleichen Rasse angehören wie die Stute; eine solche Paarung verbürgt *größtmögliche Sicherheit* hinsichtlich der zu erwartenden Eigenschaften des Fohlens.

Der Hengst sollte vierjährig oder älter sein. (Bei älteren Hengsten kann man sich schon Nachwuchs anschauen.) Am wichtigsten sind ein ruhiger, freundlicher, umgänglicher Charakter, der Beweis, daß er unter dem Sattel willig und frei geht, und erwiesene Gesundheit. Gerade der Laie sollte sich vom bloßen Gebaren eines Hengstes nicht beeindrucken lassen: von der Unruhe während der Deckzeit, vom prunkenden Traben, vom Hochwerfen des Kopfes, vom schmetternden Wiehern. Das alles sagt über seine Qualitäten überhaupt nichts aus! Leistung und Temperament sind allemal wichtiger als Schaumschlägerei! "Nicht jedes Pferd, das wie ein Reitpferd aussieht, ist auch eins! Heute werden Pferde ... ganz unstreitig ausschließlich nach dem Exterieur ausgesucht und bewertet. Ich finde diese Verfahrensweise äußerst bedenklich", sagt Werner Schockemöhle dazu. Dem stimme ich aus ganzem Herzen zu: Ist es für die Pferdezucht insgesamt schon fragwürdig, nur auf die Korrektheit der Gänge, den Schwung, die Länge des Halses und so weiter und so fort zu achten, so ist diese Beurteilungsweise für das Familienpferd katastrophal! Ein Familienpferd soll gesund, gutmütig und flink sein; sieht es dann noch gut aus - um so besser. Bei der Beurteilung mit dem Aussehen zu beginnen, ist hingegen mehr als fragwürdig.

Im Falle unseres Hengstes gehen wir natürlich am sichersten, wenn wir ihn unter dem Sattel sehen und ein paar Fohlen von ihm anschauen können. Unerprobte Hengste selber zu erproben, kann teuer werden: Auch das miserabelste Fohlen kostet Transport, Deckgeld, Weidegeld, Tierarzt, elf Monate Trächtigkeit der Stute, alle Risiken der Geburt und Aufzucht und vieles mehr. Es kostet genau so viel wie ein besseres Fohlen, das besser geplant wurde!

Kreuzungen

Dazu habe ich meinen Standpunkt schon mehrfach dargelegt. Gehen wir das Problem der Kreuzung hier nochmals vorurteilslos vom Standpunkt des *Züchters von Freizeitpferden* durch. (Es gibt eine Reihe weiterer Standpunkte: den des Sportpferdezüchters; des Züchters, der aus materiellen Gründen jedem Modetrend folgt; schließlich auch des "Züchters" in Anführungszeichen, der nur auf schnellen Profit aus ist.) Der Freizeitzüchter mit der Stute hinter dem Haus sieht sich in der Praxis allen möglichen Problemen gegenüber. Hat er eine Stute mit zuviel Temperament oder Eigenwillen und zu großer Schwierigkeit der Haltung, so wird er von selbst auf einen ruhigen Hengst der gleichen Rasse zurückgreifen; er hat die Nachteile von zuviel "Blut" ja am eigenen Leibe erfahren. Böser ist es, wenn die Stute für seinen Geschmack zu wenig Temperament hat oder die falsche "Figur": kurz, wenn sie entweder einer zu schweren Rasse angehört oder den schweren Typ ihrer eigenen Rasse verkörpert. Flugs meldet der allgegenwärtige "Ratgeber" sich: "Kein Problem - bringen Sie sie zum Araberhengst." Erkundigt sich der zögernde Stutenbesitzer weiter, wird ihm - möglicherweise sogar offiziell - oft zugeraten; zur Bekräftigung hört er: "Das wird in England schon immer so gemacht", und: "Es laufen schon zwei Jahrgänge erfolgversprechender Fohlen aus solchen Versuchen."

Kürzlich übersetzte ich ein Buch über britische Zucht und fand darin mehrmals einen Tatbestand angeführt, den der folgende Satz in knappen Worten formuliert: "Die Produkte der Erstkreuzungen (zwischen englischen Ponystuten und Vollblut- oder Araberhengsten) sind häufig nicht befriedigend, doch werden manchmal aus guten Stuten dieser Kreuzungen mit gut ausgewählten Warmbluthengsten brauchbare Reitponys geschaffen." Fein - und was wir aus den "nicht befriedigenden" Erstprodukten? Sortiert sie der Hobbyzüchter aus und läßt sie töten? Kann er sie, finanziell gesehen, überhaupt noch töten lassen, wenn er merkt, daß sie mit vier Jahren "nicht befriedigen"? Dann haben sie in unseren Breiten viel zu viel Geld bei der Aufzucht gekostet und sind dazu verurteilt, etwas über Schlachtpreis an einen drittklassigen Verleihbetrieb verkauft (ein guter will sie nicht haben), noch zwei Jahre ausgenutzt und dann doch geschlachtet zu werden.

Weshalb kommt es gerade bei diesen Kreuzungsversuchen immer wieder zu Auseinandersetzungen mit den Zuchtbüchern? Welches Mißverständnis liegt dem allen zugrunde?

Das größte ist meines Erachtens die Unkenntnis des Marktes. Unsere Zuchtorganisationen sind in zwei Hauptgruppen aufgeteilt: in Stutbücher für Groß- und solche für Kleinpferde (siehe: Adressen der Zuchtverbände). Dabei züchten erstere Erwachsenen-, letztere Kinderreitpferde. Beide sind bemüht, ihre Zuchten auszurichten nach dem hier mehrfach erwähnten einzigen Bild *des* Reitpferdes. Daß es dazwischen den großen Markt für das stabile Familienpferd gibt, ist noch kaum erkannt. Unsere Kleinpferde-Stutbücher bemühen sich um die "Verbesserung" der ihnen vielfach primitiv oder fehlerhaft erscheinenden mittleren Rassen. Und sie verbessern sie so, wie sie es bei den Großen auch getan haben: durch Vollblut oder Araberblut. Und die Erwiderung auf vorgebrachte Einwände heißt: Aber die Produkte werden doch zum Teil merklich hübscher, nicht wahr?

Nun: ich *reite* sie. Manchmal reite ich sie für andere Leute zu, die hübschen Vierjährigen - und raufe mir die Haare. Wie sollen die Ärmsten später fertigwerden mit hübschen Pferdchen, die
1. für Vater zu leicht sind,
2. Mutter tödlich erschrecken durch Scheuen, Durchgehen, Tänzeln,
3. von den Kindern schon gar nicht unter Kontrolle gehalten werden können?

Mir machen sie Spaß; ich finde die schwungvollen weiten Gänge erfreulich - aber mir macht es auch nichts aus, wenn sie vor Schreck in die Knie gehen bei ungewohntem Geräusch, dann einen jähen Satz in die Büsche machen, kurzkehren und abbrausen. Weniger erfreulich finde ich es, wenn sie dabei unsere zuverlässigen anderen Pferde anstecken und deren Reiter in Gefahr bringen. Genau da wird es kritisch. "Aber England züchtet und reitet doch Reitponys dieser Art! Sind wir vielleicht schlechtere Züchter und Reiter?" werde ich immer wieder gefragt. Sicherlich nicht - nur grundlegend andere. Schauen wir es uns doch einmal an: Großbritannien und die Bundesrepublik - Reitponys dort und hier.

Einheimische Ponyrassen

Großbritannien
GB hat 11 einheimische Ponyrassen, und zwar seit Urzeiten. Es entwickelte ihnen gegenüber ein natürlich-achtungsvolles Verhalten. Erwachsene Briten gingen daheim und in den Kolonien mit kleinen und kleinsten Rassen um, lernten sie gründlich kennen und respektierten sie.

Deutschland
Deutschland hat keine einzige einheimische Ponyrasse. Kleine Pferde sind Erwachsenen suspekt - sie werden nur den Kindern zugeordnet, sehr häufig verniedlicht, in der Ausbildung weder verstanden noch ernstgenommen.

Klima und Haltung
GB hat ein besonders mildes Jahresdurchschnittsklima; alle Pferde können Monate länger im Freien leben. Robustere überwintern ganz selbstverständlich mit Hütte und Auslauf, hochblütigere gehen mit leichter Decke ebenfalls den Winter über auf der Weide - und das seit eh und je. Die Weiden sind infolge des Klimas länger grün - Weidegang und Weidefutter wirken beruhigend auf die Disposition des Bewegungstieres Pferd. So wirken auch in hochblütigeren Kreuzungen seit Jahrhunderten stabilisierende Faktoren zusammen: das zuverlässige, mit Klima und Mensch seit Urzeiten vertraute Temperament der heimischen Stuten, der gekonnte Umgang der Menschen mit ihnen und eine Form der Haltung, die in vollkommener Weise beruhigend wirkt.

Unsere Ponystutenstämme wurden und werden aus England, Holland, den östlichen Ländern und Skandinavien importiert. Sie leben bestenfalls seit drei Generationen in derDeutschland - unter zum Teil recht schroffen klimatischen Verhältnissen und bei Menschen, denen überwiegend die angeborene Erfahrung und das Fingerspitzengefühl im Umgang mit kleinen und robusten Rassen fehlt. So werden auch die Kleinen - schon gar, wenn sie Blut führen - möglichst viel im Stall gehalten, mit (toxisch erregendem) Kraftfutter gefüttert und zu wenig bewegt. Das Ergebnis sind allzuoft hektische, nervöse Pferde voll aufgestauter Aggression, Angst, Stallmut, während die Besitzer überzeugt sind, nur diese Haltung sei die richtige.

Gebrauchszucht und Jagd

GB hat eine andere, weniger straff geführte Zuchtorganisation mit freierer Hengstwahl. Sie wurde und wird immer auf die Erprobung im Jagdfeld hin betrieben: aller Sport geht dann von hier aus. Mit Geschick bedient man sich der Kreuzung, wobei die eine Komponente - die Stuten der heimischen Rasse - genau bekannt ist. Die Nachzucht wird querfeldein hinter Fuchs und Meute geritten, wobei Geschwindigkeit, einzuschlagende Richtung und die Hindernisse im Weg bei der Verfolgung lebenden Wildes unberechenbar sind. Dieser Sport wird seit jeher von jung und alt gemeinsam betrieben; er kennt keine Sieger; er ist ein Gruppensport, der ein Höchstmaß an Fairneß erfordert, damit keine Unfälle entstehen. Pferde, die infolge falscher Kreuzung zu heftig sind, eliminieren sich und ihre Erzeuger selbst. Jagden werden 6 Monate im Jahr regelmäßig geritten, testen also Pferd und Reiter gründlich. Ponys und Kinder gehen in allen Feldern mit. Bis vor wenigen Jahren kannte GB das Reiten in der Halle überhaupt nicht. Heute brillieren die Briten (auch und vor allem die Damen) im Militarysport mit den schweren Querfeldeinstrecken.
Unsere Zucht wird zentral gelenkt, Ziel ist das Sportpferd für Viereck und Springplatz, für Halle und Parcours. Für diese Zwecke entstehen großartige Pferde, deren Blutanteil in den Händen speziell geschulter Reiter die Leistungen steigert. Jagden finden nur ganz gelegentlich und niemals hinter lebendem Wild statt; es sind meist Schnitzel-, seltener Schleppjagden über vorher gelegte Strecken. Als Zuchterprobung spielen sie keine Rolle. Pferd und Reiter sind - da sie sie nicht recht ernst nehmen - häufig ungenügend vorbereitet: die Pferde überaus erregt, die Reiter allzuoft krampfhaft in den Zügeln hängend. Daß Kinder mitmachen könnten, ist in den meisten Fällen undenkbar. Ponys gehen, so überhaupt zugelassen, in eigenen Feldern weit zurück und möglichst ohne zu springen. Das bei uns gezüchtete Pferd brilliert im begrenzten Raum, der seine Kraft beherrschbar macht.

Ponyclub und anderer Reitstil

GB hat eine breite Schicht erfahrener und begeisterter Reiter und Lehrer, die kleine Pferde zureiten und sich mit Kindern beschäftigen können. Seit 1929 gibt es den Britischen Ponyclub, dem ziemlich konstant 30 000 Jugendliche angehören. Sie werden sorgfältig ausgebildet, obwohl sie überwiegend im Spiel lernen und sich miteinander messen; unter Aufsicht kommen sie auch mit hochblütigeren Ponys zurecht. Aus ihnen werden Erwachsene, die sich mit jeder Art von Blutpferden arrangieren können.

In Deutschland hat es noch nie als elitär gegolten, sich mit kleinen Pferden oder kleinen Menschen zu beschäftigen. Um sie den Großen möglichst schnell anzugleichen, geben wir den Kindern hochblütige kleine Explosionsmotoren in die Hand - ohne sie auf breite Basis richtig anzulernen. Von unbedeutenden Ausnahmen abgesehen, kümmert sich niemand um die Kinder auf den eleganten Pferden, die ihnen die Züchter züchten. Spiel gilt selbst für Kinder als "zu kindisch"; nirgends werden ausreichend Veranstaltungen geschaffen, auf denen sie sich fair miteinander messen können.

Der Reitstil der Briten ist von der Anpassung geprägt. Man versucht gar nicht erst, die höher im Blut stehenden großen oder kleinen Pferde "beherrschen" zu wollen, sondern gibt ihnen ein schärferes Gebiß - meist ein Pelham, ein Mittelding zwischen Kandare und Trense. Dazu lehrt man, es nur vorsichtig anzufassen. Diese Art des Reitens gibt dem Pferd viel Freiheit zum Mittun. Die Hand ist nicht Instrument ununterbrochener Einwirkungen zur Gymnastizierung, sondern nur Befehlsübermittler im jeweiligen Augenblick. Das gefällt Pferden mit hohem Blutanteil besser; die Kinder reiten - frei vom Zügel - in der Balance.

Unsere Reitlehre zielt darauf hin, das Pferd stets unter Kontrolle zu haben. Die Reiterhand hat ständigen Kontakt mit dem Pferdemaul, was bei Ungeschicklichkeit das Pferd zum Widerspruch reizt. Je höher der Blutanteil, um so schneller und entschiedener die Widersetzlichkeit. Alle Einwirkung soll mit dicker Trense geschehen - die aber muß kräftig angefaßt werden, weil das Pferd sie sonst nicht respektiert. Das Ergebnis sind sehr häufig früh schon feste, wenn nicht harte Hände und Reiter, die dazu tendieren, sich notfalls am Zügel (und damit im Pferdemaul) festzuhalten. Blutpferde reagieren darauf ausgesprochen sauer.

Diese simple und sicher vereinfachende Gegenüberstellung (die alle raren Ausnahmen nicht berücksichtigt) ergibt jedenfalls, daß wir dabei sind, aus einem ineinandergreifenden, jahrhundertealten Muster von Zucht, Ausbildung, Erprobung und Reitstil nur einen einzigen Teil zu übernehmen: den schwierigsten - die Einkreuzung von Blut in alles, was unter 150 cm hoch ist. Und das scheint mir sehr bedenklich!

Abgesehen davon ist auch in England eine Zeitlang mit *zuviel* Blut gezüchtet worden. Das Ergebnis waren immer nervigere, größere, von Kindern kaum noch zu reitende Ponys, die für Erwachsene trotz des höheren Wachstums zu schwach im Fundament waren. Davon wendet man sich jetzt ab.

Gewiß sind - wir sprachen schon davon - die meisten Rassen aus Kreuzungen entstanden. Gegen die vorsichtige Anpaarung von verwandtem Blut ist wenig einzuwenden. Kleineren Warmblutstuten, die in ihrer Abstammung ein oder mehrmals "Blut" führen, einen Araber zum Partner zu geben, um ein flottes Pferd für eine Dame zu erhalten, ist so risikoreich wie alle Zucht - nicht mehr. Östliche Rassen, die alle seit Jahrhunderten (seit den Einfällen früher Reitervölker, seit der Türkenherrschaft auf dem Balkan, seit den Importen arabischer, syrischer und ähnlicher Hengste im 18. Jahrhundert) Blut führen, sind häufig geeignete Partner für die neuerliche Anpaarung von Vollblütern und Arabern.

Für den Freizeitreiter aber darf bei mittleren Pferden die *Substanz* nicht verlorengehen. Am sichersten ist für ihn das Produkt einer Paarung, bei der die beste Stute mit dem besten Hengst der eigenen Rasse zusammenkam. Um seinetwillen sollte man nicht die Mühe scheuen, sich viele Hengste und deren Nachkommen anzusehen und notfalls 100 Kilometer weiter zu einem besseren Hengst zu fahren. Auf diese Weise sind die größten Freizeitrassen der Welt entstanden: die amerikanischen Westernrassen mit insgesamt mehr als 1 Million eingetragener Pferde, die den Laien- und Freizeitreitern der USA eminent zuverlässige, gesunde, problemlose Freizeitkameraden sind.

Eine letzte Warnung

Mancher Freizeitreiter läßt sich zum Kauf einer Stute häufig durch die Vorstellung bewegen, sie lasse sich im Laufe der Jahre beliebig multiplizieren: sie bringe süße Fohlen hervor und sei deswegen im Endeffekt der bessere (preisgünstigere) Kauf.

Das kann aus vielen Gründen schiefgehen. Erwogen werden sollte es überhaupt nur dann, wenn

1. der Käufer selbst sehr viel Weideland und genügend Zeit besitzt,
2. erstklassige Hengste nahebei stehen,

3. die Stute einer Rasse angehört, deren Beliebtheit nicht nur eine augenblickliche Mode ist und die also auch in den nächsten Jahren noch ihren Preis erzielt.

In allen anderen Fällen machen die anfallenden Unkosten - Weidepacht/ Pension, Löhne, Transporte, Tierarzt - und möglicherweise schlechte Marktlage die Gewinne illusorisch.

F Das Alter

1. Altersbestimmung

Das Alter des Pferdes kann in der ersten Lebenshälfte ziemlich genau an den *Zähnen* festgestellt werden. Die sicherste Feststellung ist nach den Milchzähnen und bis hin zum 6. Lebensjahr möglich; mit ausreichender Genauigkeit kann das Alter zwischen 6 und 12 Jahren ermittelt werden; vom 12. Jahr an wird die Bestimmung dann relativ ungenau. Insgesamt ist es für den Laien recht schwierig, das Alter an den Zähnen zu bestimmen; wir beschränken uns deshalb auf einige Hinweise und Erklärungen. Schließlich ist es einfacher, den Tierarzt zu fragen - und sicherer ist es auch.

Pferde machen, wie die Menschen, zwei Zahnperioden durch: die der Fohlen- oder Milchzähne und die der bleibenden Zähne. Erstere sind kleiner und etwas steiler gestellt als die letzteren; das Fohlengebiß besteht aus kleinen, weißen, glänzenden, das bleibende Gebiß aus großen, gelblich-braunen Zähnen.

Das *Milchgebiß* ist mit etwa 6 Monaten ausgewachsen; es hält 2-4 Jahre; im Oberkiefer beginnend, wechseln die *Zangen* mit etwa 2 1/2 die *Mittelzähne* mit 3 1/2, die *Eckzähne* mit 4 1/2 Jahren. Sie bilden miteinander die *Schneidezähne* vorn im Maul; nach ihrem Bestand bzw. Zustand im Ober- und Unterkiefer bestimmt man das Alter.

Weiter hinten im Maul befinden sich die *Backenzähne*. Zwischen Schneide- und Backenzähnen erstreckt sich eine Zahnlücke, in der beim Reit- und Wagenpferd das Mundstück des Gebisses liegt. Hengste haben außerdem vollentwickelte *Hakenzähne* (die beim Wallach häufig, bei der Stute fast immer verkümmert sind); sie erscheinen zwischen dem 2. und 5. Lebensjahr (Abb. 152, 153).

Die Vorderzähne sowohl des Fohlen- wie des bleibenden Gebisses weisen *Kunden* auf (auch Bohnen genannt; Abb. 154): schwarzbraune, mit einem schmelzartigen Ring umgebene Vertiefungen in der Zahnmitte. Infolge der Abnutzung beim Kauen verändern sie sich im Laufe der Jahre: im Unterkiefer durchschnittlich mit dem 6. Jahr auf den Zangen beginnend, mit dem 7. auf den Mittelzähnen, mit dem 8. auf den Eckzähnen (Abb. 155, 156). Im Oberkiefer tritt diese Verwischung in gleicher Reihenfolge etwa 5 Jahre später ein.

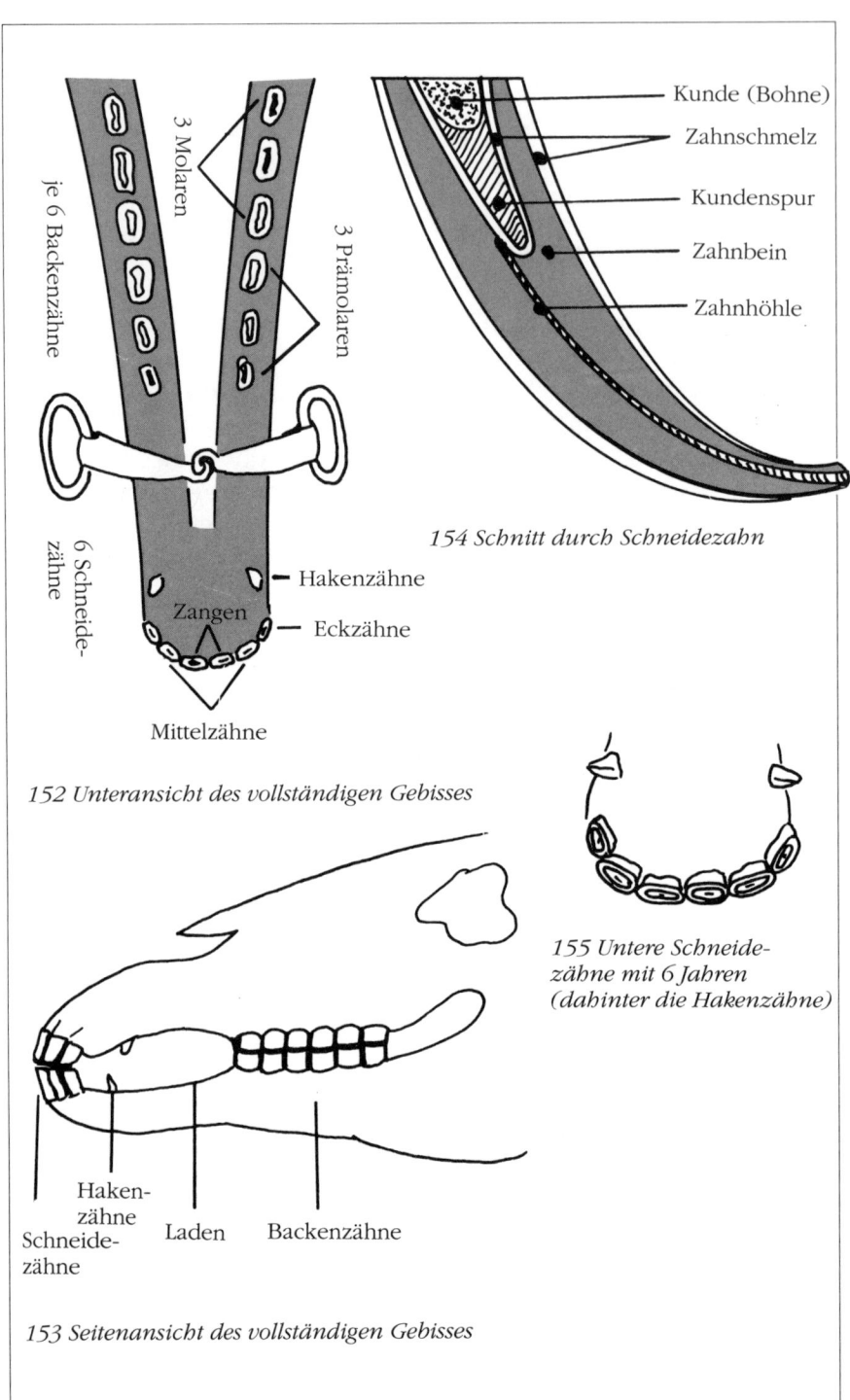

3 Molaren

je 6 Backenzähne

3 Prämolaren

6 Schneide-
zähne

Zangen

Hakenzähne

Eckzähne

Mittelzähne

152 Unteransicht des vollständigen Gebisses

Kunde (Bohne)

Zahnschmelz

Kundenspur

Zahnbein

Zahnhöhle

154 Schnitt durch Schneidezahn

*155 Untere Schneide-
zähne mit 6 Jahren
(dahinter die Hakenzähne)*

Haken-
zähne

Schneide-
zähne

Laden

Backenzähne

153 Seitenansicht des vollständigen Gebisses

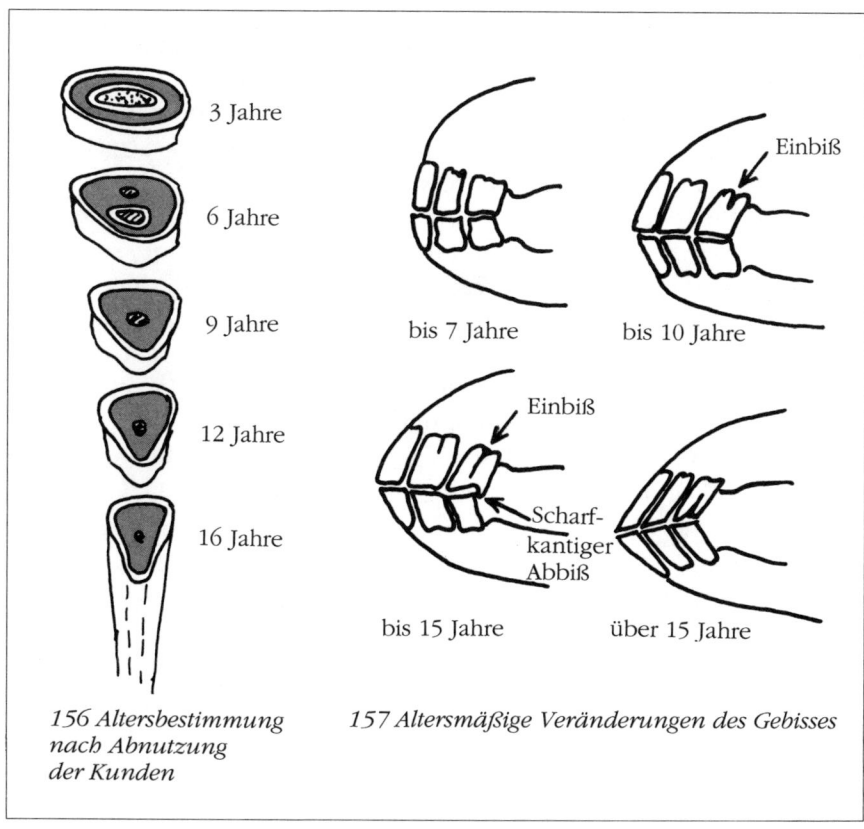

3 Jahre

6 Jahre

9 Jahre

12 Jahre

16 Jahre

bis 7 Jahre

bis 10 Jahre

Einbiß

Einbiß

Scharf-
kantiger
Abbiß

bis 15 Jahre

über 15 Jahre

156 Altersbestimmung
nach Abnutzung
der Kunden

157 Altersmäßige Veränderungen des Gebisses

Die Schneidezähne haben eine Wurzel, die Backenzähne hingegen Doppelwurzeln.

Die *Kaufläche* ist beim jungen Pferd mehr oder weniger oval; mit zunehmendem Alter wird sie dreieckiger, weil der Zahn zur Wurzel hin dicker wird (Abb. 156).

Auch die *Stellung* der Zähne zueinander ändert sich mit den Jahren: In der Jugend stehen sie fast senkrecht aufeinander, beim alten Pferd hingegen schräg gegeneinander (Abb. 157). Aus der Kombination

Durchbruch und Wechsel der Zähne/Zustand der Kunden/Form der Kaufläche/Stellung der Zähne zueinander

ermittelt der Fachmann das jeweilige Alter.

Eine besondere Veränderung weisen die Eckzähne des Oberkiefers ab Ende des 8. Jahres auf: es bildet sich eine bis zum 15. Jahr zunehmende Vertiefung, der *Einbiß* (Abb. 157). An den oberen Eckzähnen bildet sich mit den Jahren, vom Zahnfleisch ausgehend, ein Spalt, der mit 15 Jahren über die Zahnmitte gewachsen ist und dann allmählich die Kaufläche erreicht und verschwindet.

215

Die Hakenzähne bekommen im Laufe der Jahre eine immer flachere Reibefläche und verschwinden in hohem Alter ganz.

Die Altersbestimmung kann dadurch erschwert werden, daß sich die Zähne infolge der Futterbeschaffenheit irregulär abnutzen (z.B. beim Weiden auf kiesigem, spärlich bewachsenem Boden).

Auch sonst ist der *Abbiß* häufig unregelmäßig; so kommt es oft vor, daß sich die weicheren Innenkanten der Backenzähne schneller abnutzen als die harten Ränder, die dann zu messerscharfen Zacken werden können und sich ins Gewebe der Maulwand einbohren (Abb. 157). Das ruft bei der Futteraufnahme große Schmerzen hervor. Nimmt ein Pferd kein Brot mehr an, verweigert es Karotten oder beginnt es, sein Futter ungewöhnlich langsam zu kauen, wird es höchste Zeit für den Tierarzt! Abmagerung ohne ersichtlichen Grund ist auch häufig auf scharfe Zahnkanten zurückzuführen: Da das Pferd nicht genügend kaut, wird das Futter unzureichend eingespeichelt und unverdaut wieder ausgeschieden. Der Veterinär schleift die Kanten schmerzlos glatt.

Eine weitere Ursache für ungenügendes Kauen - und dafür, daß das Pferd beim Reiten ständig mit dem Kopf schlägt - können die Haken- oder Wolfszähne sein. Sie stören manchmal beim Kauen; und beim Reiten kann ein schlecht verschnalltes Mundstück dagegenschlagen und Schmerzen verursachen. Der Tierarzt entfernt sie notfalls schnell und schmerzlos.

2. Wie alt soll ein Pferd sein, das wir kaufen wollen?

Ehe diese Frage beantwortet werden kann, müssen wir die Standardfrage dieses Buches stellen: "Was wollen wir von ihm?"

Möchten wir ein Gestüt aufbauen und dazu zielbewußt einen *Zuchthengst* und *Zuchtstuten* anschaffen? Möchten wir zu unserer Freude und Beschäftigung *Fohlen* großziehen? Oder ein *junges Pferd* selbst anlernen? Suchen wir ein grundsolides, zuverlässiges *Reitpferd* für die Freizeit? Oder ein bombensicheres *Kinderpferd* für die jüngeren Mitglieder der Familie? Brauchen wir ein *Lehrpferd*, das Geduld mit Anfängern hat? Ein *Wagenpferd*, straßen- und verkehrssicher? Wollen wir an neuen Formen von Freizeit-Wettkämpfen teilnehmen - über lange *Strecken*, durchs *Gelände*, über *Hindernisse*, an *Spielen?* Für alle diese Wünsche gibt es, was das reine Alter angeht, die passenden Pferde.

Zuvor einige allgemeine Erläuterungen zum

Reifealter des Pferdes

Von Natur aus gehören Pferde zu den spätreifen Geschöpfen; in ihrer ursprünglichen Umwelt hemmten Hungerjahre, Dürrejahre, Regenjahre ihre Entwicklung; wildlebende Pferde sind deshalb auch heute nicht vor dem *fünften* Jahr erwachsen (ausgewachsen, also fertig entwickelt, sind sie auch als Hauspferde nicht vor dem sechsten Jahr). Besonders spätreif sind jene Rassen, die aus sehr hartem, rauhem Klima stammen: allen voran die Isländer, die nicht vor *vollendetem fünftem* Jahr gebraucht werden sollen.

Dem Menschen, der die Natur stets zu "verbessern" trachtet, ist es gelungen, einige Rassen zu einer frühen Pseudo-Reife zu bringen: insbesondere den Vollblüter der Rennbahn, der schon mit anderthalb(!) Jahren ins Training geht, um mit zwei Jahren seine ersten Rennen zu laufen. Daß das weder richtig noch naturgemäß ist, geben selbst die Experten dieser Zucht zu; allein die finanziellen Erwägungen einer völlig zur Industrie gewordenen Tierhaltung diktieren es. Jahrhundertelange Selektion auf Frühreife ging voraus, intensive Spezialfütterung unterstützt das Schnellwachstum, spezielles Muskeltraining und eine überaus komplizierte Pflege des Einzeltieres kommen hinzu; und trotz alledem ist der Verschleiß an jungen Vollblütern hoch; Beinfehler und -leiden führen zu frühem Niederbruch bei vielen. Das macht sich für den normalen Käufer nicht sehr bemerkbar, da nur wenige ihr Reitpferd auf der Rennbahn suchen. Im Gegensatz zu dem, was der Freizeitreiter braucht und sucht, ist das Rennpferd nicht auf Dauerleistung über viele Jahre hinweg gezüchtet. Die Stuten gehen nach zwei Saisons ins Gestüt, die Hengste beweisen sich vielleicht eine Weile länger, um dann ebenfalls ohne anstrengende Nutzung unter dem Sattel in der Zucht verwendet zu werden. Und die Wallache? Nun, sie verdienen sich ihr Geld, solange es die Beine aushalten. Dieses Extrem geht also den Freizeitreiter wenig an. Möchte er unbedingt einen Vollblüter zum Reitpferd haben, findet er vielleicht einen jungen Wallach, der nicht schnell genug ist für das große Geld, dessen Beine entweder noch nicht überanstrengt sind oder so hart, daß sie die Jahre auf der Bahn durchgehalten haben und sicher auch noch für ein paar Jahre unter dem Sattel gut sind.

Abgesehen von diesem nicht beispielhaften Fall hat es mit der "Verbesserung" des Reifeprozesses beim Pferd nicht viel auf sich. Das

Pferd entwickelte sich in Jahrtausenden; die 6 000 Jahre, die der Mensch an ihm herumdoktert, reichen bei weitem nicht aus, es völlig umzuwandeln. Durch überlegte Fütterung und große Sorgfalt bei der Aufzucht kann man vielleicht die Risikomarge der Natur ausschalten, nicht aber die normale Entwicklung beeinflussen. Das heißt, man kann das ursprünglich mit 5 Jahren ausgewachsene Wildpferd um 1, allerhöchstens 2 Jahre früher reif machen, so daß es also mit 3 - 4 Jahren gebrauchsfertig ist. Mehr kann man der *Art des Pferdes* nicht abringen: die genannten 3 - 4 Jahre braucht es zum Wachstum seines Körpers - der Knochen, des Muskel- und Sehnenapparates, der Organe - und seines Geistes. Auch ein noch so hochgeschossener, frühreifer Jüngling von 14 Jahren ist ja kein fertiger Mann! Wollen wir uns an unserem Pferd nicht nachhaltig versündigen, müssen wir ihm außer der erwähnten zusätzlichen Pflege diese 3 - 4 Jahre geben (dem Isländer 5), damit es überhaupt ein voll belastbares, fertiges Pferd wird.

Doch immer und immer wieder werden zweijährige und noch jüngere Pferde geritten und gefahren - trauriges Zeichen einer Zeit, in der Profit so groß geschrieben wird! Von dem Kauf solcher Tiere kann nicht dringend genug abgeraten werden. Sie sind weniger als die Hälfte eines noch so geringen Preises wert.

Zur weiteren Begründung dieses gewiß harten Urteils noch folgender Hinweis: Die Experten der berittenen Truppen früherer Zeiten wußten um die Empfindlichkeit zu junger Pferde. Obwohl sparsam, schickten sie alle mit 3 Jahren angekauften Remonten (junge Militärpferde) noch auf ein ganzes weiteres Jahr in Remonte-Aufzuchthöfe, um sie erst mit 4 Jahren einreiten zu lassen; selbst dann waren sie, bis zum Alter von 6 Jahren noch Nachwuchs, der vom vollen Truppendienst befreit war. Seit damals hat sich nichts geändert, das ein früheres Einreiten rechtfertigen würde.

Mit dem umgekehrten Verfahren, dem sehr späten Einreiten, habe ich persönlich folgende Erfahrung gemacht:

*1953 kaufte ich einen knapp 9jährigen Islandwallach (Abb. 158), der mit 7 Jahren eingeritten worden war. Im Frühjahr 1974 wurde er 30 (Abb. 159) und ist unter dem Sattel frisch und noch sehr heftig.

*1958 erwarb ich eine Stute der gleichen Rasse, die 5jährig eingeritten und weitere 3 Jahre hauptsächlich zur Zucht verwandt worden war; sie ist jetzt 25 und geht mir auf jedem Ritt mindestens einmal durch. Extrem spät eingeritten - extrem gesund alt.

Aber das Durchschnittsalter deutscher Pferde ist auf 13 Jahre abgesunken, häufigste Ursache frühen Verschleißes sind Erkrankungen der

Gliedmaßen - also reine Folgen katastrophaler Frühnutzung. Die aber geht geradewegs zurück auf ein unzulässiges Maß von Erwerbsdenken bei "Züchtern", Freizeit"Züchter" nicht ausgenommen, auf die Unwissenheit vieler neuer Käufer und die Ungeduld der Besitzer. Der Umgang mit der Maschine, die fix und fertig aus der Fabrik kommt und sofort voll genutzt werden kann, die auf Knopfdruck funktioniert und bei Schäden mittels Ersatzteilen repariert wird, hat uns weithin das natürliche Empfinden für den Umgang mit lebenden Wesen genommen. Wir sollten uns bei jeder Versuchung, ein junges Pferd zu früh einreiten zu wollen, mit dem Verstand klarmachen, daß es für Pferde keine Ersatzteile gibt! Überanstrengte Sehnen und Gelenke, krumme Knochen können nicht ausmontiert und ersetzt werden; und was die Sache doppelt schlimm macht: Wenn man das Malheur erst einmal unterm Sattel spürt, ist es für Schonung meist zu spät.

Jeder Umgang mit Pferden bedarf der Geduld; hat man sie nicht, tut man nicht nur dem Tier Unrecht, sondern man wird auf die Dauer auch selbst kaum die erwünschte Befriedigung aus seinem Besitz gewinnen, schadet sich also selbst.

Nach dieser Einleitung zurück zu der Frage, wie alt Pferde für die verschiedenen möglichen Zwecke des Freizeitreiters und -züchters sein sollen beziehungsweise sein dürfen. Beginnen wir mit der Zucht.

Zuchtpferde: Hengste, Stuten

Möchte man sich einen *Hengst*anwärter für die eigene Zucht kaufen, so muß man sich immer vor Augen halten, daß der junge Hengst frühestens nach der Körung mit 2 1/2 Jahren in der Zucht eingesetzt werden kann. Dann erst ist er den Preis eines Hengstes wert! Züchter versichern gern schon vom Absetzfohlen, erst recht aber von Zwei- und Dreijährigen, es handle sich um "sichere Hengstanwärter". Zu solchen Behauptungen ist nur zu sagen: Auch wenn das Jungpferd noch so oft prämiiert wurde - todsichere Hengstanwärter gibt es nicht! Erst durch die Körung, deren Ergebnisse von sehr viel Unberechenbarem, nicht zuletzt natürlicherweise auch von Geschmack und Ansicht der jeweiligen Komission abhängt, wird das Fohlen zum Hengst und (geldbringenden) Vatertier. Bis dahin ist jedes Hengstfohlen nur ein ziemlich sicherer Wallach-Anwärter. Und auch nur das Geld für einen Wallach wert.

Ein *Stut*fohlen braucht ebenfalls, wie wir nun wissen, 3 volle Jahre, ehe es reif ist für die Verwendung in der Zucht (Isländer 4 Jahre). Ich bin mir durchaus bewußt, daß ich mich mit dieser Forderung einstweilen noch im Gegensatz zu jenen Zuchtverbänden befinde,

158 Islandwallach "Sóti": 9 Jahre alt

die auf ihren Zuchtschauen schon 3jährige Stuten mit Fohlen bei Fuß prämiieren. Doch noch einmal - im Sinne dieses Buches auch den Freizeitzüchtern gesagt! -: Mit Pferde*kindern* kann man keine gesunde und befriedigende Zucht betreiben. Pferdezucht ist ein Geschäft wie jedes andere: Es kann solide oder unseriös betrieben werden. Aber kein Gewinninteresse rechtfertigt das wachstumsgefährdete Fohlen der zu jungen Mutter, das dann einem Ahnungslosen verkauft wird - der nach ein paar Jahren weiterer Ausnutzung auch die Stute noch kauft ... Hingegen können - anders als sogenannte Hengstanwärter - Stutfohlen durchaus schon Anwärterinnen auf künftige Aufgaben in der Zucht sein: Wenn Abstammung und Figur gefallen, sind sie zumindest für einen Versuch als Mutterstuten gut. Es lohnt also durchaus, auf die Suche nach guten Stutfohlen aus seriöser Zucht zu gehen, wenn man den Aufbau einer kleinen Qualitätszucht plant.
Zum Alter eines Zuchthengstes ist noch zu sagen, daß der sehr junge und der schon alte Hengst preislich am günstigsten liegen und für den

kleineren Züchter in Frage kommen. Der junge Hengst ist oft erschwinglich, weil er sich noch nicht bewährt hat - und somit das Risiko mitgekauft wird -, der alte, weil er entweder schon sehr viel oder auch nicht besonders gute Nachzucht hat. Teuer sind Hengste mit vorhandener, erwiesenermaßen guter Nachkommenschaft und hoher Befruchtungsziffer, die eventuell auch auf Zucht- und Leistungsschauen Siege errangen oder Prämien erhielten. (Das gleiche gilt für Stuten.)

Ein Hobbyzüchter, der nicht gleich ein Gestüt einrichten, sondern aus einer ihm gefallenden Stutenlinie Nachzucht für den eigenen Gebrauch haben möchte, kann auch aus einer guten älteren Stute und einem ebensolchen Hengst noch ausgezeichnete Fohlen zu erschwinglichem Preis aufziehen. Wie alt Zuchttiere sein dürfen, ist von Fall zu Fall und *auch rassemäßig* verschieden. Es leuchtet ein, daß sehr frühreife Rassen (früher etwa das Kaltblut) eher verbraucht sind als spätreife. Ich kenne Stuten, die mit 25 Jahren noch gesunde Fohlen brachten, und auch solche, die mit 15 schon nicht mehr aufnahmen. (Hier spätestens macht sich die zu frühe Zuchtverwendung nachteilig bemerkbar; ein verlorenes Reifejahr in der Jugend kann im Alter viele

159 Islandwallach "Sóti": 29 Jahre alt

verlorene Zuchtjahre bedeuten.) Selbstverständlich hat gerade beim Kauf eines älteren Tieres der Tierarzt stets das letzte Wort.

Vor dem Erwerb eines eigenen Hengstes für einen kleinen Bestand eigener Stuten (3 - 7) ist zu bedenken, daß die Nutzung nur begrenzt ist. Nach spätestens vier Jahren sind ja die Töchter nachgewachsen. Dann ist der Hengst längst Familienmitglied geworden - und soll verkauft werden! Meiner Erfahrung nach ist es praktischer, einfacher und auch billiger, fremde Hengste zu benutzen, als einen eigenen zu kaufen. Der Preis für Sprünge, Transporte und Futtergeld summiert sich niemals zum Preis der Anschaffung eines gleich guten Hengstes! Außerdem kann man leichter wechseln, wenn man mit den Nachkommen eines bestimmten Hengstes nicht zufrieden ist. Eine andere praktikable Lösung ist es, aus einem Gestüt einen guten älteren Hengst, der dort ausgedeckt hat, also zuviele Töchter in der Herde hat, für die Decksaison auszuleihen.

Fohlen

Sie sollten, wie wir nun ebenfalls wissen, mindestens 6 oder, besser noch, 7 Monate alt sein, wenn wir sie kaufen. Es gibt kein ehrliches Argument dafür, daß ein Fohlen schon mit 4 Monaten reif zum Absetzen sei! Wer ein Fohlen zu früh absetzt, versteht entweder nichts von der soliden Zucht oder denkt nur daran, wie er sich selbst ein paar Monate Mehrarbeit und verspäteten Profit ersparen kann. Der Käufer sollte das immer bedenken: Er ist es, der die Sünde büßen muß, wenn er sich doch überreden läßt.

Jedes Alter hat Vor- und Nachteile. Wer ein Fohlen kauft, mag überlegen, daß er auf diese Weise für sein Geld länger etwas hat, vielleicht auch im Moment weniger Geld ausgeben muß. Zugleich freilich muß er erwägen, daß einige der zusätzlichen Jahre und ein beträchtlicher Teil des gesparten Geldes für die Aufzucht draufgehen. Macht es ihm Freude, sich mit einem heranwachsenden jungen Tier zu beschäftigen, es sorgsam zu pflegen, mit Geduld anzulernen, nun, so sind es tatsächlich gewonnene Jahre. Möchte er jedoch eigentlich nur reiten und fahren, so sollte er vor dem Kauf die langen Jahre bedenken, die ihn davon noch trennen.

Außerdem soll ein Fohlen nicht einzeln aufwachsen: Als Herdentier braucht es zur optimalen Entwicklung die Gesellschaft artgleicher Altersgenossen. Allein frißt es unlustig, spielt es nicht und bleibt deshalb körperlich zurück. Wächst es nur in Gesellschaft älterer Tiere heran, so wird es stets zurückgedrängt und ist immer unterlegen: Körperliche und seelische Schäden sind die Folge. Im ersten Lebensjahr macht ein Fohlen dreiviertel seiner körperlichen Entwicklung durch. Schäden, die es - durch Bewegungsmangel, ungenügende Nahrungsaufnahme, allgemeine Unlust - in dieser Zeit erleidet, sind nie wieder ganz auszulöschen. Meist bleibt eine schwächlichere Konstitution mit erhöhter Anfälligkeit für Krankheiten zurück. Es ist deshalb ratsam, lieber *zwei* Fohlen zu kaufen (oder zu einem eigenen ein weiteres hinzuzukaufen), wenn man schon selber Fohlen großziehen will. Das zweite kann man später unter Umständen kostendeckend wieder abgeben. Die entscheidende Frage vor dem Kauf eines Fohlens ist aber die nach der Größe des vorhandenen Bewegungsraumes. Fohlen aller Rassen sollen möglichst ganzjährig im Freien leben. Ein halb oder dreiviertel geschlossener Laufstall oder eine feste Schutzhütte an der richtigen Stelle des Geländes genügen selbst für hochblütige Rassen. *Große* Weiden sind unumgänglich für die Entwicklung des Bewegungsapparates. Fohlen, die in Stall und Auslauf herumstehen, verkrüppeln körperlich und seelisch ebenso wie Einzelfohlen. Noch soviel liebevolle Betreuung des Besitzers gleicht dieses Grundübel nicht aus. Weiterhin muß man sich fragen, ob man die Zeit zur Pflege aufbringt. Absetzer müssen im ersten Winter *mindestens zweimal*, besser dreimal täglich mit einem eigenen Fohlen-Kraftfutter versorgt werden. Wieder kann man nur vor dem Ankauf eines Jungpferdes warnen, das diese sorgsame Pflege nicht erfuhr. Leidtragender ist immer der Käufer!

Für den Freizeitreiter gilt also, daß von der *Zeit* her Fohlenaufzucht nur lohnt, wenn ein spezielles Interesse für junge Lebewesen vorhanden ist. Finanziell gesehen ist hierzulande die Aufzucht so teuer, daß sie nur lohnt, wenn man eigene große Weiden besitzt und auch die Zeit hat, die Tiere selbst zu pflegen.

Das Pferd für die Kinder: Fohlen oder Kinderpferd?

Hier kommen wir zu einer ganz gefährlichen, aber sehr oft geäußerten Wunschvorstellung. "Meine Kinder sollen mit Pferden aufwachsen. Am liebsten hätten wir ein *Fohlen* - da können sie miteinander groß werden!" (Abb. 160). Der Fachmann schlägt die Hände vors Gesicht: Nichts ist falscher, als Kinder, die nicht an Pferde gewöhnt sind, und Fohlen, die nicht an Kinder gewöhnt sind, aufeinander loszulassen! Zwei oder mehrere unfertige Lebewesen so unterschiedlicher Art können einander niemals *er*ziehen, sondern nur *ver*ziehen. So, wie ein Kind von Erwachsenen allmählich und mit Geduld an die harten Tatbestände des Lebens herangeführt werden muß, bedarf auch das Fohlen gerade in den ersten Lebensjahren des erfahrenen

Lehrers. Bedarf seiner wahrscheinlich noch mehr als das Kind, das ja in der vertrauten Umgebung der eigenen Familie aufwächst und vieles durch Nachahmung erlernt. Dem Fohlen aber ist seine Welt nicht mehr vertraut, sobald es von der Herde getrennt wird; der Mensch und sein Gebaren, sein Geruch, seine Sprache und seine Wünsche sagen dem kleinen Pferd "von Natur aus" nichts.

Wohl aber sind Pferde "von Natur aus" ängstlich. Aus Urangst laufen sie davon, schlagen, beißen, bocken sie. Wie sollte ein unerfahrenes Kind einem Fohlen, ebenso unerfahren, diese angeborene Angst nehmen? Das junge Pferd entwickelt sich im Kreis der Kinder bald zum Oberpferd, zum Herdenführer: Es tut, was es - für sich - für das Sicherste und Gefahrloseste hält, und dabei setzt es sich mit den gleichen Mitteln durch, die ihm auch in der Herde helfen würden: mit Kraft und Rauflust. Die Hinterhand pfeffert aus, drohend schießt das Maul vor, buckelnd entledigt es sich des unangenehmen Gewichts auf dem Rücken. Versucht das Kind zurückzuschlagen, so zieht es fast immer den Kürzeren. Die entsetzten Eltern aber, die ihr Kind bedroht sehen, strafen das junge Tier für etwas, das es ja gar nicht schuldhaft tat. Jedem Pferd ist die Suche nach seinem Rang angeboren: Die Auseinandersetzung mit seiner Umwelt gehört dazu, Ordnung in die Rangstufen zu bringen. Das Fohlen fühlt sich also im Recht, wenn es sich gegen das schwächere Kind durchsetzt. Strafe ist ihm unbegreiflich, schon gar dann, wenn der entrüstete Vater zur Tat schreitet, nachdem ihm das Kind beim Abendessen von den Untaten des Nachmittags berichtete! Das Fohlen ahnt nicht, wieso es mit Futterentzug oder gar Schlägen "bestraft" wird. Es beginnt nur, sich vor den unbegreiflichen Menschen zu fürchten und sich auf seine Weise zur Wehr zu setzen - oder es wird ein unterdrücktes Geschöpf, eine erbarmenswerte Kreatur des verständnislosen Menschen. Kind und Fohlen können sich nach einiger Zeit nicht mehr ausstehen; ist das Tier mit solcher Fehlentwicklung schließlich erwachsen geworden, bietet es beim Einreiten neue Schwierigkeiten.

Fohlen gehören in die Gesellschaft anderer junger Pferde und unter Aufsicht erfahrener Erwachsener. Fohlenaufzucht sollte - es sei wiederholt - im Bereich des Freizeitreitens nur unternommen werden, wenn als Voraussetzung gegeben sind:

Gesellschaft, weite Weiden zum Toben, Geduld und Erfahrung beim Aufzüchter und Trainer.

Spielzeug sind sie auf gar keinen Fall: weder für Erwachsene noch für Kinder.

Zum Schluß muß in diesem Zusammenhang dringend davor gewarnt

160 Fohlen und Kind -
reizend anzusehen, aber
mit viel Gefahr verbunden

werden, Kinder "zum Spaß" auf unausgewachsene Pferde zu setzen!
Wenige Eltern nur können dem ständigen Quengeln und Quälen der
Kinder widerstehen, die endlich reiten möchten. Mit Vorstellungen
wie: "Das Kind ist ja soo leicht", "Das Fohlen ist fast so groß wie seine
Mutter", "Ein-, zweimal reiten schadet bestimmt nicht" schiebt man
seine Bedenken beiseite; das Ergebnis ist in neun von zehn Fällen ein
Jungpferd, das zweijährig bereits unter Kindern geht, die längst
Jugendliche von beträchtlichem Gewicht geworden sind.

Für verantwortungsbewußte Eltern, die ein Kind richtig beritten
machen möchten, ist das ideale *Kinderpferd* mit Gold nicht aufzuwiegen. Meist ist es bei uns aber auch für Gold nicht zu bekommen.
Woran liegt das?
In unseren Breiten stammen reiterliche Traditionen vorwiegend aus
militärischer Vergangenheit. In den deutschsprachigen Ländern war

das Reiten immer eine ernste Sache mit Betonung auf Leistung, Sportlichkeit, Korrektheit, Männlichkeit. Und die Zucht produzierte überwiegend mittelschwere bis schwere Warmblutrassen für Landwirtschaft und Heer. Wir haben keine einzige echte eingeborene Ponyrasse; das Bild vom Kind auf kleinem Pferd ist uns nicht aus Gewohnheit schon geläufig. Die Vorstellung der meisten Reitlehrer geht immer noch dahin, Kinder und Jugendliche auf große, ruhige Schulpferde zu setzen, während einige Züchterverbände eifrig dabei sind, ihnen verkleinerte Großpferde eigens zu züchten. Das erste ist unbefriedigend, weil die beiden Partner in Temperament und Körperbau nicht zueinander passen; das Kind bleibt entweder "Passagier" oder es wird ihm von Anfang an zu heftige Hilfengebung zur Gewohnheit; beides ist unerwünscht. Die Zucht der verkleinerten Großpferde wäre zu begrüßen, wenn man von den Anforderungen der jungen Reiter und nicht schon wieder von den Vorstellungen der Erwachsenen ausginge! So aber züchtet man das kleine wie das große Pferd - mit zuviel Blut. Einige Stammbücher importieren eigens kleine Vollblüter aus England. Die Produkte werden im Stall gehalten, gefüttert wie Hochleistungspferde, geritten wie Sportpferde - und dann Kindern überlassen, die nicht mit Blutpferden aufwuchsen.

Für ein Kind ist ein verständiges, verläßliches, im Temperament hundertprozentig bewährtes *älteres* Pony der sicherste und beste Lehrer, schon gar, wenn es sich um jüngere Kinder oder Anfänger handelt (Abb. 161). Ideal wäre eines, das schon früher von Kindern geritten und gehalten wurde und beabsichtigte oder unbeabsichtigte Dummheiten nicht mehr übelnimmt. Das aber ist bei uns landauf, landab kaum zu finden.

Kauft man ein *jüngeres* kleines Pferd oder Pony, so ist dem Grad der Ausbildung höchste Aufmerksamkeit zu schenken. Solange es hierzulande freilich noch als wenig ernstzunehmende Betätigung erwachsener Reiter gilt, Kinderponys auszubilden, sind sorgsam und mit Liebe ausgebildete Kinderpferde weiße Raben. Ebenso wie ein von Natur aus verständiges Kinderpferd eine Rarität ist (Abb. 162). Und selbst das bestangelernte junge Pony sollte nicht zu hoch im Blut stehen, denn was es unter dem erfahrenen Trainer unterläßt und unter seinem beruhigenden Einfluß nicht fürchtet, erschreckt und erregt es in Kinderhand aufs neue. Auch mit Übermut muß bei einem gut gefütterten, vielleicht noch im Stall gehaltenen Pferd stets gerechnet werden, solange es noch die Kraft der Jugend verspürt. So würde ich in jedem Falle als Erstpferd ein *älteres* wählen: eines, das den Drang nach schierem Übermut hinter sich hat, das vernünftig

161 Das geduldige , alte Kinderpferd (Basutopony) - eine Lebensversicherung

tut, was von ihm erwartet wird, sich kindliche Ungeschicklichkeit gefallen läßt und mit dem Leichtgewicht im Sattel sehr zufrieden ist. Die Gelassenheit des Alters ist ein so beruhigender Pluspunkt, daß kluge Eltern ihn beim Kauf nie außer acht lassen sollten - auch wenn die Eitelkeit ein "schöneres" junges Pferd wählen möchte. Es wird viel zuviel Gewicht auf die Jugend eines Pferdes gelegt, hauptsächlich wegen des "Wiederverkaufswertes"; der aber ist bei Lebewesen ohnehin unsicherer als beim Auto. Sind mit 12 Jahren die Beine noch klar, tritt das Pferd munter aber nicht zu heftig an, läßt es sich ohne Probleme aus jeder Gangart anhalten, und ist es weder scheu noch eigensinnig, so hat es - rein vom Alter her gesehen - noch genügend gute Jahre vor sich, um einem Kind ein verläßlicher Kamerad zu sein. Das Alter also sollte beim Erwerb eines Kinderpferdes eher Vorzug als Hindernis sein; Voraussetzung ist natürlich, daß der eigene Tierarzt es gründlich untersucht.

Hat der jugendliche Anfänger auf einem zuverlässigen älteren Pferd Vertrauen und Balance gewonnen, ist er im Sattel sicherer geworden und hat reiten gelernt, so ist es immer noch früh genug, ihm nach einigen Jahren ein temperamentvolleres jüngeres Pferd zu kaufen.

Ein Pferd zum Einreiten

Suchen wir ein unverdorbenes, ungerittenes junges Pferd, das wir uns selbst zurechtreiten wollen (immer vorausgesetzt, wir können es auch), so kommt für den sofortigen Beginn der Arbeit nichts in Frage, das jünger ist als *volle drei Jahre!* Ich kenne in unseren Breiten keine einzige Rasse, die nicht den dritten Sommer zum Wachsen nötig hätte, ehe sie unter den Sattel genommen werden kann. Persönlich ziehe ich es vor, Pferde aller Rassen erst mit vier Jahren einzureiten. Das gilt ganz besonders für Kreuzungsprodukte leichterer und kleinerer Schläge, die unter Erwachsenen gehen sollen. Und Isländer bilden die bekannte Ausnahme: sie brauchen volle 5 Jahre zur Entwicklung ihres Körpers.

Wenn Sie also als Freizeitreiter auf die Suche nach einem Pferd zum Einreiten gehen, lassen Sie sich unbedingt von diesen Tatsachen leiten. Lesen Sie noch einmal nach, was gleich zu Anfang dieses Kapitels "Wie alt soll ein Pferd sein, das wir kaufen wollen?" über das *Reifealter* des Pferdes gesagt wurde. Auch hier gilt: Der Käufer, der ein zu früh eingerittenes Pferd erwirbt oder sich vom Verkäufer einreden läßt, sein Zweijähriger sei bereits reif genug zum Einreiten,

162 *Das von Natur aus verständige Kinderpferd (Islandwallach) - eine Rarität*

hat das Nachsehen - er und sein armes Pferd müssen die Folgen solchen Unverstandes tragen.

Hat man selbst alle Voraussetzungen zu preiswerter Pferdehaltung (Weiden am Haus, Offenstall, Longierzirkel oder gar Reitbahn usw.) und bringt man überdies die notwendige Geduld auf, den richtigen Zeitpunkt zum Einreiten abzuwarten, kann es günstig sein, ein jüngeres Pferd preiswerter zu kaufen und es mit Liebe und Geschick auf seine künftigen Aufgaben vorzubereiten. Ein zwei- oder zweieinhalbjähriges Pferd kann man an Pflege/Putzen/Frisieren/Führen/Vorstellen/Verladen/Longieren gewöhnen. Man kann es als Handpferd mitnehmen/frei über Geländehindernisse und kleine Bahnsprünge gehen lassen/mit Sattel und Trense vertraut machen. Ein so vorbereitetes Jungpferd wird sich beim ersten Aufsitzen und Reiten kaum noch als schwierig erweisen. Und das Jahr der Vorbereitung macht sich nicht nur in sehr viel eigenem Vergnügen am Umgang mit dem gelehrigen, unverdorbenen Zweijährigen, sondern auch in dessen gesitteterem Benehmen ein ganzes Pferdeleben hindurch bezahlt.

Selbstverständlich gilt dieser Vorschlag nicht für diejenigen, die ihr Pferd im Reitstall einstellen! Junge Pferde brauchen Auslauf, Bewegung und Gras als natürliche Nahrung.

Das Pferd für den sofortigen Gebrauch

Ein gutes Alter für die sofortige volle Nutzung sind die Jahre zwischen 6 und 12. Pferde dieses Alters können und sollen vom Käufer unter dem Sattel erprobt werden. Er weiß dann ziemlich genau, wie das Pferd geht, wie es ausgebildet wurde und was es kann. Das bedeutet natürlich nicht, daß bei entsprechendem Gesundheitszustand, den der Tierarzt bestätigen muß, Pferde - zumal die der spätreifen Rassen- nicht auch wesentlich älter noch gute Reitpferde sein können. Ich besitze einen 16jährigen Islandwallach, für den mir seit Jahren unvermindert Kaufangebote gemacht werden. Er wurde mit 5 Jahren eingeritten, war keinen Tag seines Lebens krank oder lahm und geht brillant; seine Mutter ist gesund 26 Jahre alt. Und erst kürzlich nahmen wir einen 10jährigen Traber von der Rennbahn, schulten ihn zum Tölter um und machten einen Besitzer glücklich, der ihn sicher noch ein paar gute Jahre reiten wird. Selbstverständlich drücken die Jahre auf den Preis: Ältere Pferde kosten nicht mehr soviel wie jüngere (mit Ausnahme der schon erwähnten gewählten Zuchthengste).

Das Sportpferd

Ganz gleich zu welcher sportlichen Betätigung man ein Pferd kaufen will: sei es zu Distanz- und Ausdauerritten, Geländeritten, schwierigen Jagden, Springübungen im Parcours - es kommt dazu nur ein *volljähriges* - also mindestens 6 Jahre altes - Pferd in Frage. Jüngere Pferde sollten im Leistungssport nicht eingesetzt werden, es sei denn zu vorsichtigem Training. Bis zu welchem Alter ein Pferd im Sport noch mitmachen kann, ist individuell verschieden und hängt natürlich auch von der Intensität des Einsatzes und von der Gesundheit ab. Erwerben sollte man ein Pferd für sportliche Zwecke, das über 14 Jahre alt ist, nur noch dann, wenn es kerngesund und sehr leistungsfreudig ist und man es möglichst schon lange kennt.

Das Lehrpferd

Was soll es uns lehren? Die gängigen Sportarten Springen und Dressur? Wenn wir hoch springen wollen und viel springen wollen, kommt nur ein Pferd jüngerer oder mittlerer Jahre in Frage; als sicher springendes Pferd für eine gelegentliche Jagd oder die Ausbildung von Anfängern darf es ein paar Jahre älter sein. Aber die Vernunft sagt uns schon, daß die Knochen und Bänder auch älter werden - und das Pferd damit unsicherer springt, eher lahmt, die Freude am Springen verliert. Anders verhält es sich mit einem Dressurpferd. Ein guter Reiter, der sich in der Dressur weiterbilden möchte - im Sinne des Freizeitreitens, zu seiner eigenen Freude und Befriedigung - kann kaum etwas Besseres tun, als ein erfahrenes altes Dressurpferd zu kaufen. Es gibt keinen geeigneteren Lehrmeister! Und für ein Stündchen in der Bahn beim Haus reichen Kraft und Lust des alten Pferdes oft noch viele Jahre aus.

Wozu ein älteres Pferd taugt

Was beim Sportreiter ein echtes Problem ist, ist für manchen Freizeitreiter die Lösung eines Problems: das ältere, für anstrengende sportliche Leistungen nicht mehr geeignete Pferd. Der Sportreiter weiß nichts mehr mit ihm anzufangen; für einen älteren, körperlich selbst anfälliger gewordenen Reiter (oder auch für den ängstlichen Anfänger) kann ein Pferd gleichfalls gesetzten Alters genau das richtige sein: ein Pferd, das sich den Brausemut der Jugend abgelaufen hat und dem der bedächtige Ausritt, das beschauliche Bummeln in der Natur ebensoviel Freude macht wie seinem Besitzer. Ein vernünftiger, vorsichtiger und ruhiger älterer Reiter, der die Grenzen der beiderseitigen Leistungsfähigkeit abzuschätzen vermag, schenkt so auch dem Pferd noch Jahre ungetrübter Lebensfreude.

Voraussetzung dazu ist die Gesundheit. Für den Zeitpunkt des Kaufes kann der Tierarzt sie feststellen; doch es besteht natürlich die Gefahr, daß ein älteres Pferd in der Jugend zu früh eingeritten und eingesetzt und im Laufe seines Lebens zu stark gebraucht wurde. Von einem gewissen Zeitpunkt an, den niemand voraussagen kann, macht sich das in rapidem Abfall bemerkbar. Eine häufig anzutreffende Alterskrankheit der Pferde ist zum Beispiel die Arthritis. Solche Risiken müssen sich im Preis niederschlagen. Außerdem sollte ein altes Pferd in eine besonders liebevoll gepflegte Umwelt kommen - keinesfalls jemals einem völligen Bruch seiner Lebensgewohnheiten ausgesetzt werden. Ein Pferd, das zeit seines Lebens im Stall gehalten wurde, kann nicht plötzlich auf Weide mit Offenstall entlassen werden, und schon gar nicht kann man ein an die Freiheit gewöhntes altes Pferd mit einemmal in das Gefängnis einer Box sperren. Ein altes Pferd braucht Ruhe, Regelmäßigkeit, leichtes, passendes Futter, viel Auslauf in ruhiger Bewegung auf der Weide, einen verständnisvollen Besitzer und möglichst die Gesellschaft eines anderen tierischen Kameraden; es braucht Schutz von Fliegen im Sommer, vor eisigem Wind und Regen im Winter.

Das mehrfach zum Thema Papiere Gesagte gilt hier ganz ausgeprägt. Hat ein altes Pferd volle Papiere, so kennt man sein Alter genau, kann sich bei den Vorbesitzern nach Art und Umfang der Nutzung sowie über Form von Haltung und Pflege erkundigen, findet vielleicht sogar unbeteiligte Dritte, die das Pferd zu verschiedenen Zeiten seines Lebens gekannt haben. Das Risiko des Kaufes verringert sich dadurch beträchtlich.

Zur Arbeit, die man einem alten Pferd zumuten kann, ist zu sagen, daß sich ihr Ausmaß ganz nach dem individuellen Tier richtet. Bewegung ist notwendig - Übermaß schadet: Es liegt am Verständnis des Reiters herauszufinden, wo die Grenze zwischen dem vielleicht noch eifrigen Willen und dem nicht mehr so fähigen Körper seines Pferdes liegt. Je regelmäßiger er es arbeitet, um so mehr kann er ihm zumuten. Lange Stehpausen, die mit gelegentlichem jähem Einsatz wechseln, verträgt ein altes Pferd nicht mehr.

3. Alter - das Ende?

Jedem Lebewesen schlägt die Stunde, da "seine Tage gezählt sind". Sie kommt mit zunehmendem Alter bestimmt näher, kann aber auch beim jungen Tier überraschend da sein: etwa nach Krankheit oder Unfall. Beim Pferd gibt es außerdem noch die Möglichkeit, daß es zwar noch gesund ist, für bestimmte Zwecke aber nicht mehr benutzt werden kann. Besprechen wir sie im einzelnen.

Altersschwäche

Wer ein junges Pferd bis zu 8 Jahren kauft, kann normalerweise mit weiteren 8 Jahren des Gebrauchs rechnen. Kaum ein Käufer macht sich bei diesem Alter Gedanken um das Ende. Je älter das Pferd beim Kauf ist, um so näher rückt aber dies unvermeidliche Ende heran. Ist ein Pferd, sagen wir, 16 Jahre alt und noch gesund, so erhebt sich dennoch die Frage: Was tun, wenn es krank wird? Wenn sich das Ende ankündigt?
Für den Freizeitreiter, der sein Pferd nicht zu kommerzieller Verwendung kauft und nicht aus brennendem Sportehrgeiz, sollte beim Kauf des älteren Pferdes bereits feststehen, daß es nun die Hand nicht mehr wechselt. Für den, der das alte Pferd schon seit Jahren besitzt und reitet, ist das erst recht eine Selbstverständlichkeit! Es bedeutet natürlich einen finanziellen Verlust, den man einkalkulieren sollte. Es gibt drei Möglichkeiten, sich von einem alten oder unbrauchbar gewordenen Pferd zu trennen:
1. Verkauf an einen Händler;
2. Tötung im Schlachthof; Verwertung durch den Pferdemetzger;
3. Einschläfern auf der eigenen Weide; Abholung durch den Tierkörperverwertungsdienst (in der Schweiz: Wasenmeisterei).
Bei 1. wird unter Umständen ein kleiner Gewinn erzielt; bei 2. zahlt der Metzger den Fleischpreis zum Tagessatz; bei 3. muß man wahrscheinlich selbst noch den Abtransport des toten Tieres bezahlen.
Zu 1. ist geradeheraus zu sagen, daß es einen Charakterdefekt bedeutet, ein altes, ausgedientes Tier, das einem zu vielen schönen Stunden verholfen hat, aus der gewohnten Umgebung wegzugeben und einem höchst ungewissen Schicksal zu überlassen! Davor die Augen zu verschließen, ist kindisch: Der Händler will und muß natürlich an ihm verdienen. So wird er versuchen, es billig einem Leihbetrieb oder mit etwas mehr Gewinn einem ausländischen

Schlachtvieh-Händler zu verkaufen. Das Ende, das dem treuen Alten beschieden ist, kann dem früheren Besitzer nur die Schamröte ins Gesicht treiben!

Zu 2.: Für den Freizeitreiter, der glaubt, den Verlust von 700 bis 1000 DM Schlachterlös nicht tragen zu können, ist die Tötung des Pferdes im Schlachthof möglich, wenn er sich persönlich überzeugt hat, daß dort unter tierärztlicher Leitung schnell, zuverlässig und unter Vermeidung aller Quälerei gearbeitet wird. Schlachthöfe sind immer noch sehr unterschiedlich eingerichtet. Als bestes Betäubungsmittel gilt heute der richtig ausgeführte Bolzenschuß; niemals gebe man sein Pferd an einen Ort, wo noch mit Kohlendioxyd betäubt wird, was mit schrecklichen Erstickungskämpfen verbunden ist. Hier und da kommt der Pferdeschlachter auch auf die Weide des Tierhalters, was natürlich unbedingt vorzuziehen ist. Man verhandle also, ehe man sich entscheidet!

Zu 3.: Immer mehr echte Pferdefreunde machen von der Möglichkeit Gebrauch, ihr Pferd vom Tierarzt schmerzlos einschläfern zu lassen. Man bringt es dazu an einen vertrauten Platz, möglichst abseits von den Stall- oder Weidekameraden und möglichst so gelegen, daß anschließend der Wagen der Verwertungsstelle/Wasenmeisterei problemlos anfahren kann. Der dem Tier von anderen Behandlungen her vertraute Tierarzt spritzt eine Überdosis eines speziell entwickelten Narkotikums, und das Pferd schläft ohne zusätzliche Aufregung (Transport, fremder Stall und Geruch) ein. Die Verwertungsstelle zahlt für den Kadaver nichts; häufig muß der Besitzer außer den Tierarztkosten auch den Abtransport noch bezahlen. Dennoch: der sanfte Tod ist das wenigste, was wir Tieren, die zeit ihres Lebens nur zu unserem Vergnügen da waren, am Ende geben können ...

Hierhin gehört ein Wort zur *Tierlebensversicherung*. Der Abschluß einer solchen Versicherung soll den Besitzer bei Tod, Nottötung und Unbrauchbarkeit finanziell absichern; die Versicherung muß, als Wirtschaftsunternehmen, ihrerseits größtmögliche Nutzung aus dem Tod des Tieres ziehen. Sie übernimmt die in Frage kommenden Tiere und handelt nach Gutdünken, das heißt, wird den Schlachtpreis zu erzielen versuchen oder sie - etwa im Falle der Unbrauchbarkeit für den Springsport - an Reiter mit geringeren Ansprüchen oder an Verleihbetriebe verkaufen. Nach meinen letzten Erkundigungen ist es dem Besitzer gegen Abzug des Schlachtpreises von der Versicherungssumme möglich, das Tier, wie unter 3. geschildert, einschläfern zu lassen. Bei Pferden, die nach Krankheit oder Unfall für den versicherten Verwendungszweck dauernd unbrauchbar geworden sind, kann der Besitzer sie meist zum Schlachtpreis zurückkaufen. Er kann sie, falls sie wieder zu normalem Gebrauch gesunden, dann auch wieder reiten - jedoch weder bei öffentlichen Veranstaltungen starten noch weiterverkaufen.

Am sichersten ist es, wenn man bei Abschluß einer Versicherung diese Rückkaufs-Klausel gleich einschließt.

Krankheit

Die Frage, ob ein Pferd nach einem Unfall oder einer schweren Krankheit, die es gebrauchsunfähig machen, das Gnadenbrot erhalten kann, hängt zunächst vom Urteil des Tierarztes ab. Es ist klar, daß bei ständigen Schmerzen das Gnadenbrot zur Qual wird; in solchen Fällen geht man wie oben beschrieben vor.

Auf dem Abstellgleis

Schön wäre es, wenn nur Altersschwäche das Ende des Pferdelebens brächte! Doch abgesehen davon, daß in unserer hektischen Welt die zu frühe und rücksichtslose Nutzung bei vielen an Jahren noch jungen Pferden schon zum vorzeitigen Ende führt oder daß Unfälle beim Sport zu früher Nottötung zwingen, kommen auf den Besitzer alternder Pferde noch andere Probleme zu. Das häufigste ist, daß das Pferd zwar körperlich noch gesund ist, in der Leistung jedoch den Ansprüchen des Besitzers nicht mehr entspricht. Was ist in solchen Fällen zu tun?

Je nach Alter und Gesundheitszustand ist es für das volle Gnadenbrot zu früh, für einen Verkauf zu spät. Am einfachsten löst das Problem sich beim robust gehaltenen echten Familienpferd. Wo mehrere Pferde im Offenstall ganzjährig mit Auslauf und Weide gehalten werden, ist der Unterhalt eines zusätzlichen Pferdes vom Geld her erschwinglich und von der Zeit her möglich (es bewegt sich ja ausreichend selbst auf der Weide). Auch findet sich meist ein Familienmitglied, das gleicherweise schon fortgeschritten an Jahren ist oder überhaupt das Reiten nur gelegentlich ausübt und das ältere Pferd eines energiegeladeneren Verwandten übernimmt. Außerdem wird das Familienpferd, wie wir mehrfach feststellten, nicht nur zum Reiten gehalten, sondern auch zum Beobachten; und die vielfältigen Regungen und Lebensäußerungen eines alten Pferdes beim Haus sind mindestens so bewegend wie die junger Tiere. Ich besitze gegenwärtig acht Weidepferde verschiedener Rassen. Jedes Jahr, das sie gesund älter werden, bedeutet mir eines der schönsten Vergnügen der Pferdehaltung. Wenn sie nichts mehr *tun* können, sind sie doch noch *da* und sind eine Quelle reicher Beobachtung. Nicht zuletzt aus diesem Grunde ist die Robusthaltung für mich die einzig erstrebenswerte. Als mein "Sóti" gesund 30 wurde, haben wir ein Fest gefeiert! Je aufwendiger die Haltung ist, die ein Pferd gewöhnt ist, um so unlösbarer wird allmählich die Frage nach seinem Verbleib. Ein Pferd, das zeit seines Lebens in der Box gestanden hat, kann man natürlich im Alter nicht einfach auf die Wiese schicken! Mit Ausnahme einiger milder Frühsommer- und Herbstwochen würde das eine Grausamkeit für ein Tier bedeuten, das nicht gelernt hat, sich gegen Hitze und Fliegen oder gegen Regen und Kälte zu schützen! Es braucht milde Bewegung unter dem Sattel. Die stark gesunkene Leistung muß also ebenso teuer bezahlt werden wie vorher die volle. Nicht jeder Besitzer eines Pferdes aber kann sich den Preis für zwei leisten, wenn er nur eins dafür reiten kann. In solchem Falle ist es oft die menschlichste Lösung, einen treuen Kameraden sanft einschläfern zu lassen.

Risiken für das Tier sollte man auf keinen Fall eingehen! Findet sich jemand, der es gegen "leichte Nutzung" übernehmen würde, so prüfe man sehr gründlich, worin diese leichte Nutzung besteht und wie die Pflege aussieht! Und man lasse sich schriftlich bestätigen, daß es nicht weitergegeben und daß es schließlich am Haus eingeschläfert wird. Alle diese Überlegungen mögen dem, der zunächst bei der Pferdehaltung nur an eine Liebhaberei, ein Hobby denkt, weit hergeholt und sogar roh erscheinen. Im Interesse der Pferde soll und muß man sie jedoch anstellen. *Nur wer praktisch und seelisch für das Ende seines Pferdes gerüstet ist, sollte den Anfang mit ihm wagen.*

Register

239

Bildnachweis
Zeichnungen: Marlit Hoffmann. *Fotos:* Archiv Bruns: 2, 26, 71, 103, 104, 121, 125, 161. Pierre Aubanel: 87. W. Ernst: 66. Jan Genade: 135. Vig. Gudmundson: 124. Haflinger-Zucht-Verband Tirol: 70. Harness Horse Inc.: 122. H. Hellberg: 158, 162. Alfred Kaup: 109. Werner Menzendorf: 1, 20, 21, 62, 63, 68, 106, 110, 113, 115, 119. Mitschke: 64. Erika E. Müller: 73, 126. Rheinisches Pferdestammbuch: 76, 79. Erika Schiele: 14, 61. Udo Schmidt: 116. Dirk Schwager: 13, 69, 82, 90, 102, 120. Marie-Luise Schwartz: 72, 74, 75. Seidenstücker: 60. H. Sting: 81. Sally Anne Thompson: 86. Tiedemann: 78, 80. Walking Horse Publishing Co.: 133, 134. Elisabeth Weiland: 67. Sämtliche übrigen Aufnahmen und Umschlagbild: Ursula Bruns.